Schiebern auf der Spur.

Eine Berliner Gerichtsakte von 1941

VERGANGENHEITS
VERLAG

Malte Zierenberg (Hg.)

Schiebern auf der Spur

Eine Berliner Gerichtsakte von 1941

VERGANGENHEITS
VERLAG

Bibliografische Informationen der Deutschen Nationalbibliothek
Die Deutsche Nationalbibliothek verzeichnet diese
Publikation in der Deutschen Nationalbibliografie;
detaillierte bibliografische Daten sind im Internet über
http://dnb.d-nb.de abrufbar.

ISBN: 978-3-940621-46-6

Korrektorat: Frank Petrasch

Grafisches Gesamtkonzept, Titelgestaltung, Satz und
Layout: Stefan Berndt – www.fototypo.de

www.vergangenheitsverlag.de

Coverabbildung: Landersarchiv Berlin Bild 172399

Inhalt

Vorwort

Ich erinnere mich noch genau an jenen Moment, an dem ich zum ersten Mal in einem Archiv eine Akte in die Hand nahm, vorsichtig den Bindfaden löste, mit dem sie zusammengebunden war, und sie voller Erwartung und Neugier aufblätterte. Dieser Moment verlässt einen nie mehr, zumal er im historischen Forschen immer wieder herzustellen ist. Denn die unmittelbare Begegnung mit Vergangenheit, mit einem Dokument, das vor Jahrzehnten, womöglich vor Jahrhunderten, geschrieben wurde, verleiht diesem Bündel von Papieren eine Aura von Authentizität, ein Gefühl, Zeit überspringen zu können, dessen Bedeutung als sinnliches Erlebnis für die Arbeit von Historikerinnen und Historikern nicht zu unterschätzen ist. Zwar sind all jene, deren fein säuberliche Urkunden, nachlässige Abschriften, handschriftliche Vermerke, kritische Randnotizen und entrüstete Kommentare wir heute nachlesen können, längst gestorben. Aber es erscheint, als könnten wir eine Reise durch den Zeittunnel antreten und mit jenen Menschen Kontakt aufnehmen, denen wir in unseren Leben nie begegnen könnten.

Das Problem, um dessentwillen die Akte damals angelegt worden ist, betrifft uns heute nicht mehr – und dennoch kümmert sie uns, weil in dem alten Papier, der eingetrockneten Tinte und den brüchigen Buchstaben Menschen auftauchen, ihre Vorstellungen von Gesellschaft und Ordnung, ihre Emotionen und Werte, ihre Zwänge und Handlungsspielräume. All das spricht nicht von sich aus; die Akte selbst schweigt. Wir sind es, die sie zum Sprechen bringen und jene wieder lebendig werden lassen, deren Spuren wir entdecken. Vielleicht ähneln die Gestalten, die dann unsere Bücher bevölkern, mitunter nur entfernt den realen historischen Akteuren. Aber eben dies ist die Kunst der Geschichtsschreibung, nicht zu fabulieren, sondern anhand der Fragmente, die uns aus der Vergangenheit überliefert sind, eine Geschichte zu erzählen, die wissenschaftlich belegt werden kann und doch zugleich eine Frage aufnimmt, die wir nur in der Gegenwart stellen können.

Ein solcher Moment ist den jungen Historikerinnen und Historikern der Humboldt-Universität zu Berlin, die sich in ihrem Seminar mit einer Strafverfahrensakte des Sondergerichts Berlin gegen den Schwarzhändler Hans Reinsch beschäftigten, ganz offensichtlich gelungen. Ein spannender Fall, weil anhand dieser Justizakte ein erhellender Einblick in den Alltag der nationalsozialistischen Gesellschaft im Krieg möglich wird. Ein junger Mann, gelernter Friseur, dann Geschäftsführer des Kabaretts *Alt Bayern* in Berlin, frisch verheiratet, ein Kind, wird arbeitslos, gerät in Not und nimmt im Sommer 1940 gern das Angebot seines Bruders an, illegal Kaffee in größeren Mengen von deutschen Soldaten im deutsch-belgischen Grenzgebiet zu kaufen und unter der Hand in Berlin an einen weit gespannten Bekanntenkreis zu verkaufen. Im September 1941 wird er denunziert, verhaftet, vor Gericht gestellt und im Juni 1944 zu zwei Jahren und neun Monaten Zuchthaus und einer Geldstrafe von 900 Reichsmark verurteilt.

Hinter Hans Reinsch eröffnet sich jedoch ein weit verzweigtes Familiennetzwerk, an dessen Schwarzmarktgeschäften seine Ehefrau, die Brüder und sogar die Großmutter beteiligt waren. Eine Vielzahl ehemaliger Kollegen, Bekannte, sogar Berliner Prominenz wie der Schauspieler René Deltgen oder die Mutter des Polizeipräsidenten gehörten zu Reinschs Kundenkreis. Kaffee, seit Kriegsbeginn rationiert, war ein begehrtes Gut; Höchstpreise wurden geboten. So sehr die NS-Führung darauf bedacht war, die »Volksgemeinschaft« nicht darben zu lassen, so wenig konnte sie jedoch verhindern, dass trotz rücksichtsloser Ausplünderung der besetzten Gebiete in Deutschland Mangel herrschte.

Die Forschergruppe der Humboldt-Universität zeigt die Kontexte auf, erklärt die Verhältnisse der Kriegsbewirtschaftung von Lebensmitteln, die Flut der Verordnungen, mit denen das Regime versuchte, Kontrolle über den Schwarzmarkt zu erlangen, schildert die NS-Propaganda, wonach in der Volksgemeinschaft »Gemeinnutz vor Eigennutz« gehen müsse, und erläutert den Polizeiapparat bis hinunter zu jenem Kriminalbeamten Wünsche, der Hans Reinsch verhörte. Sie fragt nach den persönlichen Beziehungen zwischen den Eheleuten, dem Verhältnis der Brüder untereinander, wie sie in den Vernehmungen zur Sprache kommen. Wer versuchte, wen zu decken? Wer rettete lieber seine eigene Haut? Und mit welchen Gründen verteidigten sich all diejenigen, die von Hans Reinsch Kaffee gekauft hatten oder kaufen wollten?

Man merkt den Texten an, wie intensiv über diese Fragen in der Gruppe diskutiert worden ist, das Für und Wider, ob Ermittlungsakten eines nationalsozialistischen Gerichts nicht nur den Terror dokumentieren und wie sie anders gelesen werden können. Zu Recht weisen die jungen Historikerinnen und Historiker zum Beispiel darauf hin, dass weder die Kriminalbeamten noch die Staatsanwälte und Richter »kurzen Prozess« mit den »Volksschädlingen« gemacht haben, sondern ihre Beschuldigungen sorgfältig zu belegen versuchten. Offenkundig war es nicht einfach, der nationalsozialistischen Norm »Gemeinnutz geht vor Eigennutz« Geltung zu verschaffen. Denn die erlaubte Bereicherung von deutschen Soldaten in den besetzten Gebieten brachte ja erst das Warenvolumen auf, das dann in der Heimat verkauft wurde. Der Schwarzhandel wurde vom NS-Regime selbst angestoßen. Weshalb sollten diejenigen »Volksgenossen« bestraft werden, die im Reich nur fortsetzten, was in den besetzten Gebieten gang und gäbe war?

Das Bild der »Volksgemeinschaft«, das diese Forschergruppe zeichnet, ist weit heterogener, als es die nationalsozialistische Propaganda glauben machen wollte. Mit diesem Buch erfährt man eine Menge von der vielschichtigen Struktur der NS-Gesellschaft, dem Mitmachen und Distanzieren, dem alltäglichen Raub jüdischen Vermögens, dem einträglichen Eigennutz im Gemeinnutz, dem individuellen Durchkommen im Krieg und den Versuchen, sich der Gewalt des Regimes zu entziehen. Dass es darüber hinaus ein sehr lesbares Buch geworden ist, weil alle sich bemüht haben, nicht akademisch trocken zu schreiben, sondern die lebendige Anschaulichkeit der Quelle auch in der eigenen Sprache zum Klingen zu bringen, macht die Lektüre zu einem Vergnügen.

Michael Wildt

17. Orden und Ehrenzeichen? (einzeln aufführen)	nein
18. Vorbestraft? (Kurze Angabe des — der — Beschuldigten. Diese Angaben sind, soweit möglich, auf Grund der amtlichen Unterlagen zu ergänzen)	nein auf Vorhalt ja am 9.10.33 wegen Diebstahls 3 Wochen Gefängnis, evtl. 75,-- RM Geldstrafe.

II. Zur Sache:

Jch habe Damen= und Herrenfriseur gelernt. Vom Nov.1936 bis Anfang Mai 1939 war ich in der Gaststätte "Alt-Bayern", Berlin, Friedrichstr.94, als Geschäftsführer Nr.3 tätig. Vom 15.9.1939 bis Anfang Juli 1940 war ich bei der Firma Hentschel, Flugzeugwerke, Bln.-Johannisthal, dienstverpflichtet. Meine Entlassung von dieser Firma geschah wegen Krankheit. Dann fand ich bei dem Bäckermeister Fritz Besser, Bln.-Niederschönhausen, Körnerstr.8, als Aushilfe Beschäftigung. Am 12.8.1941 wurde ich zu den Fliegern nach Schönwalde b/Berlin eingezogen und am 23.8.1941 wegen Krankheit wieder entlassen. Anschließend war ich wieder bei dem Bäckermeister Besser tätig. Etwa seit Sept.1940 betreibe ich Handel mit Kaffee.

Jch gebe zu, von dieser Zeit ab bis heute etwa 6 1/2 Zentner Rohkaffee von Heeresangehörigen an der deutsch-belgischen Grenze zwischen Herbesthal und Mouschau aufgekauft und in Berlin weiterverkauft zu haben. Jch bin 4 x von Berlin nach Aachen gefahren und habe jedesmal 50 kg Rohkaffee aufgekauft. Jn der Zeit vom 10. bis 16.9.1941 war ich nochmals (zum 5. x) in Aachen, um Kaffee aufzukaufen. Jch habe lediglich 1/2 kg Rohkaffee aufkaufen können, und zwar in einer Kölner Gastwirtschaft. Der Verkäufer war ebenfalls ein Soldat. Jch hatte RM 10,-- zu zahlen. Außerdem verkaufte mir der Wehrmachtsangehörige 1 kg Rauchfleisch = RM 6,--, 1/2 kg Holländer Käse = RM 2,50 und eine Büchse (1 kg) Leberwurst = RM 6,--. Die aufgeführten Waren hat die Polizei in meiner Wohnung vorläufig sichergestellt. Anfang August 1941 hat mir mein Bruder, Will Reinsch, Jnhaber eines Textilwarengeschäftes, Köln, Breitestr.58-60 wohnh., 2 Kisten enthaltend 130 Pfund Rohkaffee per Nachnahme übersandt. Die Höhe der Nachnahme betrug RM 1.000,--. Die Sendung sollte aus 150 Pfund Kaffee bestehen. Es stellte sich heraus, daß sich zwischen dem Kaffee 20 Pfund Sand befand. Die beiden Kisten wurden durch Wehrmachtsangehörige, die auch die Lieferanten sind, zur Bahn gebracht. Jm Juli 1941 hat mich mein Bruder Will in Berlin aufgesucht. Er überbrachte mir auch 100 Pfund Rohkaffee.

Jch hatte zu zahlen: Bei der ersten Abnahme (Sept.1940) RM 5,--, bei der zweiten Abnahme (Dez.1940) RM 7,50, bei der dritten Abnahme (April 1941) ebenfalls RM 7,50 und bei der vorletzten Abnahme (Sept. 1941) RM 10,-- je 1/2 kg. Für den per Bahn erhaltenen Kaffee hatte ich etwa 7,50 RM, für durch meinen Bruder überbrachten RM 10,-- je 1/2 kg zu zahlen.

Jch muß ferner zugeben, im September 1940 2 Coupons Herrenstoffe von einem Wehrmachtsangehörigen, gelegentlich des Kaufs von Kaffee an der deutsch-belgischen Grenze für je 100,-- RM gekauft zu haben.

Beide Stoffe habe ich im Dezember 1940 an den Briefmarkenhändler Georg P o s t , Berlin, Friedrichstr.181, zum Preise von je 110 RM

Bl. Nr.3, Aussage Hans Reinsch, 17.9.1941

Sandra Grether

Der Fall Hans Reinsch

Eine Einleitung

Es ist der 23. September 1941 und da sitzt er jetzt also vor ihm: Hans Reinsch, 30 Jahre alt, wie seine Akte verrät, verheiratet, ein Kind, gelernter Herrenfriseur, zur Zeit Angestellter mit einem Monatslohn von 250 RM, vor fünf Tagen verhaftet unter dem Verdacht des Schwarzhandels mit Kaffee und möglicherweise auch anderen Waren – geständig. Hans Wünsche, Kriminalkommissar in Berlin, zuständig für den Fall Hans Reinsch steht vor einer scheinbar einfachen Aufgabe, als er die vor ihm liegende Akte aufschlägt.

Ja, er habe mit Kaffee gehandelt, hatte Hans Reinsch dem Vernehmungsbeamten mitgeteilt, der ihn unmittelbar nach seiner Festnahme am 17. September 1941 befragte. Etwa 6,5 Zentner Rohkaffee habe er im zurückliegenden Jahr von Heeresangehörigen an der deutsch-belgischen Grenze erstanden und nach Berlin transportiert, um den Kaffee dort weiterzuverkaufen. Er habe zwischen 5 und 10 RM für ein halbes Kilo Kaffee bezahlt und das Pfund dann für 12 bis 15 RM illegal weitergegeben. Schließlich fügte Reinsch den Aussagen eine Liste seiner Kunden an, mit dem Hinweis diese zu einem späteren Zeitpunkt vervollständigen zu können.

Es sieht nach einem klaren Fall aus. Einzig die Rolle von Hans Reinschs Bruder Wilhelm könnte Wünsche stutzig machen: Warum hatte dieser überhaupt die Möglichkeit, zweimal über 100 Pfund Rohkaffee nach Berlin zu versenden und woher stammte die Ware?[1]

Wünsche lässt sich Hans Reinsch vorführen und befragt ihn auf Grundlage dieser ersten Aussagen. Und stößt auf Ungereimtheiten. Natürlich war die Gewinnspanne des gehandelten Kaffees größer, als

4

ohne Abschnitte der Reichskleiderkarte abgefordert zu haben , weiterverkauft.

Andere Textilwaren, insbesondere Damenstoffe habe ich nicht aufgekauft.

Soweit mir erinnerlich ist, habe ich an folgende Personen Kaffee abgegeben. Der geforderte Preis lag zwischen RM 12,-und RM 15,-.

1.) Filmschauspieler Jens H a g e n -Ruf 71 85 05-
etwa 15 kg

2.) Baumstr. Hämmerling, - Ruf 34 37 79-
etwa 5 kg

3.) Generalkonsul Vollrath, Bln.-Charlottenbg., Kaiserdamm 5,
etwa 30 kg

4.) Gräfin Helldorff, sen., Bln.-Wilmerdorf, Düsseldorfer Str. 10,
30 kg (etwa)

5.) Lilo Ellisot, Berlin-Ruf 24 32 53- Hutmacherin
25 kg (etwa)

6.) Charlotte Serda, Filmschauspielerin, Berlin, Friedericiastr. 2,
etwa 20 kg

7.) Schneidermstr. Pflug, Berlin, - Ruf 24v67 85-
etwa 10 kg

8.) Direktor Lehnen, Berlin, -Ruf 35 09 83- [illegible]
etwa 10 kg

9.) Modesalon Würzburg, Berlin, -Ruf 91 68 55-
etwa 10 kg

10.) Teppichhändler Steinhaussen, Berlin, -Ruf 92 29 02-
etwa 10 kg

11.) Ballhaus Femina , Berlin, -24 01 86-
etwa 30 kg

12.) Milo Eddinger, Tenor, Berlin, -Ruf 87 75 48-
etwa 30 kg

13.) ? Marcell, Musiker, Berlin, -Ruf 24 69 07-
etwa 5 kg

14.) ? Kodell, Berlin, -Ruf 34 39 59-
etwa 15 kg

Weitere Kunden kann ich zunächst nicht nennen.

Die Anschriften der Abnehmer weiss ich in den meisten Fällen nicht, da die Kunden fast ausschliesslich den Kaffee in meiner Wohnung in Empfang genommen haben.

[illegible] 18/9.

v. g. u.
Hans Reinsch
geschlossen
Kurzmieder,
Meister d. Sch.

Bl. Nr.4, Aussage Hans Reinsch, 17.9.1941

Reinsch zuerst angegeben hatte, der Aufwand und das Risiko hätten sich sonst kaum gelohnt. Andere Teile seiner Erzählung kann Reinsch vorerst aufrechterhalten - noch besteht er beispielsweise darauf, den Kaffee über einen anonymen Soldaten namens Fritz erstanden zu haben, aber auch dieser wird sich später als Fantasiegestalt entpuppen, als sich in den folgenden Wochen vor den zuständigen Untersuchungsbeamten der Fall Stück für Stück wie ein Mosaik zusammensetzt. In unzähligen Befragungen, Gegenüberstellungen und Hausdurchsuchungen gingen die Berliner Kriminalisten der Sache nach.

Einen Monat später, am 16. Oktober 1941, legt Kommissar Wünsche seinen Abschlussbericht in der Sache Hans Reinsch vor und stellt darin fest, dass dieser nicht nur mehr Kaffee gehandelt habe, als er anfangs aussagte, sondern dass in seinen Schwarzhandel verschiedene andere Personen verwickelt gewesen seien, nicht zuletzt seine beiden älteren Brüder Joseph und Wilhelm. Der Bericht beleuchtet in Ansätzen ein umfangreiches Distributionsnetz, das, wie bereits ein oberflächlicher Blick deutlich macht, nicht nur die Familie Reinsch und ihre unmittelbaren Bekannten einschloss, sondern sehr viel weitere Kreise zog. Man nimmt unwillkürlich an, dass sich der Abnehmerkreis Hans Reinschs auf seine Bekannten und auf Personen beschränkte, zu denen er in seinen diversen Tätigkeiten Kontakt aufnahm. Tatsächlich findet sich unter den von Hans Reinsch als Kunden genannten Personen eine auffallend große Anzahl an Schauspielern, Künstlern und Personen des öffentlichen Lebens wie etwa die Schauspieler René Deltgen und Sybille Schmitz sowie eine Gräfin Helldorf, die Mutter des Polizeipräsidenten von Berlin. Ein weiterer Eintrag, der stutzig macht, ist die Nennung des Restaurants von Aloys Hitler, Adolf Hitlers Halbbruder, am Wittenbergplatz.

Auch wenn den ›prominenten‹ Kunden Hans Reinschs im Folgenden nicht eigens nachgegangen wird, lassen doch bereits diese wenigen Andeutungen erahnen, dass die Kaffee-Schiebereien im vorliegenden Fall, der hier exemplarisch untersucht wird, größere Kreise zogen. Menschen unterschiedlicher sozialer Milieus, in verschiedenen Städten, in der Heimat, an der Front und in den besetzten Gebieten waren, so wird deutlich, über Warenkreisläufe miteinander verbunden und traten zueinander in Kontakt, wie sie es unter anderen Umständen möglicherweise nicht getan hätten.

Wie stellte sich der Fall Hans Reinsch in den Augen der untersuchenden Behörde dar? Nun, da war dieser junge Mann, eine ge-

5 90

K.J.B.II.-S.K.- Berlin, den 16.Oktober 1941.

Schlußbericht.

Die Ermittelungen und Vernehmungen in Berlin und Köln haben im wesentlichen folgendes ergeben:

Der Beschuldigte, Hans R e i n s c h, der in den letzten Jahren durch eine Herzkrankheit in seiner Berufsausübung behindert war, bezog nach eigenem Geständnis seit etwa einem Jahre aus Köln rohen und gebrannten Kaffee, den er in Berlin zu Schleichhandelspreisen veräusserte. Wie groß die Menge war, ließ sich nicht mit Sicherheit feststellen. Hans R. behauptete anfangs, daß es insgesamt 6 1/2 Ztr. Kaffee gewesen sei, gab aber in seiner letzten Vernehmung zu, daß es " höchstens 10 Ztr. gewesen " seien. Ob diese Menge alle Kaffeegeschäfte des R. enthält, konnte nicht mit ~~Sicherheit~~ festgestellt werden, weil R. behauptet, lediglich von seinem in Köln wohnhaften Bruder Wilhelm R. Kaffee bezogen zu haben, dessen Menge dieser mit insgesamt etwa 8 Ztr. angibt. Andererseits besteht die Möglichkeit, daß Hans R e i n s c h in Köln von dritter Seite Kaffee bezogen hat. Hierzu kommen einige Pfund Tee, die Wilhelm R. geliefert haben soll.

Ausserdem hat Hans R. Damenstoffe und Trikotagen schwarz gehandelt. Die Herkunft dieser Ware steht nicht einwandfrei fest. Einen Teil davon hat Hans R. von seiner Großmutter, Frau M a u e r m a n n, unter der Hand bekommen, jedoch ist anzunehmen, dass er noch andere Bezugsquellen besaß, weil manche von ihm verkaufte Waren im Geschäft der M. nicht geführt wurden. Über die Menge der von Hans R. schwarz gehandelten Textilien können bestimmte Angaben nicht gemacht werden. An -

Bl. Nr. 90, Schlussbericht Wünsche, 16.10.1941

Er war Jnteressent für Damenstrümpfe. Zu einem Verkauf ist es nicht gekommen, da ich keine Ware hatte.

Deltgen, R e n é, Filmschauspieler, war mir aus der Wirtschaft Otto G a s s e l in der Kantstrasse bekannt. Er wollte ebenfalls Kaffee kaufen, es blieb für ihn aber nichts mehr übrig.

M. E d i n g e r, Operntenor, Adresse unbekannt, Tel.877548- hat damals in einer Pension gewohnt, ist aber zurzeit auf Reisen. Er hat im Laufe der Zeit etwa 25 Kilogramm Kaffee zu den von mir oben angeführten Preisen bezogen.

~~Berhaus~~ F e m i n a, ist das bekannte Lokal in der Nürnberger Strasse. Für das dortige Personal hat das Blumenmädchen, Name unbekannt, im Laufe der Zeit insgesamt etwa 25 Kilogramm Kaffee von mir geliefert bekommen und an die Jnteressenten unter dem Personal ~~im Lokal~~ verteilt.

Jens vom H a g e n, Adresse unbekannt, Filmschauspieler, Telefon: 718508 -, hat insgesamt etwa 30 kg Kaffee von mir abgeholt. (Adresse nach dem Telefonbuch: Frhr.vom Stein-Str.2). Dieser schuldete mir bis zu meiner Festnahme für die Lieferung noch 400 RM. Vielleicht hat meine Ehefrau, die sonst mittellos ist, den Betrag inzwischen eingezogen.

Richard H ä m m e r l i n g, Berlin-Charlottenburg, Kaiser-Friedrichstr.9, ist ein Onkel meiner Ehefrau. Er mag insgesamt etwa 10 ~~Kg~~ Pfund Kaffee bekommen haben.

Helmut H e n k e, Kurfürstendamm 234, mit dem ich von Köln her befreundet war, hat von mir keine Ware bezogen.

Waldemar H e n k e, ein vereidigter Buchsachverständiger, z.Zt. in Russland, ist der Vater des soeben genannten Henke;

Bl. Nr.12, Aussage Hans Reinsch, 24.9.1941

S a c h s ist personengleich mit dem auf Seite 15 meiner Vernehmung erwähnten Manne.

M a y r i n g war Jnteressent für Kaffee, hat aber keine Ware bekommen.

Sybille S c h m i t z ,Schauspielerin, wollte auch Kaffee haben, hat aber keinen bekommen.

K u n o , nicht näher bekannt, dürfte auch ein Jnteressent gewesen sein, hat aber nichts bekommen.

von K ü s t e r , Helmstädterstr.30, hat auch von mir nichts bekommen.

H e l l d o r f , siehe Blatt 4.d.A. Ziffer 4.

K r a u s e hat von mir auch keine Ware bekommen.

T h r e b i n g, Arno, ist mein Schwager. Er wohnt in Köln, wie aus der 5=stelligen Fernsprechnummer zu erkennen ist.

M. K l e i n, Köln-Nippes, Neußerstrasse, 276oder 246, ist ein flüchtiger Bekannter von Köln, der von mir Stoff haben wollte. Jch habe ihm aber nichts geliefert.

B l a t t 10 :

Die Visitenkarte stammt von meinem Kölner Bekannten Theo V o o s e n, der bereits auf Seite 16 meiner Vernehmung erwähnt ist.

Die Notizen auf der Rückseite stellen Aussenstände dar, die ich damals, d.h. also vor 6-9 Monaten, hatte. Jch muß jedoch hierzu bemerken, dass sich unter diesen Aussenständen auch Spielschulden befanden, ferner auch Darlehnsschulden.

O t z i k, der auf Seite 14 meiner Vernehmung bereits erwähnt ist, hatte sich von mir während er auf Urlaub war, 100 RM geliehen. Diese Summe habe ich von ihm oder von seiner Ehefr

Bl. Nr. 12, Aussage Hans Reinsch, 24.9.1941

scheiterte Existenz, der in seinem ursprünglichen Beruf nicht mehr arbeiten konnte – oder wollte. Den es nach Berlin gezogen hatte, weil er sich hier größere Chancen als im heimatlichen Rheinland erhoffte. Sich von einer zur anderen Gelegenheitsarbeit hangelnd, war es Hans Reinsch schlussendlich gelungen, eine Stelle als Geschäftsführer im Kabarett *Alt Bayern* auf der Friedrichstraße zu erhalten. Doch gerade als sich sein Schicksal zu wenden schien, wurde er nach knapp zweieinhalb Jahren entlassen: Arbeitsmangel. Hans Reinsch stand erneut auf der Straße – mit ihm ein neugeborener Sohn und seine Frau Lieselotte, die er gerade erst geheiratet hatte.

Und dann trat die Rettung in Gestalt des großen Bruders auf den Plan. Von der Mutter zu einem Besuch in Berlin bewegt, erschien Wilhelm »Will« Reinsch auf der Szene und versprach, sich um das schwarze Schaf der Familie zu kümmern. Da weder er noch der dritte Bruder, Joseph »Jupp« Reinsch, die Möglichkeit besaßen, ihm eine gutbezahlte Anstellung – vorzugsweise in Berlin – zu vermitteln, musste eine andere Lösung her. Es ist nicht bekannt, welche Diskussionen im Familienkreis dem vorausgingen und welche Überlegungen oder Berechnungen dahinterstanden: Ende August, Anfang September 1940 reiste Hans Reinsch jedenfalls nach Köln, wo er gemeinsam mit seinem Bruder Will eine nicht unerhebliche Menge an Kaffee erstand, die er mit der Absicht, sie auf dem Berliner Schwarzmarkt zu vertreiben, mit zurückbrachte.

Von nun an reiste Hans Reinsch in regelmäßigen Abständen nach Köln bzw. ins deutsch-belgische Grenzgebiet, um dort Kaffee zu erstehen, den er dann in Berlin illegal weiterverkaufte. Im Gegensatz zu seinen vorangegangenen beruflichen Versuchen scheint Hans Reinsch nun recht erfolgreich gewirtschaftet zu haben. Seine Kunden akquirierte er vorrangig aus dem Bekanntenkreis seiner Zeit im Kabarett *Alt Bayern*. Außerdem gelang es ihm, möglicherweise mit Verweis auf seine schlechte körperliche Verfassung, Freunde und Verwandte dazu zu bewegen, ihm beim Transport des Kaffees innerhalb Berlins zur Hand zu gehen. Eine wichtige Stütze war ihm bald sein Nachbar und guter Freund Herbert »Sonny« Barkowski.[2] Der Vertrieb von Kaffee lief gut. Im Zuge seiner Tauschgeschäfte gelangte Hans Reinsch vorübergehend auch an andere Waren wie Tee, Alkohol, Stoffe und Fleisch. Doch Kaffee scheint weiterhin sein Kerngeschäft ausgemacht zu haben. Das Geschäft lief gut genug, um das schmale Einkommen der Familie deutlich aufzubessern.

Staatliche Kriminalpolizei
Kriminalpolizeileitstelle
B. B.II.-S.K.-
Ruf: Anruf 770.
Aktenzeichen Rein.9514 K.6.41
Tatort: Berlin u.a.
(Amtsgerichtsbezirk)
Ergreifungsort: Berlin
(Amtsgerichtsbezirk)

Berlin C.2 ----, am 26. 9. 1941.

22

Erkennungsdienstliche Maßnahmen
Fingerabdrücke } aufgenommen — ~~nicht aufgenommen~~
Lichtbild
26.9.41 Lauf
(Datum, Name und Dienstnummer des abfertigenden Beamten der Erkennungsdienstzentrale)

1. Die vorläufige Festnahme des ~~—der—~~ arbeitslosen Friseurs Hans R e i n s c h ,26.1.1911 in Köln geboren, Berlin-Charlottenburg, Maikowskistrasse 84 wohnhaft,

erscheint begründet,

~~weil — er — bei — Ausführung der Tat betroffen wurde — worden — und der Flucht verdächtig ist — sind —,~~
~~seine — ihre — Person bisher nicht festgestellt werden konnte~~
(§ 127 I StPO),

da - Gefahr im Verzuge - dringender Tatverdacht - Fluchtverdacht - Verdunkelungsgefahr u. Fortsetzungsgefahr - vorliegen,

sein ~~ihr~~ Belassen auf freiem Fuße untragbar erscheint.
(§§ 112 und 113 StPO)

2. Er - ~~Sie~~ wird - ~~werden~~ vorgeführt zu den - anliegenden - Akten Rein. 9514 K.6.41 wegen*) Verbrechens gegen § 1 Abs.1 KWVO. vom 4.9.1939 und fortgesetzten Verstosses gegen die Höchstpreisbestimmungen unter erschwerenden Umständen in Verbindung mit § 4 der VO.gegen Volksschädlinge vom 5.9.1939.

dem Herrn Vernehmungsrichter im Polizeipräsidium

~~dem Schnellgericht — A.G. Berlin, Abt. 899 — Dircksenstraße~~

~~dem Jugendgericht~~

~~dem Amtsgericht~~ ~~(Strafabteilung)~~

Im Auftrage:
[Unterschrift]
Kriminalrat.
(Dienstgrad)

*) Genaue Bezeichnung der Straftat und der in Frage kommenden Gesetzesparagraphen.

Bl. Nr. 22, Vorläufige Festnahme Hans Reinsch, 26.9.1941

Das illegale Familienunternehmen Reinsch lieferte zwischen Oktober 1940 und September 1941 in regelmäßigen Abständen Kaffee nach Berlin, es fuhren abwechselnd Hans Reinsch und seine beiden, in relativ stabilen Umständen lebenden Brüder, zwischen Köln und der Hauptstadt hin und her und transportierten bei jeder Reise mehrere Koffer gefüllt mit Rohkaffee. Spätestens im Sommer 1941, als das Geschäft bereits ein knappes Jahr ganz gut gelaufen war, traten Probleme auf: Eine per Bahn gelieferte Ladung Kaffee war mit Sand durchsetzt. Doch das Ende seiner Schiebertätigkeit trat für Hans Reinsch dann unvermittelt ein: Anfang September 1941 hatten die Brüder Reinsch in Köln mehrere Koffer mit Kaffee als Warensendung auf den Weg nach Berlin geschickt. Als der Gewerbeaußendienst am 17. September 1941 an seine Tür klopfte, lagerten in Hans Reinschs Keller etwa sechs Koffer mit Kaffee. Diese entgingen den Beamten bei der Durchsuchung und Beschlagnahmung jedoch zunächst.

Die Akte mit der Nummer 15021 aus dem Bestand »Staatsanwaltschaft bei dem Landgericht« des Landesarchivs Berlin, die sich seit April 2011 im Bestand Rep. 12c Staatsanwalt beim Sondergericht Berlin II des *Brandenburgischen Landeshauptarchives* in Potsdam befindet und in der alle noch erhaltenen Materialien zum Fall Hans Reinsch zu finden sind, erzählt die Geschichte einer Strafverfolgung während des Zweiten Weltkriegs. Sie dokumentiert ein Stück Alltagsgeschichte der NS-Zeit, die zugleich auf vielfache Weise mit der Terrorherrschaft des »Dritten Reichs« verwoben war. Ein Blick auf diesen ›kleinen‹ Fall erlaubt damit auch, an viel diskutierte Forschungsfragen nach dem Charakter der NS-Herrschaft und der Herstellung der so genannten »Volksgemeinschaft« anzuknüpfen. Nachdem Hans Reinsch von einem anonymen Informanten bei der Kriminalpolizei Berlin als Schwarzhändler angezeigt worden war, wurde er verhört, verhaftet und schließlich wegen Verstoßes gegen §1 Abs. 1 KWVO (Verstoß gegen die Höchstpreisbestimmung) und aufgrund von §4 VVO (Volksschädlingsverordnung) ins Gefängnis Plötzensee eingeliefert.[3]

Die sich anschließenden Untersuchungen nahmen schnell Geschwindigkeit auf, in kurzer Abfolge wurde nicht nur Hans Reinsch mehrfach vernommen, auch seine Ehefrau, seine Helfer und Kunden in Berlin, sowie seine Brüder in Köln, insgesamt mindestens 20 Personen, wurden einbestellt und ausführlich befragt. Der Ende Oktober 1941 vorgelegte abschließende Bericht des ermittelnden Kriminal-

Beglaubigte Abschrift

(Sond.III) 3 Gew KLs 176.43 (3223.43)

I m N a m e n d e s D e u t s c h e n V o l k e s !

S t r a f s a c h e
gegen

den Geschäftsführer Hans R e i n s c h aus Berlin-Charlottenburg, Maikowskistraße 84, geboren am 26. Januar 1911, deutscher Staatsangehöriger, katholisch, verheiratet, einmal wegen Diebstahls bestraft, in dieser Sache vom 17. September bis 22. Dezember 1941 in Haft gewesen,

wegen Kriegswirtschaftsverbrechens und Preisvergehens.

Das Sondergericht III bei dem Landgericht Berlin hat in der Sitzung vom 7. Juni 1944, an der teilgenommen haben:

Landgerichtsdirektor Triebel
als Einzelrichter,
Staatsanwalt Riechert
als Beamter der Staatsanwaltschaft,
Justizsekretär Kern
als Urkundsbeamter der Geschäftsstelle,

f ü r R e c h t e r k a n n t :

Der Angeklagte hat etwa neun Zentner Kaffee sowie Spinnstoffwaren, Schweinefleisch und Butter im Schleichhandel erworben und mit Ausnahme der Butter auf demselben Wege zu Überpreisen abgesetzt.

Er wird deshalb wegen ~~Xxxx~~ Kriegswirtschaftsverbrechens und zugleich wegen Vergehens gegen die Preisstrafrechtsverordnung zu einer Zuchthausstrafe von zwei Jahren neun Monaten und zu einer Geldstrafe von neunhundert Reichsmark, ~~xxxxxxxx~~ ersatzweise zu weiteren neunzig Tagen Zuchthaus, verurteilt.

Die Geldstrafe gilt durch die Untersuchungshaft als verbüßt.

Die beschlagnahmten fünf leeren Koffer sowie der sechste Koffer mit 47 Paar Herrensocken werden eingezogen.

Beiakte zum Fall Hans Reinsch, Abschrift des Urteils, LA Berlin/ ARep. 355/15023 führen, da der Angeklagte Überpreise genommen hat.

Gemäß § 40 StGB. in Verb. mit § 1 c KWiVO. und § 3 Abs. 1 Preisstrafrechts-VO. waren die zum Transport der Schleichhandelsware benutzten 6 Koffer sowie die in dem einen von ihnen befindlichen 47 Paar Herrensocken, die der Angeklagte zugestandenermaßen ebenfalls im Schleichhandel erworben hat und mit Überpreisen absetzen wollte, einzuziehen.

Im Hinblick auf die von dem Angeklagten bewiesene ehrlose Gesinnung sind ihm auch ohne einen dahingehenden Antrag der Staatsanwaltschaft die Ehrenrechte eines Deutschen auf die Dauer von drei Jahren aberkannt worden.

Die Kostenentscheidung beruht auf § 465 StPO.

gez. Triebel

Beglaubigt:

~~Justizangestellter~~

Justizangestellte

als Urkundsbeamter der Geschäftsstelle.

kommissars Wünsche hätte so an die zuständige Staatsanwaltschaft übermittelt und Hans Reinsch vor Gericht gestellt werden können. Tatsächlich fand die Gerichtsverhandlung wegen Kriegswirtschaftsverbrechens und Preisvergehens jedoch erst am 7. Juni 1944 statt, beinahe drei Jahre nachdem Hans Reinsch verhaftet worden war.

Die Verzögerung, deren Ursachen nicht abschließend geklärt werden können, bietet nicht nur Einblick in das Behördenchaos im nationalsozialistischen Deutschland zur Zeit des Zweiten Weltkriegs, sondern auch die Chance, einen ›alltäglichen‹ Schwarzhandelsfall der Kriegszeit intensiv zu untersuchen. Die Akte Reinsch endet nicht am 16. Oktober 1941. Bis zur Verkündung des Urteils wuchs sie stetig und brachte immer neue Aspekte des Falls zum Vorschein.

Vor allem der Reichtum an Dokumenten, der Umfang der Akte, der in keinem Verhältnis zur auf den ersten Blick angenommenen Schwere des Vergehens steht, sind es, die dieses Dokument zu einem lohnenswerten Untersuchungsgegenstand machen. Neben Behördentexten und interner Kommunikation zwischen den beteiligten Untersuchungs- und Strafverfolgungsbehörden in Berlin und Köln, findet man darin Schreiben von Privatpersonen und Amtsträgern, Notizen, schriftliche Beweismaterialien, Bittschriften und jede Menge Formulare. Die jeweils spezifischen Charakteristika dieser Dokumente, ihre Sprache, ihr Erscheinungsbild, ihre Verwendung im Kontext der Untersuchung und die Tatsache ihrer Archivierung bilden den Fall Hans Reinsch in einer lebendigen Gänze ab. Welche Geschichten können aus den Schriftstücken herausgelesen werden? Welche Ereignisse und Personen treten auf? Welche Themen werden aufgegriffen oder angeschnitten?

Ausgehend von dieser Vielzahl an Dokumenten und den hinter jedem Schriftstück stehenden Geschichten haben die Autoren dieses Bandes Fragen an die Akte gestellt. Einerseits werden die Kontexte des geschilderten Kaffeehandels untersucht: Wieso war Kaffee eine Mangelware, für die Menschen bereit waren, die Grenzen der Legalität zu dehnen und zu überschreiten? Wie funktionierte die Wirtschaft unter Kriegsbedingungen? Wie gelangte der Kaffee im konkreten Fall nach Berlin? In welchen Räumen bewegte sich Hans Reinsch? Welche Personen bildeten sein Netzwerk? Welche Anklagepunkte wurden gegen Hans Reinsch vorgebracht und auf welcher gesetzlichen Basis wurde er verurteilt?

Der vorliegende Band verfolgt damit ein doppeltes Anliegen: Zum einen geht es den Autorinnen und Autoren um Informationsgewinnung, um eine empirisch valide Untersuchung von Akteuren, Beziehungen, Stadträumen und vielem mehr. Zum anderen kontextualisieren einige Beiträge die so gewonnenen Daten und ordnen sie in den breiteren Horizont einer NS-Forschung ein, die nach der ideologisch aufgeladenen Herstellung von Gemeinschaft oder auch nach Tätergruppen und ihrem Beitrag zum Funktionieren der NS-Herrschaft an der »Heimatfront« fragt.

Friedrichstrasse in Berlin um 1942, LA Berlin, Best.Nr. 311894

Christian Kollrich

Rahmenbedingungen. Kriegswirtschaft als verwalteter Mangel

Der Fall Reinsch ist ohne den Zweiten Weltkrieg nicht denkbar. Der von Hans Reinsch betriebene Kaffeehandel war nicht nur gesetzeswidrig, sondern richtete sich in den Augen der Strafverfolger auch gegen die viel beschworene Einheit der »Volksgemeinschaft«. Der Umstand, der Menschen zu Schiebern und Schwarzmärkte für die Teilnehmer überhaupt ökonomisch sinnvoll machte, war die Restriktion des freien Handels und der Preisbildung.[4]

Produktion, Verteilung und Verbrauch von Gütern und Rohstoffen erfüllten – wenn auch spät einsetzend und nie in dem gleichen Umfang – bereits im Ersten Weltkrieg zweierlei Funktionen: Sie sollten eine sichere und gerechte Versorgung mit »Dingen des lebenswichtigen Bedarfs« sicherstellen und zugleich die Umstellung von einer Friedens- auf eine Kriegsproduktion abstützen.[5] Diese Umstellung, das heißt die Ressourcenallokation von der Konsumgüterindustrie hin zu rüstungsrelevanten Bereichen, war komplex und riskant – und gelang nur unzureichend. Die desaströse Versorgungslage im Deutschen Reich hatte in der Wahrnehmung der Zeitgenossen erheblich zum Untergang der Monarchie beigetragen. Eine Wiederholung dieser Erfahrung, der Zusammenbruch der »Heimatfront« aufgrund von Hungersnot und allgemeinem Mangel, sollte 1939 unter allen Umständen vermieden werden. Wirtschaftspolitik im Zweiten Weltkrieg wurde dadurch zu einem Spagat. Einerseits sollte so viel Potenzial in die Rüstung fließen wie nur irgendwie machbar, andererseits wollte man Lebensstandard und Versorgung möglichst wenig einschränken.[6]

In der Praxis führte dieses Ziel zu einem komplizierten System der Produktionssteuerung und Güterverteilung.[7] Ein Blick auf das Beispiel der Landwirtschaft soll dies verdeutlichen. Lebensmittel waren nicht nur eine kritische Ressource, an ihrer Reglementierung wurden auch grundsätzliche Probleme und Effekte der Bewirtschaftung sichtbar. So war bereits 1933 mit dem Reichsnährstand eine Organisation gegründet worden, die alle an der Produktion landwirtschaftlicher Güter beteiligten Personen einschloss und unter anderem das Ziel hatte, Bedarf und Erzeugung zu ermitteln und in Einklang zu bringen. Grundlage dieser Politik war die Erfassung von Höfen, die Gründung von Genossenschaften und Ablieferungs- bzw. Sammelstellen, die Einführung von Quoten und die Festsetzung von Abnahme- und Verkaufspreisen. Die Bedürfnisse der Konsumenten sollten sich mittelfristig nach den Möglichkeiten der heimischen Produktion richten. Vor dem Krieg bemühte man sich vor allem um eine Art Erziehung durch Propaganda, anstatt auf unmittelbaren Zwang zurückzugreifen. Der »Gemeinnutz« der »Volksgemeinschaft« sollte vor dem »Eigennutz« stehen, wer dennoch seinen Vorteil suchte und Waren zurückhielt, wurde als »Schädling« tituliert. Bauern wurden so zu »Soldaten« in einer »Ernährungsschlacht«. Preisschwankungen und Marktstörungen wollte man durch Preisregelungen ausschalten. Mit Kriegsbeginn 1939 weitete das Regime seine Zugriffs- und Sanktionsmöglichkeiten deutlich aus. Aus dem Ablieferungsrecht wurde eine Ablieferungspflicht. Dennoch gelang es auf Grund der dezentralen Produktion nie, eine umfassende Kontrolle auszuüben. Zudem senkte die Politik der Preisregelung auf Dauer den Produktionsanreiz. Während in der Vorkriegszeit die festgesetzten Preise von den Erzeugern als vorteilhaft empfunden werden konnten, änderte sich dies im Laufe des Krieges. Die Verbraucherpreise sollten möglichst niedrig gehalten werden, um die Bevölkerung zu schonen. Dementsprechend niedrig waren die Abnahmepreise.[8]

Wenn Konsumenten bereit sind, für Güter mehr als den offiziell festgesetzten Preis zu zahlen, entstehen Anreize, Waren am System vorbei zu handeln. Genau dies geschah im Laufe des Krieges. Im Deutschen Reich entwickelte sich ein Kaufkraftüberhang: Den wenigen frei erhältlichen Waren stand eine wachsende Menge an Geld gegenüber, das nicht mehr legal ausgegeben werden konnte. Außerhalb der offiziellen Verteilwege wurden höhere Preise bezahlt. Je weniger die verordneten Preise das tatsächliche Verhältnis von Angebot und

Nachfrage abbildeten, desto stärker wurden die Anreize für Erzeuger, den Handel und Verbraucher, das offizielle System zu umgehen.

Vielen Konsumenten, vor allem in den Städten, drang die Bewirtschaftung erst mit Beginn des Krieges nachhaltig ins Bewusstsein als der Bezug von Lebensmitteln über Marken zur Regel wurde. Diese Marken berechtigten den Inhaber zum Erwerb eines Kontingents an Waren innerhalb einer bestimmte Zeitspanne. Wollte man zum Beispiel ein Pfund Butter kaufen, musste man den entsprechenden Abschnitt seiner Zuteilungskarte vorweisen. Die Karten verfielen mit Ablauf der Zuteilungsperiode, unabhängig davon ob die Marken eingelöst worden waren. Zudem waren sie nicht auf andere Personen übertragbar. Gewisse im Frieden als selbstverständlich empfundene Produkte wurden plötzlich Mangelware, weil sie durch den Krieg nicht mehr in ausreichendem Maße importiert werden konnten, wie zum Beispiel Kaffee.[9]

Den nationalsozialistischen Machthabern war klar, dass nicht nur rationale Erwägungen von Kalorienmengen, Bedarfsdeckung und Produktionsquoten bei der Zuteilung von Gütern eine Rolle spielten, sondern auch die Kategorie der »Gerechtigkeit«, wollte man nicht Gefahr laufen, die »Volksgemeinschaft« als Schein zu entlarven. Die Einführung des Kartensystems etablierte einen neuen sozialen Vergleichsparameter.[10] Wer unter die Kategorie der »Schwerarbeiter« fiel, erhielt Zulagen, ebenso wie beispielsweise Ausgebombte. Wer war da schon gerne »Normalverbraucher«? Bedürfnisse sind subjektiv. Im Laufe des Krieges nahm die Zahl der Kategorien zu und die Bewirtschaftung wurde auf immer mehr Güter ausgeweitet.

Die Gründe dafür, warum Menschen dieses System umgingen, waren vielfältig. Die zeitliche Befristung und die Personengebundenheit der Bezugsscheine machten es schwer vorzusorgen. Ein Ausweg war, nicht benötigte Marken zu tauschen. Zwar wurde bereits dieser Vorgang als Straftat deklariert, in der öffentlichen Wahrnehmung allerdings nicht unbedingt als solche empfunden. Immerhin kam mit den aus den besetzten Gebieten heimkehrenden Soldaten eine ganze Reihe von Waren ins Reich, die nicht vom Bewirtschaftungssystem erfasst und über alternative Verteilernetzwerke an den Mann gebracht wurden.[11] Dies musste nicht gleich den Vertrieb über professionelle Händler nach sich ziehen, sondern konnte auch die Verteilung innerhalb der Familie und dem sozialen Nahbereich bedeuten, wobei die Trennlinien, wie der Fall Reinsch zeigt, kaum scharf zu ziehen sind.

Die Menschen begannen sich dem System anzupassen, Graubereiche auszuloten und Netzwerke zu knüpfen. Die staatliche Zu- und Einteilung bedeutete also nicht, dass man sich in einer unabänderlichen Situation befand. Sie stellte vielmehr für viele Menschen den Ausgangspunkt dafür dar, sich Dinge zu ›organisieren‹. Sei es unmittelbar für den eigenen Bedarf oder, vor allem mit Fortdauer des Krieges, auch als Tauschobjekt, mit dem sich Gewinn erzielen oder für eine unsichere Zukunft Vorsorge treffen ließ.[12]

Ein Regime, das für sich in Anspruch nahm, die Bevölkerung planvoll zu versorgen, konnte einen Handel, der dazu geeignet war, die Funktion und Legitimität der offiziellen Maßnahmen zu untergraben, nicht tatenlos hinnehmen. Die Funktion des Bewirtschaftungssystems wurde in den Augen der Behörden dadurch gefährdet, dass Waren der offiziellen Verteilung und somit der »Volksgemeinschaft« entzogen wurden. Die Rationierung bedeutete Einschränkung. Diese Last war dem Einzelnen besser zu vermitteln, wenn sie scheinbar alle in gleichem Maße betraf und die Bürden damit gerecht verteilt waren. Schwarzhandel eröffnete einen Weg, die Mittel vorausgesetzt, das Verhältnis der Lastenverteilung auf individueller Ebene zu verändern, also aus dem verordneten Konsens auszubrechen. Das Regime begegnete Absagen an die Partizipation in der »Volksgemeinschaft« mit erhöhtem Druck. Mit einer Verordnung wurde bereits am 4. September 1939 die Kategorie des Kriegswirtschaftsverbrechens eingeführt.[13] »Schieber«, »Schädlinge« und »Schwarzschlachter« wurden mit größerer Härte verfolgt. Das Problem lag in der Umsetzung der Verordnung gegenüber den von der Bevölkerung als nicht illegal wahrgenommenen Tauschgeschäften. Gerade in Bezug auf diese Praktiken wirkten sich die Äußerungen der Staatsführung über den Umgang mit den aus den besetzten Gebieten ins Reich eingeführten Waren negativ aus. Der in diesem Kontext zu Tage tretende doppelte Standard minderte vermutlich das Unrechtsbewusstsein der »Volksgenossen« zusätzlich. Inwieweit die Rechtspraxis in den von der Wehrmacht besetzten Gebieten das Rechtsgefühl und damit die Verfolgungs- und Ahndungspraxis im Inneren beeinflusste, ist eine offene Forschungsfrage.

Sicher ist hingegen, dass der sich ausbreitenden »Vergleichsmentalität« auch Bevorzugungen und Tricksereien innerhalb von Staats- und Parteicliquen nicht entgingen. So hat der Historiker Frank Bajohr gleich eine ganze Reihe von Fällen zusammengetragen, in denen »Parteigenossen« durch Formen der Bereicherung auffällig wurden, die von »den einfachen Leuten« durchaus – so sie denn Kenntnis davon bekamen – aufmerksam registriert wurden.[14] Korruption, Gefälligkeiten und illegale Tauschgeschäfte, die unter die Bestimmungen der Kriegswirtschaftsverordnung gefallen wären, gingen dabei eine kaum zu entwirrende Gemengelage ein. Es waren nicht nur ganz ›normale‹ Leute wie Hans Reinsch, die versuchten, sich ›nebenbei‹ etwas zu ›besorgen‹. Alle miteinander trugen diese kleinen und großen Schieber dazu bei, dass der Schwarzmarkt weiter bestand – und sich schließlich sogar öffentlich in den Städten zeigte.[15]

Das Grundproblem, das darin bestand, dem Phänomen des Schwarzhandels zu Leibe zu rücken ohne die Bevölkerung durch weitgehende Kriminalisierung gegen sich aufzubringen, blieb bis zum Ende des »Dritten Reichs« bestehen. Dabei war die Bekämpfung von »Kriegswirtschaftsverbrechen« bis 1945 nicht allein auf die durchgreifende Strafverfolgung des Schwarzhandels ausgelegt, sondern in hohem Maße auch Symbolpolitik, mit der die Legitimität der Regelungen und somit auch die Legitimität des Regimes aufrecht erhalten werden sollte.[16]

Franziska Kelch

Die Kriegswirtschafts-verordnung vom 4. September 1939

»Die Sicherung der Grenzen unseres Vaterlandes erfordert höchste Opfer von jedem deutschen Volksgenossen. Der Soldat schützt mit der Waffe unter Einsatz seines Lebens die Heimat. Angesichts der Größe dieses Einsatzes ist es selbstverständliche Pflicht jedes Volksgenossen in der Heimat, alle seine Kräfte und Mittel Volk und Reich zur Verfügung zu stellen und dadurch die Fortführung eines geregelten Wirtschaftslebens zu gewährleisten. Dazu gehört vor allem auch, daß jeder Volksgenosse sich die notwendigen Einschränkungen in der Lebensführung und Lebenshaltung auferlegt. Der Ministerrat für die Reichsverteidigung verordnet daher mit Gesetzeskraft:

§1

(1) Wer Rohstoffe oder Erzeugnisse, die zum lebenswichtigen Bedarf der Bevölkerung gehören, vernichtet, beiseiteschafft oder zurückhält und dadurch böswillig die Deckung dieses Bedarfs gefährdet, wird mit Zuchthaus oder Gefängnis bestraft. In besonders schweren Fällen kann auf Todesstrafe erkannt werden.

(2) Dieselbe Strafe trifft denjenigen, der Bescheinigungen über Bezugsberechtigung oder Vordrucke hierfür beiseiteschafft, nachmacht oder nachgemachte Bescheinigungen oder Vordrucke in den Verkehr bringt oder sich verschafft.

(3) Hat der Täter in der Absicht gehandelt, sich zu bereichern, so ist neben der Strafe aus Abs.1 und Abs. 2 auf Geldstrafe zu erkennen. Die Höhe der Geldstrafe ist unbeschränkt, sie muß das Entgelt, das der Täter für die Tat empfangen und den Gewinn den er aus der Tat

gezogen hat, übersteigen. An Stelle der Geldstrafe kann auf Vermögensentziehung erkannt werden.«[17]

Hans Reinsch verging sich mit dem Schwarzhandel nicht nur am so genannten »lebenswichtigen Bedarf der Bevölkerung«, er trug damit nach verbreiteter Auffassung von Staatsanwälten und Richtern überdies dazu bei, die »innere Front« zu schwächen und somit auch einen erfolgreichen Ausgang des Krieges zu gefährden.[18] Die Vorstellung, dass der Erste Weltkrieg letztlich auch durch die mangelhafte Versorgung der Deutschen in der Heimat verloren wurde, war ein zentrales Motiv für die umfassende Lenkung der deutschen Wirtschaft.[19] Um einer solchen Entwicklung vorzubeugen, wurde mit unterschiedlichen Verordnungen sämtliche Produktion und Güterverteilung streng überwacht und gesteuert. Dies galt allgemein für den Warenverkehr, indem der Reichswirtschaftsminister laut Verordnung »den Verkehr mit Waren zu überwachen und zu regeln, insbesondere Bestimmungen über deren Beschaffung, Verteilung, Lagerung, Absatz und Verbrauch und Fertigung zu treffen«[20] hatte und wirkte sich konkret bis z.B. auf »die öffentliche Bewirtschaftung von Brotaufstrichmitteln, Speisezwiebeln und Gewürzen«[21] durch Reglementierung der Ernährungsämter mittels Lebensmittelkarten aus. In der »Verbrauchsregelungsstrafverordnung« (VRStVO) waren aber auch Regelungen bezüglich der öffentlichen Bewirtschaftung von Getreide, Milch und deren Erzeugnissen, Fetten, Kartoffeln, Rüben, Eiern, Fischen und Saatgut enthalten, ebenso wie Verbrauchs- und Verteilungs- sowie Produktionsregelungen für Stoffe und Kleidung, Seifen, Maschinenerzeugnisse und Schuhe.[22] In engem Zusammenhang damit stand die so genannte »Volksschädlingsverordnung«. Sie stellte als Vorteilsbeschaffung aufgrund des Kriegszustandes betrachtete Vergehen, z.B. Plünderung oder auch Brandstiftung, unter hohe Strafen bis hin zur Todesstrafe.

Von der VRStVO nicht abgedeckte Bereiche, wie beispielsweise der illegale Tauschhandel Hans Reinschs, fielen im nationalsozialistischen Justizsystem unter die Bestimmungen der Kriegswirtschaftsverordnung (KWVO). Die KWVO wurde bald ein Instrument der Strafverfolgung, das auch Bagatellfälle zu Tathandlungen von nationaler Bedeutung machen konnte und ebenfalls die Todesstrafe in schweren Fällen vorsah. Dass die KWVO zu einer wichtigen, vielfach angewandten Verordnung werden konnte, hing auch mit den zentralen

Begriffen wie »lebenswichtiger Bedarf« oder »Beiseiteschaffen« zusammen, über deren genaue Auslegung die NS-Juristen immer wieder debattierten – um im Zweifel eine strikte Anwendung durch Staatsanwälte und Richter anzumahnen. Die ursprüngliche Verordnung datierte vom 4. September 1939 und wurde am 25. März 1942 um Absatz 3 in §1 ergänzt.[23] Die KWVO war im Gegensatz zur VRStVO weniger spezifisch: Alle Handlungen, durch die jedwede Waren und Arbeitskräfte der Kontrolle durch öffentliche Stellen entzogen wurden, waren zu bestrafen. Die Verordnung war also durch besondere Dehnbarkeit gekennzeichnet, wurde jedoch von Rechtswissenschaftlern der Nachkriegszeit nicht einhellig für rechtsstaatswidrig gehalten, wohingegen im Hinblick auf die Zuständigkeit der Sondergerichte in diesem Punkt Einigkeit bestand.[24]

Hans Reinsch hatte laut Urteil durch das »Beiseiteschaffen« von Waren die Versorgung der deutschen Bevölkerung mit Gütern des lebenswichtigen Bedarfs böswillig geschädigt und wurde daher zu Zuchthaus und Geldstrafe, nicht jedoch mit dem Tode bestraft.

Paragraph 1 (Abs.1), jene Rechtsnorm unter die Reinschs Handlungen eingeordnet wurden, soll im Folgenden näher erläutert werden. Er bildete gewissermaßen den Regelparagraphen, der für die Mehrzahl der Fälle von »Schiebungen« aller Art von den Richtern an NS-Sondergerichten herangezogen wurde.

Tatobjekte und Gefährdung des lebenswichtigen Bedarfs

Als Güter des lebenswichtigen Bedarfes galten jegliche Waren, die laut VRStVO staatlich bewirtschaftet wurden, aber auch »Theater- und Kinokarten, Bücher, Rasierklingen, Fettcreme, Spirituosen, Gemüse und Geflügel«, nicht jedoch Luxusgegenstände wie »Parfüms, Edelsteine, Schmuck, künstliche Blumen, Zierkämme und dgl. mehr«.[25] Allgemein galten jegliche Waren, deren Fehlen das Vertrauen der Bevölkerung in Regierung und Kriegserfolg untergraben konnten, als dem lebenswichtigen Bedarf der Bevölkerung zuzurechnen. Auf Verstoß gegen die KWVO wurde darüber hinaus erkannt, wenn die Kontrolle des Wirtschaftskreislaufes spürbar gestört war, es durch die Tat etwa am unmittelbaren Ort oder anderswo zu Benachteiligungen kommen konnte, die Tat anstiftende Wirkung hatte oder geeignet war, das Vertrauen in die Versorgung zu untergraben.[26]

Im Hinblick auf die Bedarfsgefährdung haben sich die Beurteilungen mit der Zeit, wahrscheinlich auch mit zunehmend angespannter Kriegslage, verändert. Zumindest gibt es Hinweise darauf, dass sich die Beurteilungsgrundlage – mindestens in Einzelfällen – mit zunehmender Kriegsdauer verschärfte.[27] Gerade das »Schieben« von Fleisch galt als verfolgenswerte Straftat, da hier ein Gut des elementaren Bedarfs zurückgehalten wurde. In einem Urteil zur Straftat »Schwarzschlachtung« wurde bereits 1940 eingeschränkt, dass der Bedarf auch dann gefährdet sei, wenn eine Wirtin ohne Genehmigung Schweine schlachtete, um diese dann für ihre Gäste zuzubereiten. Man hätte ja auch argumentieren können, dass der Allgemeinheit in diesem Fall keine Güter entzogen, sondern im Gegenteil zugeführt worden waren. Die Strafbarkeit lag, laut den Richtern, in diesem Fall darin, Eigenmächtigkeit im Hinblick auf die Verteilung festzustellen, da die lebenswichtigen Güter allein von staatlichen Stellen verteilt werden durften. In einer Revision wurde dieses Urteil jedoch unter anderem deshalb aufgehoben, weil der Wirtin nicht nachgewiesen werden konnte, dass sie das Fleisch nicht gegen Lebensmittelmarken abgegeben hatte und sie darüber hinaus angab, dass Schwein sei eigentlich für den eigenen Bedarf gedacht gewesen und sie habe es dennoch an die Gäste verkauft.[28] Es herrschte also nicht zwangsläufig Einigkeit hinsichtlich der juristischen Praxis und die Dehnbarkeit der Bestimmungen aus der KWVO führte selbst in Fällen von Schwarzschlachtung nicht jedes Mal zu strengen Urteilen.

Die Tathandlungen des Vernichtens, Beiseiteschaffens und Zurückhaltens

Als Tathandlungen wurden das »Vernichten«, »Beiseiteschaffen« oder »Zurückhalten« durch die KWVO erfasst. Alle drei Handlungsarten wurden allerdings sehr unterschiedlich ausgelegt. Die Rechtsassessorin Ilse Anderegg etwa sah in ihrer Gesetzeserläuterung aus dem Jahr 1943 auch den kurzfristigen Entzug aus dem Warenkreislauf als ein Merkmal für das »Beiseiteschaffen« an.[29] Das Reichsgericht in Strafsachen beschrieb allerdings den dauerhaften Entzug als notwendige Voraussetzung. Anderegg hingegen galt bereits die bestimmungswidrige Verwendung von Gütern, beispielsweise wurde die Verwendung von Treibstoff für Spazierfahrten genannt, als Vernichtung.[30]

Waren wurden »zurückgehalten«, wenn deren Abgabe verweigert, oder von Bestechungsgeldern abhängig gemacht wurde. Problematisch war in diesem Zusammenhang der Umgang mit Lagerbeständen. Da kaum festzulegen war, bis wann ein Lager lediglich dem Verkauf zugeführt werden sollte, ab wann und wie dies eine Zurückhaltung von Waren erkennen ließ, gab auch dieser Aspekt Anlass zu vielfältigen Interpretationen.[31]

Als »Beiseiteschaffen« galten laut einem Gerichtsurteil von 1940 alle Handlungen, die Güter »ihrer bestimmungsgemäßen Verwertung entzogen«.[32] Formulierungen wie diese waren kaum geeignet, Rechtssicherheit zu garantieren.

Die Böswilligkeit der Handlung

Auch in diesem Punkt war unter den NS-Juristen zunächst nur schwerlich Einigkeit zu erzielen. Für die einen handelte »böswillig«, wer die Notlage eines anderen ausnutzte oder absichtsvoll die Versorgung mit Waren beeinträchtigte.[33] Das Sondergericht Essen hingegen qualifizierte bereits die Kenntnis über eine mögliche Bedarfsgefährdung als »böswillig«.[34] Der Vorsatz genügte demzufolge also bereits aus, um als böswillig handelnd zu gelten. Die Frage war – aus Sicht der Akteure auf staatlicher Seite – so dringlich, dass kein geringerer als Roland Freisler es für geboten hielt, »Böswilligkeit« im Hinblick auf den Kriegszustand neu zu definieren.[35] Vorsatz genügte demnach nicht aus. Der Tat oder dem Täter müsse etwas zu Eigen sein, das über absichtsvolles Handeln hinausging. Motivation und Zielsetzung der Tat sollten demzufolge ergründet werden müssen, bevor auf Todesstrafe erkannt werden konnte.[36]

Das Strafmaß in Fällen von »böswilligem Handeln« umfasste bis zu 15 Jahren Haft und die Todesstrafe. Eine Rückführung der Gefängnisstrafe in Geldstrafe war nicht möglich, da es sich um ein Verbrechen handelte.[37] Hans Reinschs Verhalten wurde vom Berliner Sondergericht als »böswillig« qualifiziert. Auf 2 Jahre und 9 Monaten Zuchthaus lautete das Urteil.

Jan-Paul Hartmann

Ermittler auf Spurensuche. Die Kriminalpolizei an der »inneren Front«

Der Charlottenburger Gewerbeaußendienst (GAD) hatte einen Tipp bekommen: Der Bäckergehilfe Hans Reinsch, wohnhaft in der Maikowskistraße 84, sollte angeblich einen florierenden Schwarzhandel mit Kaffee, Textilien und Lebensmitteln betreiben – ein Verstoß gegen die Kriegswirtschaftsverordnung.[38] Am Morgen des 17. September 1941 gingen Hauptwachmeister Müller und Wachtmeister Spindler an die Arbeit. Hans Reinsch wurde verhaftet, seine Wohnung durchsucht. Tatsächlich fanden die beiden Beamten etwa 270 Gramm Bohnenkaffee, sahen von einer Beschlagnahmung jedoch ab.[39] Auf dem Revier wurde Reinsch zu den Vorwürfen befragt und gestand den »Schleichhandel« mit Kaffee. Er nannte Mengen, Preise und Kunden.[40] Noch am Nachmittag desselben Tages erfolgte seine Einlieferung ins Polizeigefängnis.[41] Eine Routineangelegenheit für die Beamten des GAD – nur eines ließ sie offenbar stutzig werden. Unter den Abnehmern von Reinschs Tauschnetzwerk fanden sich »höher gestellte Persönlichkeiten«: er nannte Schauspieler, einen Generalkonsul und, zu allem Überfluss, die Gräfin von Helldorf, die Mutter des Berliner Polizeipräsidenten![42] Es darf also nicht überraschen, dass der Charlottenburger GAD den Fall bereits am Folgetag an seine übergeordnete Behörde, die Preisüberwachungsstelle des Berliner Polizeipräsidiums, übersandte.[43] Dort wurde Reinsch am 19. September nochmals verhört[44] und an dieser Stelle wurde auch entschieden, dass weitere Ermittlungen angestellt werden sollten – von den zuständigen Experten der Kriminalpolizei. So landete die Akte Reinsch am 23. September schließlich auf dem Schreibtisch von Hans Wünsche, Kommissar beim zweiten Dezernat der Kriminalgruppe Betrug der Kriminalpolizeileitstelle Berlin.[45] Wünsche schrieb einen kurzen Bericht[46] und machte sich am Folgetag auf den Weg zum Polizeigefängnis.[47] Der »Schwarzhändler« Hans Reinsch war damit endgültig ins Visier der nationalsozialistischen Verfolgungsbehörden geraten.

Die Verschmelzung von SS und Polizei

Die Rolle der Polizei im nationalsozialistischen Verfolgungs- und Terrorregime ist lange unterschätzt worden, auch in der Forschung. Doch inzwischen ist hinreichend belegt, dass sowohl Schutzpolizisten als auch Kriminalpolizisten in großer Zahl an den nationalsozialistischen Verbrechen beteiligt waren. Die wichtigste Voraussetzung für diese Qualität der Partizipation bildete zugleich eine Zäsur der nationalsozialistischen Innenpolitik: der »Erlass über die Einsetzung eines Chefs der Deutschen Polizei im Reichsministerium des Innern« vom 17. Juni 1936. Dieser neue Chef war Heinrich Himmler, der Reichsführer-SS.

Mit der Ernennung hatte Himmler nicht nur seine Position innerhalb des komplizierten Machtgefüges des »Führerstaats« gestärkt – der Zusatz »im Reichsministerium des Innern« war formeller Natur – vor allem war er nun in der Lage, seine Vorstellung eines nationalsozialistischen »Staatsschutzcorps« in die Tat umzusetzen. Der Charakter der deutschen Polizei wandelte sich dadurch grundlegend. Himmler selbst fasste sein Verständnis von Polizeiarbeit bereits 1937 in klare Worte: »Die nationalsozialistische Polizei leitet ihre Befugnisse nicht aus Einzelgesetzen sondern aus der Wirklichkeit des nationalsozialistischen Führerstaats und aus den von ihr gestellten Aufgaben her. Ihre Befugnisse dürfen deshalb nicht durch formale Schranken gehemmt werden«.[48] Diese ›Enthemmung‹ der Polizei hatte allerdings eine Vorgeschichte. Bereits in den ersten Wochen der nationalsozialistischen Machtübernahme war die Trennung zwischen den nationalsozialistischen Parteitruppen und der staatlichen Polizei verschwommen, als im Februar 1933 eine »Hilfspolizei« aus SA, SS und Stahlhelm aufgestellt wurde. Diese nutzten ihre polizeilichen Privilegien und ihre neu erhaltenen Dienstwaffen zur Verfolgung der politischen Gegner des Nationalsozialismus, u.a. in den ersten, ›wilden‹ Konzentrationslagern, auch in Polizeikasernen.

Die »Verschmelzung« von SS und Polizei – Chronologie

9. März 1933
Der »Reichsführer SS« Heinrich Himmler wird Polizeipräsident von München; Reinhard Heydrich, Chef des »Sicherheitsdienstes des Reichsführers SS« (SD) wird Leiter der politischen Polizei in Bayern.

November 1933 – Januar 1934
Himmler übernimmt nach und nach auch die politischen Polizeien aller deutschen Länder, außer in Preußen und Schaumburg-Lippe

20. April 1934
Himmler wird Inspekteur der preußischen Gestapo.

20. Juli 1934
Infolge des »Röhm-Putsches« wird die SS aus der SA ausgegliedert und zur selbstständigen Gliederung der NSDAP. Himmler ist als »Reichsführer SS« jetzt nur Adolf Hitler gegenüber verantwortlich.

30. November 1934
Göring gibt die letzten Widerstände auf und übergibt die Geschäfte der Gestapo vollumfänglich an Himmler. Chef der Gestapo ist aber weiterhin, wenn auch rein formell, Göring.

17. Juni 1936
Himmler wird »Chef der deutschen Polizei im Reichministerium des Inneren«. Sämtliche Polizeibehörden in Deutschland unterstehen nun nicht mehr den Innenministerien der Länder sondern Heinrich Himmler.

26. Juni 1936
Kurt Daluege wird Chef der »Ordnungspolizei« (Schutzpolizei, Gendarmerie, Gemeindepolizei). Heydrich wird Chef der »Sicherheitspolizei« (Gestapo und Kripo).

August/September 1936
Die politischen Polizeien der Länder gehen endgültig in der Gestapo auf und werden einheitlich organisiert.

20. September 1936
Runderlass des RMI: Das preußische Landeskriminalpolizeiamt (LKPA) unter Arthur Nebe übernimmt die Leitung aller Kriminalpolizeien im Reich. Auch die Kripo ist damit zentralisiert. Einführung der Bezeichnung »Staatliche Kriminalpolizei«

16. Juli 1937
Aus dem preußischen LKPA wird das Reichskriminalpolizeiamt (RKPA).

3. September 1939
Heydrich formuliert die »Grundsätze der inneren Staatssicherung während des Krieges«: Alle Bestrebungen, die die »Geschlossenheit« und den »Kampfwillen« der Deutschen gefährdeten, erwarte ihre »brutale Liquidierung«.

27. September 1939
Gründung des »Reichssicherheitshauptamtes« (RSHA) der SS als organisatorischem Zusammenschluss von Sipo und SD. Der Chef des RSHA wird Reinhard Heydrich. Im internen Dienstverkehr firmiert die Gestapo als Amt IV, das RKPA als Amt V.

Zunächst weniger wirksam, langfristig aber von immenser Bedeutung war Himmlers sukzessive Übernahme der politischen Polizeien aller deutschen Länder von März 1933 bis April 1934. Seine Geheime Staatspolizei wurde in der Folge zum gefürchtetsten Verfolgungs- und Überwachungsapparat des NS-Regimes und später zum »Fußvolk der Endlösung« (Klaus-Michael Mallmann).

Himmlers erste wichtige Amtshandlung als RFSSuChdDtPol, so die offizielle Abkürzung, war die Errichtung der Hauptämter Sicherheitspolizei (Sipo) unter Reinhard Heydrich und Ordnungspolizei (Orpo) unter Kurt Daluege. Die Sipo umfasste dabei die Gestapo und alle kriminalpolizeilichen Behörden, die Orpo alle übrigen Polizeien. Nicht nur die Bezeichnung als »Hauptämter« war dabei der SS-Struktur entlehnt, auch Heydrich und Daluege waren etablierte Führungsmitglieder der »Kampftruppe der NSDAP«.

Wie zuvor die Gestapo wurde auch die Kripo nun zentralisiert und vom Reichskriminalpolizeiamt (RKPA) in Berlin (vormals das Preußische Landeskriminalpolizeiamt, LKPA) angeleitet und koordiniert. Dieser Berliner Zentrale unterstanden zu Spitzenzeiten bis zu 13.000 Kriminalisten, die zunächst in 14 Kriminalpolizeileitstellen und 51 wiederum untergeordneten Kriminalpolizeistellen organisiert waren. Zusätzlich wurde dem RKPA eine Reihe sogenannter Reichszentralen angegliedert, die jeweils in einzelnen Feldern die kriminalpolizeilichen Ermittlungen bzw. Verfolgungen koordinierten.[49]

Zahlreiche Kriminalpolizisten, vor allem auf der Führungsebene, traten nun der SS bei. Dieser Schritt war zwar freiwillig, empfahl sich aber besonders für karrierebewusste Beamte. Er wurde erleichtert durch die »Dienstgradangleichung«: Nach dem Beitritt erhielten die Kriminaler automatisch einen ihrem Dienstgrad entsprechenden SS-Rang.[50]

Den Höhepunkt der organisatorischen Einfügung der Kriminalpolizei in die SS markierte zweifelsohne die Gründung des Reichssicherheitshauptamtes der SS (RSHA) am 27. September 1939. Das RKPA firmierte nun als Amt V des RSHA, zuständig für ›Verbrechensbekämpfung‹. Faktische Unterschiede zwischen Amt V und RKPA gab es zwar nicht – es bestand vollständige Personalunion – doch waren die symbolische Bande nun deutlich enger geknüpft. Die Kriminalpolizei war jetzt auch formell eine tragende Säule des ideologisierten Verfolgungsapparats der SS.

Die Rolle der Kriminalpolizei im Nationalsozialismus

Die Kriminalpolizei war auf vielfältige Weise an der Durchsetzung des NS-»Maßnahmenstaats« beteiligt. Den größten Beitrag leistete sie dabei mit der »vorbeugenden Verbrechensbekämpfung« in ihrem angestammten Feld – und wie wohl keine andere Aufgabe prägte diese das Wesen der nationalsozialistischen Kripo. Dabei war die präventive Kriminalistik als Idealbild bereits lange vor 1933 in Fachkreisen weit verbreitetet und stark mit biologistischen Interpretamenten durchsetzt. Hier bestand ein deutlicher Anknüpfungspunkt an die nationalsozialistische Ideologie und einige der bekanntesten Kriminalisten der Weimarer Republik, darunter der legendäre Berliner Mordermittler Ernst Gennat, erkannten in der »Machtergreifung« früh ihre Chance zur praktischen Umsetzung kriminalbiologischer ›Erkenntnisse‹. Als Leitsatz ihres Denkens kann eine Formulierung aus Hitlers »Mein Kampf« herangezogen werden: »Der geborene Verbrecher wird Verbrecher sein und bleiben«[51].

Die Folge war die massive Verfolgung so genannter »Berufs- und Gewohnheitsverbrecher« durch die Kriminalpolizei, die vor allem in Preußen bereits 1933 einsetzte und nach Himmlers Ernennung zum RFSSuChdDtPol noch einmal deutlich verschärft wurde. Von der Kripo als notorisch kriminell eingestufte Personen wurden »planmäßig überwacht« und unter Umständen in »polizeiliche Vorbeugehaft« genommen. Dieses Instrument ist als kriminalpolizeiliche Entsprechung der staatspolizeilichen »Schutzhaft« zu verstehen und bedeutete für mindestens 60.000 Menschen die Inhaftierung in einem Konzentrationslager.[52] Ein entscheidendes Merkmal der »Vorbeugehaft« war dabei die völlige Nichtbeteiligung der Justiz: Ein richterlicher Beschluss war nicht notwendig und auch richterliche Kontrolle gab es nicht. Tatsächlich wurden selbst Personen in »Vorbeugehaft« genommen, die zuvor noch von einem Gericht freigesprochen worden waren. Zudem gab es zwar Richtlinien für ihre Anwendung, doch faktisch unterlag diese der Willkür der Kripo-Beamten vor Ort. Sie verfügten damit über eine Art eigener »Sondergerichtsbarkeit«: Die Kripo ermittelte z. B. gegen eine Einbrecherbande, beurteilte sie gegebenenfalls als »Berufsverbrecher« und bestrafte sie dann mit der lebensbedrohenden Haft im Konzentrationslager.[53]

»Berufs- und Gewohnheitsverbrecher« waren aber nicht die einzigen Gruppen, die von der Kriminalpolizei verfolgt und in »Vorbeugehaft« genommen wurden. Auch die Repression der so genannten »Asozialen« – womit vor allem Obdachlose, Alkoholiker, Landstreicher, angeblich »Arbeitsscheue«, Zuhälter und Prostituierte gemeint waren – oblag vorrangig der Kripo. Allein im Rahmen der »Aktion Arbeitsscheu Reich« im Juni 1938 wurden ca. 10.000 asoziale Männer verhaftet und als »Vorbeugehäftlinge« in Konzentrationslager gebracht; jede Kripostelle hatte dazu mindestens 200 Verhaftungen beizutragen. Die Kripo verstand diese Verfolgung nicht nur als unmittelbare Abwendung von »Gemeinschaftsschädigung«, sondern ebenfalls als Maßnahme zur Disziplinierung eines als »Hort des Verbrechens« beschriebenen »Subproletariats«. Auch die Verfolgung der deutschen »Asozialen« war also als Beitrag zur »vorbeugenden Verbrechensbekämpfung« intendiert. Für Zehntausende bedeutete das die Lagerhaft – auf Anordnung von Kriminalpolizisten.[54]

Weiterhin im Fokus der kriminalpolizeilichen Verfolgung standen homosexuelle Männer und »Abtreiberinnen«. Himmler ging in einer Rede 1937 sogar soweit zu behaupten, dass er seine Bewertung der Polizei allein von der erfolgreichen Repression dieser beiden Gruppen abhängig machen würde. Diese oblag seit 1936 unter anderem der Reichzentrale zur Bekämpfung der Homosexualität und Abtreibung des RKPA. Die Berliner Beamten sammelten zehntausende Datensätze über deutsche Homosexuelle und koordinierten ihre Strafverfolgung gemäß des bereits 1935 verschärften Paragraphen 175 des Reichsstrafgesetzbuches, der jegliche Art vermeintlicher »Unzucht« unter Strafe stellte. Insgesamt sind um die 50.000 Männer auf dieser Grundlage verurteilt worden. Vielen von ihnen drohte nach der Haftentlassung zudem die »polizeiliche Vorbeugehaft« oder die Zwangskastration.[55]

In der Berliner Zentralstelle für die Bekämpfung des Zigeunerunwesens wurde ab 1938 zudem die kriminalpolizeiliche Erfassung von Sinti und Roma koordiniert, ihre Deportation vorbereitet und letztlich auch organisiert. Zahlreiche »Zigeuner« waren bereits zuvor als »Asoziale« verfolgt und in »Vorbeugehaft« genommen worden. Die Kripo leistete damit einen wesentlichen Beitrag zum nationalsozialistischen Völkermord an den Sinti und Roma.

Das wahrscheinlich grausamste Kapitel der kriminalpolizeilichen Beteiligung an den NS-Verbrechen war ihre Mitwirkung in den Einsatzgruppen der Sicherheitspolizei und des SD in Polen und der Sowjetunion. Die Gesamtzahl der an Mordaktionen beteiligten Kriminalpolizisten ist unbekannt – aber 1942 musste die Kripoleitstelle

Bremen knapp 10 Prozent ihres Personals für den »Einsatz im Osten« abstellen.[56] Auch der oberste deutsche Kriminalbeamte, der Reichskriminaldirektor und Chef des RKPA Arthur Nebe, war als Kommandeur der Einsatzgruppe B an der Ermordung von mindestens 45.000 Zivilisten beteiligt.[57]

Selbst die nächste Eskalationsstufe des Holocaust, die massenhafte Vergasung jüdischer Zivilisten, wurde von der Kripo mitgestaltet. Das Kriminaltechnische Institut der Sicherheitspolizei (KTI) des RKPA hatte bereits Ende 1939 und Anfang 1940 »Probevergasungen« im Rahmen der Aktion T4 durchgeführt und entwickelte und testete dann ab 1941 die »Gaswagen«, mit denen allein im Vernichtungslager Chelmno mindestens 150.000 Menschen ermordet wurden.[58] Bei den Massenverbrechen in Osteuropa wurde der Bedeutungswandel der deutschen Kriminalpolizei so bis zur letzten und brutalsten Konsequenz vollendet: Aus Kriminalisten waren Kriminelle geworden.

Die Kripo in der »Katastrophengesellschaft«

Die Aufrechterhaltung der »inneren Front« war die oberste Priorität der nationalsozialistischen Innenpolitik ab 1939.[59] Der Kriminalpolizei kam hierbei eine Schlüsselrolle zu, die sie zugleich vor immense Umsetzungsprobleme stellte. Der Historiker Patrick Wagner beschreibt die Kriegsjahre gar als »Krisensituation« der deutschen Kripo.[60]

Allein die Abstellung von Kriminalbeamten zur Verwendung in den »Einsatzgruppen«, bei der Geheimen Feldpolizei der Wehrmacht und in den besetzten Gebieten stellte ein enormes Problem dar: Mitte 1941 betrug z. B. die Gesamtzahl der im »Altreich« arbeitenden Kripo-Beamten des mittleren Diensts (Kriminalsekretär bis Kriminalinspektor) nur noch 60 Prozent der Sollstärke und nahm in der Folge weiter ab. Um diesen Personalverlust auszugleichen, wurden ca. 2.000 Pensionäre reaktiviert. Da es sich bei den abkommandierten Beamten vor allem um jüngere Kriminalisten handelte, stieg das Durchschnittsalter der in Deutschland tätigen Kriminalpolizisten zunehmend an – im März 1944 waren etwa die Angehörigen der Berliner Kripoleitstelle im Schnitt 56 Jahre alt.[61]

Bereits 1939 erkannte das RKPA deshalb, dass der kriminalpolizeilichen Ermittlungsarbeit kriegsbedingte Grenzen gesetzt sein würden. Bagatelldelikte sollten seit Dezember 1939 unbearbeitet an die Staatsanwaltschaften weitergeleitet werden. Die traditionellen Kernaufgaben der Kriminalpolizei wurden in den Folgejahren sukzessive hintenan gestellt, damit sich die Kripo auf die »kriegswichtigen« Schwerpunkte ihrer Arbeit konzentrieren konnte: Diese waren nun vor allem die Überwachung von »Fremdarbeitern«, die Disziplinierung unangepasster Jugendlicher und die Bekämpfung von Kriegswirtschaftsdelikten.

Gerade das letztgenannte Feld hat die Tätigkeit der Kripo während der Kriegsjahre zunehmend bestimmt. Damit gerieten jetzt auch Personen wie Hans Reinsch in das Blickfeld der Kriminalpolizei. Kam es 1940 zu 2.937 Verurteilungen wegen Kriegswirtschaftsvergehen, waren es 1941 bereits 10.869, 1942 dann 26.766 und allein in der ersten Jahreshälfte 1943 sogar 19.944 – die Ermittlung gegen »Schieber«, »Schwarzschlächter« und Lebensmittelkartenfälscher wurde mit der Zeit zum umfassendsten Arbeitsgebiet der im »Altreich« verbliebenen Kriminalbeamten.[62] Sie haderten dabei mit dem kaum ausgeprägten Unrechtsbewusstsein der Bevölkerung, der geringen Anzeigebereitschaft und der dennoch großen Masse der Ermittlungsfälle. Patrick Wagner ist hierzu aufgefallen, dass die ermittelnden Kriminalpolizisten auf diese Schwierigkeiten mit einer verstärkt weltanschaulich geprägten Perspektive reagiert und sich bei der Ermittlung von Kriegswirtschaftsverbrechern als »politische Polizisten« verstanden hätten, die so ihren Beitrag zum »Endsieg« des nationalsozialistischen Deutschlands leisten wollten.[63] In seiner Fallstudie zur Kölner Kripo bestätigt Thomas Roth diesen Befund. So wären Kriegswirtschaftsverbrecher routinemäßig schon in den Abschlussberichten der Kriminalpolizei als »Volksschädlinge« eingestuft worden, was eine deutlich härtere Bestrafung nach sich ziehen würde, obwohl diese Beurteilung eigentlich den Staatsanwaltschaften vorbehalten war.[64]

Die alltägliche Arbeit der Kriminalbeamten war insgesamt massiv vom Krieg geprägt. Allein die zunehmenden alliierten Bombenangriffe auf deutsche Städte bereiteten unüberwindbare Schwierigkeiten: der »Fliegeralarm« durchbrach regelmäßig die Büroroutine, tausende Bombentote mussten von Kripobeamten identifiziert werden, die zunehmende Zerstörung urbaner Infrastrukturen erschwerte jede Ermittlungstätigkeit und die Luftangriffe führten zu einem massiven Anstieg der Eigentumskriminalität. Gerade die Aufklärung von »Plünderungen« – das Entwenden jeglicher Gegenstände aus Privatwohnungen während und nach dem Fliegeralarm – stellte eine weitere kriegsbedingte Priorität der kriminalpolizeilichen Arbeit dar und sollte radikal bekämpft werden.

Das Resultat dieser Umstände war eine chronische Überarbeitung der tätigen Beamten, die Deprofessionalisierung und Entbürokratisierung ihres Vorgehens und das zunehmende »Chaos« (Thomas Roth) beim Abschluss der Ermittlungen, so dass sogar ein Großteil der Verfahren vor den »Sondergerichten« eingestellt werden musste.[65] Auf diesen Kontrollverlust reagierte das RSHA ab 1942 mit immer radikaleren Erlassen und Anordnungen, die in den ausführenden Kriminalpolizeistellen von häufig durch den »Osteinsatz« brutalisierten Beamten umgesetzt wurden: Um die »Heimatfront« zu stärken, deportierte die Kripo in der Folge tausende Unerwünschte in die Konzentrationslager, was für viele dieser Männer und Frauen einem Todesurteil gleichkam.

Hans Reinsch und die Kripo – Glück im Unglück?

Nach dem Blick auf das Kripo-Bild der Forschung wird klar: Hans Reinsch hat weder die volle Härte kriminalpolizeilicher Verfolgung spüren müssen, noch lassen sich in seiner Akte grundsätzliche Entbürokratisierungen oder Radikalisierungen ablesen. Als untypisch erscheint bereits das Vorgehen der Kriminalpolizei, soweit es sich denn aus der Akte lesen lässt. Die beiden Ermittler, Kriminalkommissar Hans Wünsche und Kriminalsekretär Paul Reiß, übernahmen den Fall von einer anderen Polizeibehörde, handelten dann auch im Auftrag einer Staatsanwaltschaft und schlossen die Ermittlungen mit einem Bericht ab. Sie waren ganz eindeutig nicht »Ermittler, Richter und Henker« in Personalunion. Auch ihre Abschlussberichte sind interessant: Wünsches Bericht ist sachlich formuliert und lässt keine ungewöhnliche Schärfe oder einen besonderen Verfolgungsdruck erkennen.[66] Der Bericht über den Abschluss der Nachermittlungen von Paul Reiß ist sogar geradezu mitfühlend und macht angesichts der schlechten Lebensumstände von Hans Reinsch mildernde Umstände geltend.[67] Radikalisierte, enthemmte Kriminalisten schreiben anders.

Auch die Thesen von der »Entbürokratisierung« und dem »Routineverlust« der kriminalpolizeilichen Arbeit während des Krieges finden in der Akte keine sichtbare Entsprechung. Zwar fehlt ein Schriftstück zur ursprünglichen Überstellung des Falles an die Kriminalpolizei (es existiert nur ein handschriftlicher Vermerk von Wünsche über die Übergabe des Falls[68]), daraus sollten angesichts der Formularflut zu dieser Zeit aber keine grundsätzlichen Schlüsse gezogen werden. Vor allem die Kommunikation zwischen der Generalstaatsanwaltschaft und Kriminalsekretär Reiß wegen der zu ermittelnden Abnehmer der Waren, die sich bis in den April 1942 zog, wirkt keineswegs »entbürokratisiert« – mit der wohl eher unwesentlichen Einschränkung, dass der zuständige Gerichtsassessor seine Ersuchen handschriftlich abfasste.[69]

Der Umfang der Ermittlungen bestätigt diesen Schluss. Hans Reinsch und seine Helfer wurden wiederholt und intensiv befragt. Allein das Protokoll der ersten Vernehmung umfasst 16 Seiten und musste laut Wünsches Vermerk abgebrochen werden, weil »der Beschuldigte erklärte, den Verhandlungen nicht mehr genügend folgen zu können«.[70] Die Fortsetzung am Folgetag umfasst dann noch einmal zwölf Seiten und endet mit einem ähnlichen Vermerk über die Erschöpfung des Beschuldigten.[71] Schließlich dauerten die auf Ersuchen der Staatsanwaltschaft von Kriminalsekretär Reiß durchgeführten Vernehmungen der Kaffeekäufer mehr als vier Arbeitstage. Eine allein auf die Bestrafung des Beschuldigten zielende Schnellermittlung sähe wohl anders aus. Wünsche und Reiß haben tatsächlich ermittelt, im engsten Sinne; sie waren wahrscheinlich »Experten«, die ihre Tätigkeit mit einem gewissen professionellen Ethos betrieben, das wenigstens nicht allein in ideologischen Motiven aufging. Beide waren anscheinend erfahrene Ermittler. Hans Wünsche war laut dem Berliner Adressverzeichnis seit mindestens 1937 Kriminalkommissar, sein Kollege Paul Reiß ist sogar seit 1928 als Kriminaler verzeichnet.[72] Auch dieser Umstand spricht für eine besonders intensive Verfolgung von »Schiebern«: Wünsche und Reiß waren eben keine Anfänger und ließen sich von Hans Reinschs Falschaussagen und Schutzbehauptungen nicht so leicht irreführen.[73] Allein der Umstand, dass die beiden nur knapp eine Woche nach Aufnahme der Ermittlungen nach Köln reisten, um die »Schieberfamilie Reinsch« auszuheben, zeugt von der Professionalität und Entschlossenheit ihres Vorgehens.

Dennoch gibt es einige Details der Akte, die ein Schlaglicht auf ›typische‹ Arbeitsweisen der nationalsozialistischen Kriminalpolizei werfen. Dies zeigt schon der Ausgangspunkt der Ermittlungen. Denn am Anfang stand eine Denunziation. Eine »vertrauliche Mitteilung« sei dem Gewerbeaußendienst zugegangen, so schreibt Kommissar Wünsche in seinem ersten Bericht, direkt nach der Übernahme des Falles.[74] Die Denunziation war eines der wichtigsten Hilfsmittel der NS-Verfolgungsbehörden und ist vor allem aus den Akten der Gestapo zahlreich belegt. Ohne diese Selbstüberwachung der »Volksgemeinschaft« – Denunzianten wurden üblicherweise nicht belohnt – wäre die Arbeit dieser Behörden ungleich schwieriger gewesen. Da der Denunziant im Fall Reinsch tatsächlich vertraulich behandelt wurde, kann seine Meldung nicht kontextualisiert werden.[75]

Ein weiterer Hinweis findet sich im Briefkopf von Kommissar Wünsche, in der Abkürzung »K. I. B. II – SK –«. Der erste Teil des Kürzels steht dabei für Kriminalinspektion B II, wobei wiederum das »B« die Fachgruppe Betrug und die »II« deren zweites Dezernat bezeichnet.[76] Üblicherweise folgte bei der Berliner Kripo darauf die Benennung des Kommissariats und diese waren einfach nummeriert; im Fall Reinsch findet sich eine solche Bezeichnung z. B. im Vernehmungsprotokoll der Gräfin von Helldorf, das offensichtlich ein Angehöriger des dritten Kommissariats angefertigt hat: Seine Dienstelle

Der Gewerbeaußendienst (GAD)

Der GAD ist eine Berliner Besonderheit – seine Aufgaben obliegen in anderen Ländern den Gewerbe- oder Ordnungsämtern. Seine Kerntätigkeit ist die Überwachung und Kontrolle der Berliner Gewerbebetriebe. Die dabei festgestellten Vergehen werden dann den Staats- oder Amtsanwaltschaften oder anderen Ordnungsbehörden zur weiteren Bearbeitung weitergeleitet.

Der GAD geht zurück auf die 1848 gegründete „Gewerbepolizei" und übernahm zunächst v.a. markt- und sittenpolizeiliche Aufgaben. Ursprünglich zwar als Zentralbehörde angelegt, entanden schon bald „Außendienste" bei den Polizeibezirksämtern. Seit 1918 arbeiteten deren Mitarbeiter üblicherweise in zivil. Die Bezeichnung „Gewerbeaußendienst" stammt aus den 1920er Jahren. Der GAD übernahm in der Folge stetig mehr Aufgabenbereiche, u.a. die Überwachung des Glücksspiels und der Schwarzarbeit. Während der Weimarer Republik hatte der GAD eine Personalstärke von ca. 200 Beamten.

Im „Dritten Reich" erlebte der GAD weitere Umstrukturierungen. Bereits 1934 wurde eine zentrale Dienststelle in der Magazinstraße 3-5 eingerichtet. Kurz vor Kriegsbeginn, der GAD umfasste inzwischen rund 300 Beamte, waren dieser zentralen Dienstelle sieben GAD-Stellen und 21 GAD-Stützpunkte nachgeordnet. Ihre zentrale Aufgabe wurde nun Überwachung der „Kriegswirtschaft". Zu diesem Zweck wurde das Personal erneut aufgestockt, auf insgesamt 550 Beamte.

Der GAD besteht heute weiterhin, als Dezernat Gewerbedelikte des Berliner LKA.

Literatur: Petersen, Wolfgang, Der Gewerbeaußendienst in Berlin, in: Förderkreis Polizeihistorische Sammlung Berlin e.V. (Hg.), Berliner Kriminalpolizei. Von 1945 bis zur Gegenwart, Berlin 2005, S. 111-118.

lautete dementsprechend: »K.I.B.II.3.«[77] Hans Wünsche und Paul Reiß waren aber anscheinend einem Sonderkommissariat (SK) zugeordnet – Wünsche unterschreibt an einer Stelle sogar als Dienststellenleiter.[78] Da anzunehmen ist, dass dieses Sonderkommissariat auf »Kriegswirtschaftvergehen« spezialisiert war – für die Hamburger Kripoleitstelle ist ein solches Sonderkommissariat bereits ab 1939 belegt[79] – lässt sich hier eine kriegsbedingte Priorisierung oder zumindest eine Neuorientierung der kriminalpolizeilichen Arbeit in Berlin erkennen.

Ein letztes ›typisches‹ Merkmal der nationalsozialistischen Kripo steht in der Akte eher zwischen den Zeilen und lässt sich deshalb nicht im engeren Sinn nachweisen, aber doch vermuten: Die erstaunliche Kooperations- und Aussagebereitschaft der meisten Verdächtigen und Befragten ist möglicherweise ein Hinweis auf ihre Einschüchterung und Angst beim Umgang mit »Hitlers Kriminalisten« (Patrick Wagner) und damit auf die sicherlich vorhandene Wahrnehmung des Bedeutungswandels der deutschen Kriminalpolizei von der Ermittlungs- zur Verfolgungs- und Strafbehörde. So erfolgte in keinem Fall ein Widerspruch gegen die Hausdurchsuchungen, noch wurden Protokolle verlangt[80] und Wilhelm Reinsch, der Bruder und Komplize des Beschuldigten, erscheint am 4. Oktober sogar unaufgefordert bei den Ermittlern um »Ergänzungen und Berichtigungen« seiner vorherigen Aussagen zu Protokoll zu geben.[81]

Womit lässt sich diese Diskrepanz zwischen der als ›typisch‹ apostrophierten Kripo-Tätigkeit und dem Vorgehen der Kriminalisten Wünsche und Reiß erklären?

Zum einen gab es auch innerhalb der Kriminalpolizei sicherlich ein relativ großes Ausmaß an Heterogenität, sowohl unter räumlichen als auch individuellen Aspekten. Anders als etwa Köln war Berlin erst in den letzten Kriegswochen »Frontstadt« und erst ab 1943 intensiven alliierten Bomberangriffen ausgesetzt, womit auch die letzten und schärfsten Brutalisierungsschübe relativ spät eingesetzt haben dürften. Der kriminalpolizeiliche Arbeitsalltag konnte deshalb wahrscheinlich relativ lange aufrechterhalten werden. Außerdem waren Hans Wünsche und Paul Reiß anscheinend keine sonderlich hochgradig ideologisierten Kriminalbeamten – in der Akte finden sich zumindest kaum entsprechende Hinweise.

Zum anderen: Hans Reinsch hatte wahrscheinlich Glück, dass seine »Schiebereien« so früh aufgeflogen waren. Denn hätte ihn der unbekannte Denunziant nicht schon im September 1941 beim GAD verraten, wären seine Geschäfte wohl weiter gegangen und mit dem Umfang seines Handels wäre auch die Schwere seines Verbrechens stetig gewachsen. Wäre Hans Reinsch dann erst zu einem späteren Zeitpunkt angezeigt oder erwischt worden – im Frühjahr 1943 etwa – dann hätten die kriminalpolizeilichen Ermittlungen wahrscheinlich doch einen anderen, »typischeren« Verlauf genommen. Und vielleicht hätten dann die Ermittler auf eine schnellere und härtere Bestrafung gedrängt. Das weitere Schicksal des Hans Reinsch ist unbekannt. Mit dem Urteil des Sondergerichts endet unser Einblick in sein Leben. Dass er es ob seiner »Schiebereien« nicht verloren hat, war womöglich Glück im Unglück.

1

K.J.B.II.SK. Berlin, den 23. September 1941.

Verwahrstücke
Blatt 87

Verwahrstücke
Blatt 73

B e r i c h t

Wie aus einer dem Gewerbeaussendienst zugegangenen vertraulichen Mitteilung hervorgeht, betreibt der Bäckergehilfe Hans R e i ns c h, wohnhaft Berlin-Charlottenburg, Maikowskistrasse Nr. 84, seit längerer Zeit gewerbsmässig den Schleichhandel mit Kaffee, Lebensmitteln und Textilien.

Etwa alle 14 Tage fährt R. angeblich nach Köln, um dort Ware einzukaufen. Dort wohnt auch sein Bruder, der ihm anscheinend bei der Beschaffung der Artikel behilflich und am Erlöse beteiligt ist.

R. soll folgende Sachen zum Kauf angeboten haben:

Anzugstoff für 120 RM

Damenstoffe zum Preise von 35 RM

Bohnenkaffee je 1/2 Kilogramm für 26 RM, doch soll R. behauptet haben, dass ihm schon 60 RM hierfür geboten wurde. Jn letzter Zeit soll er Kaffee für 36 RM je 1/2 Kilogramm angeboten haben.

Aus Gesprächen soll sich ergeben haben, dass die Ware nach dem Kurfürstendamm geliefert wurde.

Eine unbekannte Dame soll für 3/2 Kilogramm Bohnenkaffee 115 RM bezahlt haben, dieser Vorgang soll sich im Mai d.Js. abgespielt haben.

Wünsche

Kriminal-Kommissar.

Bl. 1, Erster Bericht Krimininal-Kommisar Wünsche, 23.9.1941

Clemens Villinger
Marie-Christine Schlotter

Familiensache. Handelnde Personen, Aussagen und Motive

Schieber und Schwarzhändler handelten immer mit anderen Personen. Ihre Kontakte beschränkten sich aber in der Regel nicht nur auf ihren Kundenkreis. Schieber hatten Helfer und Helfershelfer, trafen sich mit Lieferanten, zogen Erkundigungen über Dritte sowie potenzielle Kunden und vieles mehr ein. Häufig kannten Schieber die Personen, mit denen sie eine Geschäftsbeziehung aufbauten, schon aus anderen Zusammenhängen. Eine Möglichkeit bestand zum Beispiel darin, auf den Kreis der Familienangehörigen zurückzugreifen.

Das Netzwerk der Familie Reinsch

Die Ermittlungsakten über den als Schwarzhändler angeklagten Hans Reinsch beginnen mit der Zusammenfassung einer vertraulichen Mitteilung des Gewerbeaußendienstes. Darin finden sich einige, jedoch nur sehr knappe Hinweise auf die am Handel beteiligten Personen sowie die Menge und Art der gehandelten Waren, vor allem Kaffee und Textilien. Mit Hilfe dieser spärlichen Informationen deckten die Polizeibeamten unter der Leitung des Kriminalkommissars Hans Wünsche nach und nach immer größere Teile des Netzwerkes auf.[82] Über den beteiligten Personenkreis kamen im Zuge der Ermittlungen immer mehr Details ans Licht. Schließlich waren so viele Hinweise aufgedeckt worden, dass die Beamten offenbar dazu übergingen, sich fortan nur noch auf einige Schlüsselfiguren zu konzentrieren. Die Person, auf die sich die Ermittlungen fokussierten, war Hans Reinsch. In den Vernehmungen belastete er zahlreiche Mitglieder seiner Familie, darunter seine Ehefrau Lieselotte Reinsch. Sie war nicht nur durch die Ehe in engstem Kontakt mit dem Hauptangeklagten, sondern darüber hinaus auch aktiv am Verbrechen beteiligt – angefangen beim Rösten des Kaffees in der gemeinsamen Wohnung, über den Vertrieb der Waren und die Erfüllung logistischer Aufgaben bis hin zur versuchten Vertuschung der gemeinsamen Taten.

Eng verbunden mit dem Ehepaar Reinsch war der Nachbar und Skatbruder von Hans, Herbert Barkowski, genannt »Sonny«. Der Bekannte aus dem Hinterhaus der Maikowskistraße 84 war ein wichtiger Handlanger in den untersuchten Vorgängen. So transportierte er beispielsweise Koffer vom Bahnhof zur Wohnung oder ließ Beweisstücke verschwinden, bevor sie bei der drohenden Hausdurchsuchung gefunden werden konnten.[83] Angeblich bekam er dafür nie viel Geld. Das Ehepaar Reinsch bemühte sich in den Verhören, insbesondere ihn zu schützen, was auf ein freundschaftliches Verhältnis hinweist.

Bereits im ersten Schreiben des Gewerbeaußendienstes wird die Existenz einer Kölner Filiale des Reinsch-Netzwerkes angedeutet.[84] Nach der ersten Vernehmung offenbarte sich die überregionale Ausdehnung der Strukturen. Beide Brüder von Hans sowie seine Großmutter waren sehr aktiv am Handel beteiligt. Die fast achtzigjährige Therese Mauermann, spendierte ihrem Enkel großzügig Bestände aus dem Lager ihres Trikotagengeschäfts in der Kölner Innenstadt. Hans' ältester, gut situierter Bruder Wilhelm, genannt »Will«, arbeitete auch in der Textilbranche. Er war selbstständiger Handelsvertreter mehrerer Textilfabriken und Mitinhaber der Textilfirma »Reinsch u. Co. Commandit Gesellschaft« in Köln. Allerdings überließ er seinem Bruder keine Ware aus den eigenen Lagern, sondern organisierte für ihn größere Mengen Kaffee auf dem Kölner Schwarzmarkt. Gleichzeitig fungierte er als wichtigster Kreditgeber seines Bruders, zumal er vergleichsweise vermögend war. In den Ermittlungen nahm er folglich neben Hans die bedeutendste Position ein. Als dritter Hauptakteur trat auf der Kölner Bühne der nächst ältere Bruder Josef, genannt »Jupp«, in Erscheinung. Der selbstständige Malermeister kümmerte sich in seiner knapp bemessenen Zeit in erster Linie um den Warentransport von Köln nach Berlin.

Zu den Schlüsselpersonen zählten die Kriminalbeamten offenbar auch einzelne Kunden, die in den Verdacht gerieten, den von ihnen erworbenen Kaffee ihrerseits weiterzuverkaufen. Zahlreiche Vernehmungsprotokolle weisen auf das Bemühen der Beamten hin, viel versprechenden Fährten genauer nachzugehen, von denen zahlreiche zur alten Arbeitsstelle von Hans Reinsch führten: dem Ballhaus Femina in Berlin-Charlottenburg.[85] Dort arbeitete die Blumenverkäuferin Lydia Hess, die mit dem Geschäftsführer des Femina befreundet war. Ihre Aussage ermöglicht einen Einblick in die Funktionsmechanismen des Kaffeehandels außerhalb der Familie Reinsch.

Bei der Lektüre der Akte werden verschiedene Handlungsebenen sichtbar. Von besonderer Bedeutung ist erstens die Ebene des familieninternen Handels, auf welcher vor allem Finanzierung, Beschaffung und Transport der Waren von statten gingen. Der zweite zentrale Bereich umfasst Fremde oder Nicht-Familienmitglieder, die am Handel beteiligt waren. Dazu gehören vor allem die Kaffeeverkäufer und -abnehmer. Diese beiden Ebenen bilden den in der Akte erkennbaren Handlungsrahmen für die beteiligten Personen.

Familienbande

Zur differenzierteren Betrachtung der unterschiedlichen Akteure ist es notwendig, zunächst nachzuvollziehen, in welchem Verhältnis die einzelnen Familienangehörigen zueinander standen. Waren sie zerstritten, kamen sie gut miteinander aus oder standen sie sich eher gleichgültig gegenüber? Auch später, bei den Aussagen gegenüber der Polizei, spielten solche sozialen Beziehungen eine zentrale Rolle.

Die familiären Konflikte und zwischenmenschlichen Probleme wurden im Laufe der Ermittlungen immer weiter offengelegt und lassen so Rückschlüsse auf das Handeln sowie die zugrunde liegenden Motivationen zu.

Der Hauptbeschuldigte Hans hatte eine Sonderstellung in seiner Familie: Mit einem chronischen Herzleiden und dem damit verbundenen finanziellen und persönlichen Elend sowie seinem Umzug nach Berlin löste er sich aus dem Kölner Familienverband. Besonders unangenehm war er einige Jahre zuvor durch einen Diebstahl aufgefallen, der ihn als einzigen Vorbestraften gewissermaßen zum ›schwarzen Schaf‹ der Familie gemacht hatte. Trotzdem hielten zumindest seine Großmutter Therese und Mutter Maria auch vor Beginn des Handels mit Kaffee immer Kontakt zu ihm. Hans' Vater hingegen brach offenbar nach der Scheidung von seiner Frau die Beziehungen zur Familie gänzlich ab. Maria Reinsch wurde nicht von den Polizeibeamten befragt, was nicht nur deswegen verwundert, weil sie für Hans eine der engsten Verbindungen zur Kölner Familie war, sondern auch, da Hans mitunter bei ihr in Köln übernachtete.[86] Eine besondere Rolle spielte die Großmutter Therese Mauermann. Zu ihr hatte Hans offenbar ein sehr enges Verhältnis. Sie gewährte ihm schon in den Notzeiten vor dem Kaffeehandel finanzielle Unterstützung, gab ihm Bestände aus den Lagern ihres Geschäftes und sorgte sich um seinen Lebenswandel. Sie und seine Frau Lieselotte waren die wichtigsten und vertrautesten Bezugspersonen.

Zu seinen Brüdern war das Verhältnis eher gespannt. Zwar hatte er zu Josef und dessen Familie ungebrochenen, wenn auch eher sporadischen Kontakt, der sich allerdings mit dem Beginn des Schwarzhandels erheblich intensivierte. Lediglich Will hatte jegliche Verbindung zu Hans abgebrochen. Als ältester Sohn nahm Will eine besondere Rolle innerhalb der Familie ein. Er war geschäftlich und finanziell der erfolgreichste und bildete somit gewissermaßen den Gegenpart zu seinem Bruder.

Der illegale Handel beruhte einerseits auf den familiären Beziehungen der Reinschs, andererseits wirkte die Handelspraxis aber auch auf diese Beziehungen zurück. Neben dem Erneuern und Vertiefen der zuvor loseren Beziehungen trugen die illegalen Aktivitäten auch ein eigenes, vorher nicht vorhandenes Konfliktpotential in die Familie. So teilte das Verbrechen die Familie allein durch Wissen und Nicht-Wissen neu auf. Auch die Entscheidung über die Teilnahme bzw. über das Teilnehmen-lassen an den illegalen Geschäften konnte Veränderungen in den Familienverband bringen. Eine solche Umwandlung lässt sich im Falle der Familie Reinsch beobachten: Die beiden Antipoden Will und Hans wurden durch den Kaffeehandel wieder zusammen geführt.

Eine weitere Veränderung lässt sich im Verhältnis der Eheleute Hans und Lieselotte nachvollziehen. Hans bezog seine Ehefrau in vollem Umfang in den Handel mit ein. Sie röstete Kaffee, organisierte die Abholung von Waren vom Bahnhof Charlottenburg, kassierte Kunden ab und wusste über Preise sowie die verkauften Mengen Bescheid. Ebenso war sie auch über seine Reisen und über die dabei mitgebrachten Waren genau informiert. Damit war sie neben Hans vielleicht die Einzige, die alle Geschäfte umfassend überblickte. Letztlich war es Lieselotte, welche Hans vor einer drohenden Hausdurchsuchung warnte, das Verstecken der Waren und somit eine Verzögerung des Verfahrens veranlasste. Das Ehepaar war nicht nur aufgrund der ständigen finanziellen Not der Familie, sondern auch wegen der körperlich schlechten Verfassung beider Eltern sowie des Kindes wahrscheinlich einer dauerhaften Belastung ausgesetzt. Die Illegalität ihrer Kaffee-Geschäfte war geeignet, die Situation zusätzlich zu verschärfen. Offensichtlich bestand trotz aller Risiken und Gefahren zwischen den Eheleuten ein Übereinkommen, sich gemeinsam am »Schieben« von Waren zu beteiligen. Dass Lieselotte, laut ihrer Aussage, zunächst versucht hatte, sich davon fern zu halten, ist durchaus glaubhaft.[87] Ob dies aber ohne eine Trennung langfristig überhaupt möglich gewesen wäre, ist fraglich. Da sie sich einer aktiven Teilnahme schließlich nicht verweigerte, entstand aus dem gemeinsamen Verbrechen eine neue Qualität an Loyalität, Vertrauen und Partnerschaft, welche im Laufe der Ermittlungen immer deutlicher wurde. Das Vertrauens- und Abhängigkeitsverhältnis zwischen Lieselotte und Hans zeigt sich in ihren Aussagen gegenüber den Ermittlungsbehörden.

Schützen und ›Verpfeifen‹. Die Verhöre

Vernehmungsprotokolle machen einen Großteil der Ermittlungsakten aus. Neben der Familie Reinsch wurden zahlreiche andere Personen verhört, vor allem die vermeintlichen Schieber-Kunden. Im Gegensatz zu diesen wurden einige Familienmitglieder mehrfach, Hans sogar zehn Mal zu einer Stellungnahme vorgeladen. Einerseits enthalten die Aussagen verschiedene Hinweise zum Handel, denen die Beamten nachgingen. Die daraus generierten Informationen sollten letztendlich zu einer Verurteilung und bestenfalls zur Aufdeckung eines größeren Netzwerkes führen.[88] Andererseits liefern die Protokolle umfangreiche Einblicke in die Lebens- und Abhängigkeitsverhältnisse der beteiligten Personen. Folgt man den Verhören, ergibt sich ein Bild wechselseitiger sozialer Beziehungen der Akteure, das besonders bei ihren Beschuldigungen und Entlastungsversuchen an Kontrast gewinnt. Auch hierfür können die Beispiele der beiden Schlüsselpersonen Lieselotte und Will herangezogen werden.

Lieselottes Aussagen

Die Protokolle von Lieselotte Reinschs Vernehmungen vermitteln, trotz der vermeintlich objektivierenden Sprache der Polizeiunterlagen, einen Eindruck von Panik. Es scheint, als habe sie sich um Kopf und Kragen geredet, während sie gleichzeitig versuchte, möglichst wenig zu

II. ~~Zur Sache:~~

Zur Person:

Jch habe in Berlin nacheinander mehrere Volksschulen besucht bis zur Oberklasse, war dann 3/4 Jahr in der Nähe von Paderborn in einem Landjahrlager. Anschliessend habe ich in/~~einer~~ mehreren Bäckerei/~~in~~ en ~~Pankow~~ als Verkäuferin ~~gelernt~~.gearbeitet, darunter auch im Geschäft meines Stiefvaters. Jm November 1939 gab ich meine Stellung wegen der bevorstehenden Geburt meines Sohnes auf und heiratete am 6.7.1940 .

Zur Sache:

Durch seine Krankheit war mein Ehemann längere Zeit ohne feste Arbeit, so dass wir auf die Unterstützung durch meine Mutter angewiesen waren. Einige Wochen nach unserer Hochzeit fuhr mein Ehemann nach Köln, wo alle seine Angehörigen wohnhaft sind.Es handelte sich bei dieser Reise lediglich um eine Besuchsfahrt. Besondere Absichten hatte mein Mann bei Antritt der Reise nicht. Allerdings erhoffte mein Ehemann sich von dieser Reise eine Anstellung im Geschäft seines Bruders W i l l . Als mein Mann zurückkehrte, brachte er einen Koffer voll Kaffee mit. Ob dieses Rohkaffee oder gerösteter war, weiss ich heute nicht mehr, denn mein Ehemann hat bei den ver-

Bl. 28-30 Aussage Lieselotte Reinsch, 25.9.1941

schiedenen Reisen teils Rohkaffee, teils gerösteten Kaffee mitgebracht.

An dem Verkauf der Ware habe ich selbst mich nicht beteiligt. Jch habe allerdings Ferngespräche von Bestellern entgegengenommen, ihre Namen und Anrufnummern notiert und an meinen Ehemann abgegeben; habe auch einmal 5 oder 10 Pfd. Kaffee auf Verlangen meines Ehemannes geröstet.

Jch war mir dessen nicht bewusst, dass unser Familienunterhalt zum Teil aus den Mitteln bestritten wurde, die mein Mann aus den Kaffeegeschäften erworben hatte. Wir bekamen ausser diesen Geldmitteln auch solche, die mein Ehemann durch Aushilfsarbeiten bei meinem Stiefvater bekommen hatte, ferner von Unterstützungen durch meine Mutter. Meine Kleidung und die meines Jungen ist fast nur von meiner Mutter bezahlt worden.

Jch war mir zwar klar darüber, dass die Kaffeegeschäfte meines Mannes nicht erlaubt waren, habe aber nie daran gedacht, dass auch ich mich durch mein Verhalten strafbar machen könnte.

Mein Ehemann hat nach der erwähnten Reise noch mehrmals von Köln oder einem Ort in der Nähe Kaffee nach Berlin gebracht und einmal eine Sendung Kaffee in 2 Kisten geschickt bekommen. Wie gross das Quantum der einzelnen Einkäufe bzw. das Gesamtquantum an Kaffee war, weiss ich nicht. Zu Ostern 1941 begleitete ich meinen Mann nach Köln, um seine Verwandten kennen zu lernen. Jch habe mich aber am Einkauf des Kaffees bzw. anderer Waren nicht beteiligt.

Wenn ich befragt werde, welche anderen Artikel mein Ehemann aufgekauft hat, so muss ich dazu folgendes sagen:

Meines Wissens hat mein Ehemann insgesamt auf mehreren Reisen 2 Stücken Anzugstoff, mehrere Stücke Damenkleiderstoff, etwa 1 Dtz. Damen-und Herren-Untergarnituren und 1 Dtz.Paar seidene

Damenstrümpfe, eingekauft und mitgebracht. Über die Herkunft dieser Ware vermag ich nichts Näheres zu sagen. Mein Ehemann hat mir jedoch ausdrücklich gesagt, dass die Textilien nicht von seinem Bruder seien.

An Lebensmitteln hat mein Ehemann von seinen Reisen lediglich beim letzten Mal die in meinem Haushalt sicherge - stellten Waren mitgebracht. Er hat allerdings vorher einmal von einem mir unbekannten Schlächtergesellen Fleisch ge - schickt bekommen, von dem ich meiner Mutter etwas abgab. Wieviel es war, kann ich mit Bestimmtheit nicht sagen. Jch schätze die eingegangene Sendung auf 3-4 Pfund. Wenn mir vorgehalten wird, dass diese Sendung nach Angabe meines Ehemannes 22 Pfd. gewesen sein sollen, so kann ich nur sagen, dass ich die Sendung selbst m.W. nicht zu sehen bekommen habe. Was mein Ehemann mir davon für unseren Verbrauch davon übergab, dürfte nicht mehr als 3 oder 4 Pfd. gewesen sein. Wenn mir vorgehalten wird, dass ich einen Teil selbst frisch verbraucht, einen anderen an meine Mutter abgegeben und schliesslich noch ein Quantum eingepökelt haben soll, dass also das von mir angegebene Quantum wohl doch nicht zutreffen kann, so muss ich sagen, dass ich Fleisch nach seiner Menge nicht schätzen kann. Wie hoch der Preis des Fleisches gewesen ist, weiss ich nicht, habe allerdings an den Lieferanten 40 RM per Post eingesandt. Wenn ich befragt werde, ob mir nicht bekannt ist, das mein Onkel, H ä m m e r l i n g, die Hälfte der Sendung bekommen hat, und ob bezüglich des Preises zwischen meinem Ehemann und mir keinerlei Erörterungen stattgefunden haben, so kann ich dazu nur sagen, dass ich vom ersteren nichts weiss, und dass mein Ehemann sich auf Erörterungen der angegebenen Art nicht einlässt. Von weiteren Lebensmittel-Sendungen, die mein Mann bekommen hat ist mir nichts bekannt. Wenn ich befragt werde, ob ich weiss, dass mein Ehemann vom Absender des Fleisches auch 4 Pfd. Butter ge - schickt bekommen hat, so muss ich sagen, dass ich dies nicht weiss, da mein Ehemann hin und wieder kleine Mengen von Lebensmitteln mitbrachte, kann es möglich sein, dass auch ein kleiner Teil der Butter in unserm Haushalt verbraucht worden ist, das gesamte Quantum bestimmt nicht.

Von Aussenständen meines Mannes ist mir nichts bekannt. Mir ist bekanntgegeben worden, dass eine Schuld in Höhe von 400 RM des Herrn vom H a g e n an meinen Ehemann für Kaffeelieferungen beschlagnahmt wird.

Einzelne Notizen auf Blatt 1 der im Besitze meines Ehemannes vorgefundenen Papiere stammen von meiner Hand. B r e d o w und W a h l waren Jnteressenten für Kaffee, die fernmündlich anfragten, als mein Ehemann nicht zu Hause war. Jch habe deshalb ihre Anrufnummern auf den Karton geschrieben.

S t e i n h a u s e n ist ein Kegelbruder meines Ehemannes aus ~~dem~~ einem Kegelklub im Lokal A l o i s H i tl e r am Wittenbergplatz. W.D. 170868 ist eine Noitz, die ich aufnahm, als ein Flieger-kamerad meines Ehemannes in ~~seiner~~ dessen Abwesenheit anrief. Der Kamerad heisst Werner D u s c h i n s k i oder so ähnlich.

Was die Additionen auf der Rückseite des Kartons bedeuten, weiss ich nicht.

Die Notizen auf der Rückseite des Lichtbildes, Blatt 3, des Belegheftes, sind ebenfalls von mir. Frau F r e d e r i c h s Anruf: 92 08 51 - , die auch unter der Nummer 26 45 85 bei Wöller zu erreichen ist, ihre Adresse ist mir unbekannt, ~~xxxxxxx~~ kam eines Tages in unsere Wohnung, um Kaffee abzuholen. Hierbei notierte ich ihre Adresse. Jch habe an Frau F. 3 oder 4 mal je 3-5 Pfd. Kaffe herausgegeben und dafür die Kaufsumme entgegengenommen.

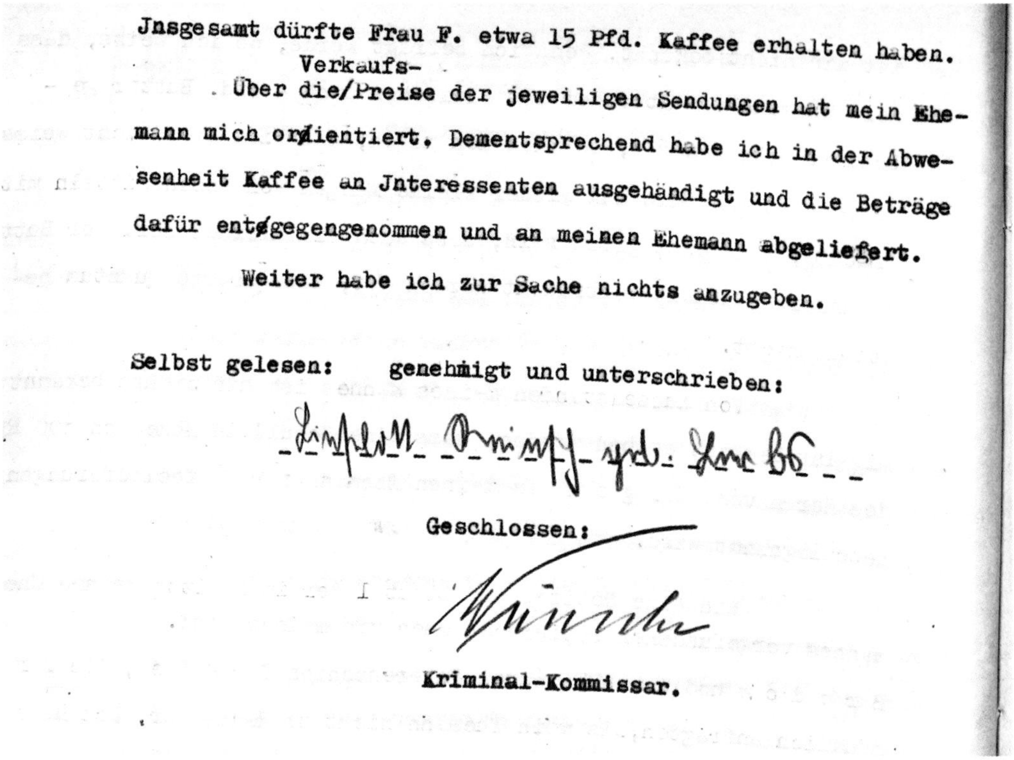
Jnsgesamt dürfte Frau F. etwa 15 Pfd. Kaffee erhalten haben.

Über die/Verkaufs-Preise der jeweiligen Sendungen hat mein Ehemann mich orientiert. Dementsprechend habe ich in der Abwesenheit Kaffee an Jnteressenten ausgehändigt und die Beträge dafür entgegengenommen und an meinen Ehemann abgeliefert.

Weiter habe ich zur Sache nichts anzugeben.

Selbst gelesen: genehmigt und unterschrieben:

Geschlossen:

Kriminal-Kommissar.

offenbaren. Zunächst gab sie vor, völlig unwissend gewesen zu sein.[89] Bald aber scheiterte ihre Strategie Informationen zurückzuhalten, um sich und ihre Familie zu schützen. So belastete sie beispielsweise ihren Mann unwissentlich mit ihrer ersten Aussage über Stoffverkäufe. Sie berichtete, er habe diese Textilwaren von seinen Reisen nach Köln mitgebracht und an Kaffeeabnehmer in Berlin verkauft. Indem sie sogar die Art der Stoffartikel präzisierte, ließ sie den Verharmlosungs- und Vertuschungsversuch von Hans endgültig unwirksam werden. Denn bis zu dieser Aussage konnten die Ermittlungsbeamten den Handel mit Stoffen nicht nachweisen, zumal keine Quittungen oder andere schriftliche Beweise vorlagen. Diese Beobachtung weist auf dreierlei Umstände hin: auf den Druck der verhörenden Beamten, auf die Angst Lieselotte Reinschs vor der drohenden Strafe und auf die Art ihrer Beziehungen zu den Mittätern. Letzteres war auch für die Ermittlungen relevant. Ihre Mitwisserschaft und das Vertrauensverhältnis als Ehepartnerin gaben ihren Aussagen in Bezug auf ihren Mann ein höheres Gewicht. Es ist zu vermuten, dass innerhalb der Ehe weniger Bedenken bezüglich der Weitergabe von Information bestanden. Weiterhin konnten die Schiebergeschäfte von der Finanz-, Wohn- und Lebensgemeinschaft der Eheleute wohl schwer fern gehalten werden.

Fragwürdig ist, ob eine vollständige Vertuschung oder Falschaussagen von Hans gegenüber Lieselotte auf Dauer funktioniert hätten.[90]

Zugleich konnte sie auf eheliche Abhängigkeiten hinweisen, um sich selbst zu entlasten. So sagte sie aus, dass sie »ihm bei seinen Kaffeegeschäften nur deshalb gelegentlich behilflich« gewesen sei, »weil ich meine Ehe erhalten wollte.«[91] Diese Argumentation wird von den ermittelnden Behörden schließlich akzeptiert und so gewichtet, dass Lieselotte letztendlich straffrei bleibt.[92]

Obwohl auf Grund der Ehe nur von einer begrenzt freiwilligen Beteiligung ausgegangen werden kann, muss sie sich der Illegalität der Geschäfte bewusst gewesen sein. Zudem war sie durch Zuwendungen ihrer Eltern und des Stiefvaters finanziell unabhängig von ihrem Mann.[93] Gerade diese materielle Unabhängigkeit macht es wahrscheinlich, dass auch emotionale Beweggründe für ihre Beihilfe zur Straftat bestanden. Das Gericht wertete in seinem Urteil die eheliche Abhängigkeit schwerer als die aktive Beteiligung.

Sehr deutlich zeigt sich die emotionale Bindung zum Ehepartner in einer späteren Aussage. So begründete Lieselotte Reinsch ihre Falschaussagen in vorherigen Verhören mit der Motivation ihren Mann schützen zu wollen.[94] Diese Schutzstrategie legt nahe, dass sie gegenüber den Beamten eine tatsächliche emotionale Verbundenheit zu Hans glaubhaft vermittelte. Zudem nahm sie weitere Schuld auf sich, indem sie angab, Hans nach dem Besuch zweier Herren gewarnt zu haben. Dieser habe nur die Gewerbepolizei vermutet, »die betreffs seiner Arbeit Nachfrage gehalten hätten«.[95] Sie aber habe darauf bestanden, die Koffer an einem anderen Ort zu verstecken. Zwei Koffer gingen ihrer Aussage nach an den in der Küche wartenden »Sonny« Barkowski, zwei brachte sie selbst auf ihren Dachboden.[96] Damit gab sie zu, für die Vertuschung der Straftat und die Behinderung der Polizei verantwortlich gewesen zu sein.

Noch offensichtlicher wird Lieselottes innige Beziehung zu ihrem Ehemann Hans in dem von ihr selbst verfassten Brief vom 3. Januar 1944 an den Oberstaatsanwalt. Zumal dies die einzige Quelle ist, die nicht von den Polizeibeamten und deren bürokratischem Duktus bestimmt ist. Hierin erklärt sie, ihr Mann habe während eines Besuchs bei ihrer Schwester im Schwarzwald einen Schlaganfall erlitten und sei daher nicht in Berlin.[97] Dieser Aufenthaltsort wird nach Anfrage der Staatsanwaltschaft durch die ansässige Ortspolizeibehörde jedoch nicht bestätigt.[98] Zwei Monate später vermerkte ein Kriminalangestellter, dass Hans in Berlin nicht auffindbar sei.[99] »Ferner gibt seine Ehefrau an, daß er lungenkrank sei und sich auf Veranlassung der Lungenfürsorge einer Kur unterziehen müsse.«[100] Im Mai 1944 wird er jedoch von einem Gerichtsarzt für gesund befunden.[101] Sie bittet im Wissen um den Verlauf der Krankheit und in großer Sorge um das Leben ihres Mannes um eine Vertagung der Verhandlung.[102] Die Tatsache, dass sie drei Jahre nach Beginn des Verfahrens noch immer bereit war, ihren Ehemann mit einer riskanten Verzögerungstaktik zu schützen, bezeugt die tiefe emotionale Bindung.[103]

Wenngleich Lieselotte wenig Bezug zu Will, Jupp oder der Familie insgesamt gehabt zu haben schien, verhielt sie sich auch ihnen gegenüber loyal. Gleich in ihrer ersten Aussage versuchte sie, Will zu schützen. Seine Firma wurde von ihr als Quelle der illegal gehandelten Textilien explizit ausgeschlossen.[104] In allen Verhören bemühte sie sich, möglichst keine Familienmitglieder zu belasten. Einen gleichwertigen Status räumte Lieselotte offenbar auch »Sonny« ein, welchen sie durch eine gezielte Falschaussage schützen wollte: Zunächst gab sie an, sie wisse nichts von einem Gepäckschein und sei selbst am Bahnhof gewesen, um mit ihrem Mann die Koffer zu transportieren, welche dieser aus Köln mitgebracht hatte.[105] Hans allerdings erwähnte, dass bei seiner Ankunft statt seiner Frau »Sonny« auf dem Bahnhof gewesen sei, dem Lieselotte wohl aber den Gepäckschein übergeben habe.[106] So blieb Lieselotte schließlich nichts anderes übrig, als ihre Aussage dahingehend zu korrigieren, dass sie bei der letzten Sendung sehr wohl den Gepäckschein erhalten und übergeben sowie den Transport der Koffer durch »Sonny« organisiert habe.[107] Sie begründet bisherige Falschaussagen mit dem Anliegen, »Sonny« nicht weiter mit hineinzuziehen, um ihn vor einer Bestrafung zu bewahren. Dies sei auch der Grund dafür gewesen, die versteckten Koffer durch »Sonny« von seinem auf ihren eigenen Dachboden bringen zu lassen. Er habe weder den Inhalt der Koffer gekannt, noch sei er über ihre Absicht, erst nach Erhalt aller Koffer eine Aussage zu machen, informiert gewesen.[108]

So scheint es letztlich plausibel, dass Lieselotte nicht primär eine Geschäftspartnerin von Hans gewesen ist, sondern die illegalen Geschäfte durch die Nähe und Lebensgemeinschaft in die Ehe integriert wurden. Daneben zeigt sich ebenso klar Lieselottes riskantes Bemühen, nicht nur ihren geliebten Mann, sondern auch Verwandte und Freunde nicht zu belasten und damit auch die Loyalität und Bindung zu diesen aufrecht zu erhalten.

Bahnhof Charlottenburg um 1920, LA Berlin, Best.Nr. C 16395

Die Aussagen von Wilhelm Reinsch

Die Vernehmungsprotokolle von Hans' Bruder Will Reinsch zeichnen das Bild eines ganz anderen Verhältnisses. Will verzichtete in den Verhören offenbar von Anfang an auf jedwede Form von Schutzversuch, welcher über ihn selbst hätte hinausgehen können. Im Zentrum seiner Argumentation stehen familiäre Erwartungen und Verpflichtungen. Vor allem die darin liegende Unfreiwilligkeit ist ein immer wiederkehrendes Thema. Als Beispiel dafür kann Wills erste Aussage gelten: Darin gab er zu, Hans finanzielle Unterstützung sowie Hilfe bei der Beschaffung von Kaffee gewährt zu haben, um ihm eine gewisse Eigenständigkeit zu ermöglichen. Allerdings bestritt er, die verhandelte Gesamtmenge beschafft zu haben.[109] Damit brachte er den Verdacht auf, dass seine Brüder ebenso Kaffee gekauft hatten oder noch weitere Personen beteiligt gewesen waren.

Will erklärte gegenüber den Polizeibeamten seine Beihilfe mit dem »elenden« Aussehen und der Erwerbslosigkeit seines Bruders. Erst nachdem die Bemühungen, ihm eine leichtere Arbeit zu suchen oder ihn in seiner Firma unterzubringen, scheiterten, habe er begonnen, Hans beim Kaffeehandel zu helfen. Folgt man der Argumentation von Will, so

II. Zur Sache:

Zur Person: Ich besuchte in Köln die Elementarschule bis zur obersten Klasse, anschliessend zwei Jahre lang die Städtische Handelsschule. Anschliessend daran lernte ich zwei Jahre als kaufmännischer Lehrling in der Textilbranche. Dann war ich in verschiedenen Firmen in Köln als kaufm. Angestellter, als Abteilungsleiter und als Einkäufer tätig, bis ich mich im Jahre 1936 als selbständiger Handelsvertreter in Köln niederliess. Im Jahre 1939 wurde ich Mitinhaber der Fa. Reinsch u.Co., Kommanditgesellschaft, welche durch Arisierung aus der früheren Firma Schneider u.Co. hervorgegangen ist. Weitere Mitinhaber sind Hans Hittmeier und Reg. Rat Dr. Fecker. Die Firma befasst sich mit Textilgrosshandel.

Zur Sache:

Es ist richtig, dass ich meinem Bruder H a n s mehrmals Geldunterstützungen zukommen liess und dass ich ihm auch Kaffee besorgt habe, damit er sich durch den Verkauf desselben einen Verdienst beschaffen konnte. Es ist aber unwahr, wenn mein Bruder behauptet, ich hätte ihm den gesamten Kaffee verschafft, den er als Einkaufsmenge mit 8 Zentnern bezeichnet. Richtig ist vielmehr folgendes:

Auf Grund schwerwiegender Zerwürfnisse, die ich im Augenblick nicht näher erläutern möchte, habe ich im Jahre 1932 meinem Bruder mein Haus verboten und jeglichen Verkehr mit ihm abgebrochen. In den darauf folgenden Jahren wurde ich vielfach durch unsere gemeinsamen Verwandten dahingehend bearbeitet, meinen Bruder H a n s zu unterstützen. Ich habe dies immer abgelehnt, weil ich auf dem Standpunkt stehe, dass er sich selbst seinen Unterhalt verdienen muss. Als ich im Sommer 1940 über die bevorstehende oder bereits vollzogene Hochzeit

Bl. 47-50, Aussage Wilhelm Reinsch, 1.10.1941

des Hans hörte, glaubte ich anfangs, dass Hans diesen Trick gegenüber meinen Verwandten angewendet hätte, um dadurch eine weitere Unterstützung zu erwirken. Als meine Mutter und Großmutter unter Hinweis auf diese Hochzeit wiederum auf mich einwirkten, Hans ebenfalls zu unterstützen, nahm ich mir vor, mich selbst davon zu überzeugen, was um so näher lag, als ich in der darauffolgenden Zeit zur Kur nach Süddeutschland fahren wollte, und somit gleich nach Berlin kommen konnte. Wie geplant, kam ich Anfang August 1940 nach Berlin und stellte dort fest, dass Hans verheiratet war, eine eigene Wohnung besass, aber infolge der körperlich schweren Arbeit im Geschäft seines Schwiegervaters und infolge seiner Krankheit sehr elend aussah. Auf Grund seines schlechten Aussehens sprachen wir darüber, dass ich dem Hans die Möglichkeit einer anderen Betätigung verschaffen wollte, und zwar war dies so gedacht, dass er bei Kriegsende als Vertreter meiner Firma in Berlin arbeiten sollte. Dies war wegen der derzeitigen Warenknappheit z Zt. unmöglich.
Ich habe infolgedessen einigemale Unterstützungssummen in Höhe von jeweils 200 bis 400 RM an Hans gezahlt. Meist habe ich diese Summen dem Hans persönlich übergeben, wenn ich geschäftlich nach Berlin kam, bezw. wenn H a n s hier war.

In dieser Zeit habe ich dem Hans angeboten, bei mir zu wohnen, wenn e r zu Besuch nach Köln käme. Er kam auch schätzungsweise im Oktober 1940 hierher und blieb in meinem Haushalt etwa 4 Tage. Anschliessend blieb er noch etwa eine Woche bei meiner Mutter, Frau Bürger. Bei diesem Besuch muss Hans wohl erfahren haben, dass nach Köln kommende Soldaten grosse Mengen Kaffee absetzten. Ich vermute übrigens, dass mein Bruder von dieser Tatsache schon in Berlin Kenntnis hatte und deshalb nach Köln kam. Jedenfalls quälte er mich unaufhörlich ihm Kaffee zu beschaffen.

Ich verkehre schon seit Jahren im Gasthof "Lasthaus" bin dem dotigen Bedienungspersonal bekannt und komme im Laufe der Zeit mit vielen Leuten am Biertisch in Verbindung. Da ich dem Hans versprochen hatte, ihm Kaffee zu besorgen, ergriff ich eine sich bietende Gelegenheit und interessierte mich für das Angebot eines Feldwebels, mir Kaffee zu verkaufen. Dieser Feldwebel hatte sich zu mir an den Tisch gesetzt. Bei der Unterhaltung erzählte er, dass er alles mögliche besorgen könnte, darunter auch Kaffee. Als Preis forderte der Feldwebel für gebrannten Kaffee 12 bis 15 RM. Darauf ging ich ein und vereinbarte mit dem Feldwebel, dass er mir den Kaffee bis zu einem Zentner in mein Geschäftslokal Breitestr. 58/60 bringen könnte.

Abends, als mein Personal bereits weggegangen war, ging ich nochmals in mein Geschäft und erwartete dort den Lieferanten. Zwischen 22 und 23 Uhr fuhr ein Personenkraftwagen, anscheinend Heereswagen, in der Langgasse an das Haus und der Feldwebel brachte mir in einem Sack etwa 70 oder 80 Pfund Kaffee herauf. Ich zahlte ihm dafür etwa 1 000 RM. Seinen Namen hat mir der Feldwebel nicht genannt. Ich habe auch garnicht danach gefragt, weil mir aus den allgemeinen Zuständen heraus bekannt war, dass die mit solchen Waren handelden Soldaten alle Geschäfte abbrachen sobald jemand sich nach ihren Namen, Truppenteil oder dergl. erkundigte. Die Nummer des Kraftwagens habe ich nicht zu sehen bekommen, weil es schon dunkel war und ich sie vom Fenster meiner Geschäftsräume nicht erkennen konnte. Ich hörte nur, das der PKW. unmittelbar nach Verabschiedung des Feldwebels abfuhr. Der Kaffee, den mir der Feldwebel übergab, war in einem grossen Sack verpackt. Dieser Sack blieb bei mir bis zum Erscheinen meines Bruders Hans im Büro. Es kann am nächsten Tag gewesen sein, als Hans in meinem Büro erschien. Er packte sich den Kaffee in 2 mitgebrachten Koffer und nahm ihn mit sich. Über die Bezahlung hatten wir vereinbart, dass Hans mir sogleich nach dem Verkauf der Ware den Einkaufspreis per Post zuschickt. Ich hatte keinerlei Gewinn bei Abgabe der Ware.

Schätzungsweise sechs Wochen später kam Hans wieder nach Köln, nahm wiederum bei mir Quatier und bat mich wiederum, ihm Kaffee zu beschaffen. Ich war damals oftmals im Lasthaus zu Gast und lernte in diesen Tagen dort einen Pioniersoldaten kennen, der im Gespräch verschiedenlei Ware, darunter auch Kaffee anbot. Es war Rohkaffee, für den der Pionier 18 RM pro Pfund verlangte. Ich ging auf einen Einkauf von 150 Pfund ein und bestellte den Pionier mit der Ware für denselben Abend in mein Geschäft. Dort erwartete ich ihn zwischen 19 und 20 Uhr. Auch dieser Heeresangehörige kam mit einem Heerespersonenwagen grösserer Art, überzeugte sich davon dass ich im Geschäft war und holte dann nacheinander eine kleine Kiste, einen halbgefüllten Sack und einen grosse Tüte voll Rohkaffee. Ich bezahlte dafür zwischen 2500 und 3000,- RM bar, worauf er sich wieder entfernte. Nach dem Namen und Truppenteil usw. habe ich nicht gefragt, eine Quittung auch nicht verlangt. Nach einem der nächsten Tage übergab ich dem Hans die Ware und nannte ihm den Einkaufspreis. Er hatte übrigens den Einkaufspreis für die vorige Ware bei seinem jetzigen Kommen an mich bezahlt. Den Einkaufspreis für die neue Ware überwies er mir vor Weihnachten 1940 und im Januar 1941 in zwei Raten von etwa 1500,- RM und etwa über 1000,- RM, durch die Post.

Als Hans im Februar 1941 wieder nach Köln kam, befand ich mich zur einer Badekur in Bad-Kissingen. Ob Hans bei dieser Reise nach Köln Kaffee aufgekauft hat, weiss ich nicht.

Kurz vor Ostern 1941 erschien Hans von neuem hier mit seiner Frau und seinem Kinde. Eingeladen hatte ich ~~nicht~~ ihn nicht nahm ihn aber für zwei Tage auf, wobei ich ihm aber bedeutete, er sollte sich für Ostern ein anderes Quartier beschaffen. Ich habe ihm bei diesem Besuch keinerlei Waren besorgt und bin ihm auch nicht behilflich gewesen, welche zu bekommen.

Ich habe dann längere Zeit von Hans nichts gehört, bis ~~dann~~ eines Tages ein unbekannter Zivilist ~~kam~~ zu mir ins Büro kam und zwei Koffer mit der Bemerkung abgab, dass er diese Koffer für meinen Bruder unterzustellen bat. Nach meiner Annahme muss ~~in~~ sich in den Koffern Kaffee befunden haben. Eine Bezahlung von mir aus an den mir unbekannten Manne erfolgte nicht. Wie die Verrechnung zwischen Hans und dem mir unbekannten Mann erfolgte, entzieht sich meiner Kenntnis. Kurz danach erschien Hans in Köln, suchte mich in meinen Büroräumen in der Breitestrasse auf und übergab ich ihm hier die beiden Koffer. Ich muss hierbei bemerken, dass ich von Köln meinen Bruder Hans in Berlin tel. anrief, hierbei teilte ich mit, dass ein Unbekannter für ihn hier etwas abgegeben habe. Auf Grund dieses Gespräches erschien denn Hans zwei Tage später . Eine Verrechnung zwischen mir und ihm erfolgte nicht. Schätzungsweise befanden sich in beiden Koffern ein ~~guter~~ Zentner Kaffee. Ich muss mich hierbei verbessern; den bei mir untergestellten Kaffee in zwei Koffern holte nicht mein Bruder Hans, sondern mein Bruder Jupp von meinen Büroräumen ab. Jupp brachte meinem Bruder den Kaffee nach Berlin. Hans war zu dieser Zeit nicht in Köln, obwohl ich ihm tel. von dem Abstellen der Koffer Kenntnis gegeben hatte.

Meiner Erinnerung nach muss M mein Bruder Jupp die Reise nach Berlin Ende Juni bezw. Anfang Juli 1941 mit den zwei Koffern Kaffee zu Hans ausgeführt haben.

Ende Juli bezw. Anfang August lernte ich eines Abends im Lasthaus wiederum einen mir unbekannten Zivilisten kennen, und kamen wir im Laufe unserer Unteredung überein, dass ich ihm 2 - 3 Zentner Kaffee abnehmen werde. Als Preis wurde 26,- RM für den Kaffee vereinbart. Am gleichen Abend überbrachte mir der Mann ~~inxeinemxSackxundxinxeinerxKistexwiederx2x ZentnerxRohkaffeex~~ drei Kisten Rohkaffee. Die Gewichtsmenge kann ich heute nicht mehr genau angeben, ich weiss aber, dass ich an den Mann 5 500,-RM zahlte. Zwei von diesen drei Kisten wurde als Expressgutsendung von mir und meinem Bruder Jupp in der Breitestrasse fertig gemacht und an Hans nach Berlin geschickt. Den Inhalt der einen Kiste übernahm Jupp und brachte er den Kaffee persönlich zu Hans nach Berlin. Hierbei muss ich betonen, dass mich der Verkäufer mit dem Kaffee angeschmiert hatte. In dem Kaffee befand sich sehr viel Sand und kleine Steinachen. So wie ich den Kaffee übernommen hatte, habe ich ihnauch an Hans weitergegeben. Von Hans habe ich bisher von diesem Posten 3500,- RM zurückerhalten, er schuldet mir heute noch für diese Kaffeesendung den Betrag von 2000,- RM.

Wahrheitsgemäss erkläre ich, dass dieses die letzte Kaffeesendung gewesen war, die Hans von mir erhielt und ~~ich~~ die ich für ihn auch beschafft hatte. Ich wollte durch diese Geschäfte meinen Bruder Hans lediglich fianziell ~~überx~~unterstützen. Hans ist meiner Erinnerung nach entweder Ende August oder Anfang September d s. Js. nochmals zu mir gekommen. Er wohnte jedoch nicht bei mir und hatte ich für ihn auch nichts besorgt. Wohl hat er mich nach Kaffee gefragt. Ich lehnte jedoch eine weitere Besorgung grundsätzlich ab. Wie lange sich Hans in Köln bei seinem letzten Besuch aufgehalten hat, entzieht sich meiner Kenntnis. Ich weiss auch nicht, ob es ihm gelungen ist, während seines letzten Hierseins irgendwelche bezugbeschränkten Waren sich anderweitig zu verschaffen.

Wenn ich nochmals über die Herkunft des von mir eingekauften Kaffees befragt werde, insbesondere darüber, wie die Käufer wohl aufzufinden wären, so kann ich nur sagen, dass ich lediglich vom Hörensagen weiss, dass derartige Verkäufer mit dem Heimatkraftwagenpark in Köln in irgendeiner Verbindung

50

stehen, Näheres darüber weiss ich nicht.

Der Feldwebel hatte einen Fliegeruniform mit gelbem Spiegel. Auf der Achselklappe hatte er die übliche Tresse und einen Stern. Ich schätze seine Grösse auf 1,74 m, er war untersetzt, Augenfarbe unbekannt, Haarfarbe ebenfalls, Er trug eine Mütze. Ich habe ihn seitdem nicht wieder gesehen. Er trug das Band des EK II.

Der Pionier muss nach dem Verschleiss seiner Uniform aus dem Feldheere sein. Sein Rock hatte auf dem Rücken einen Riss in Form einer Dreiangel (V), der mit schwarzen Garn gestopft war. Die Achselklappen waren grauweiss paspoliert. Auszeichnungen habe ich bei ihm nicht gesehen. Er trug Marschstiefel, auf dem Kopf das Schiffchen und war ohne Mantel. Er war klein, schmächtig, 24 bis 25 Jahre alt, hatte schwarzes Haar, Augenfarbe unbekannt, sonst keine auffälligen Merkmale.

Der Zivilist war sehr gross (über 1,80 m), hageres Gesicht, dunkelblondes gescheiteltes Haar, hinten etwas dünn, gelbliche unebene Haut, Augenfarbe unbekannt, lange, schmale Nase mit Bogen an der Nasenwurzel, grosse Ohren. Er war breitschultrig aber schlank, etwa 45 Jahre alt. Er trug einen graubraunen zweireihigen Jakettanzug mit Karomuster, braunen Hut in sportlicher Form, und ein Hemd mit auffallend bunten Streifen. Ich habe diesen Mann vor etwa 4 - 6 Wochen noch einmal im Lokal " Lasthaus " gesehen, aber nicht gesprochen.

Ich bin gerne bereit alles zu tun, um die Verkäufer des Kaffees ermitteln zu helfen.

Wenn ich nochmals ausdrücklich befragt werde, ob Hans von mir irgendwelche Textilien geschenkt bekommen oder gekauft hat, so muss ich immer wieder betonen, dass ich mich niemals darauf eingelassen habe, derartige Dinge, die mit meinen geschäftlichen Sachen in mittelbaren oder unmittelbaren Kontakt standen, entgegen den gesetzlichen Bestimmungen zu kaufen oder weiterzuveräussern. Ich habe ihm lediglich einmal zwei getragene Oberhemden, die mir zu eng geworden waren, geschenkt, niemals aber neue Ware und möchte hierbei gleich betonen, dass die mir vorgehaltenen Artikeln (Anzugstoff, Netzhemden, Untergarnituren) in meinem Geschäft nicht geführt werden. Für Damenstrümpfe habe ich allerdings eine Vertretung, ferner für Frottierwäsche, Oberhemden, Blusen und Kinderleibchen. Ich habe hiervon auch nichts an Hans abgegeben.

Ich sehe heute ein, einen grossen Fehler gemacht zu haben als ich meinem Bruder Hans zu einem strafbaren Gelderwerb Hilfe

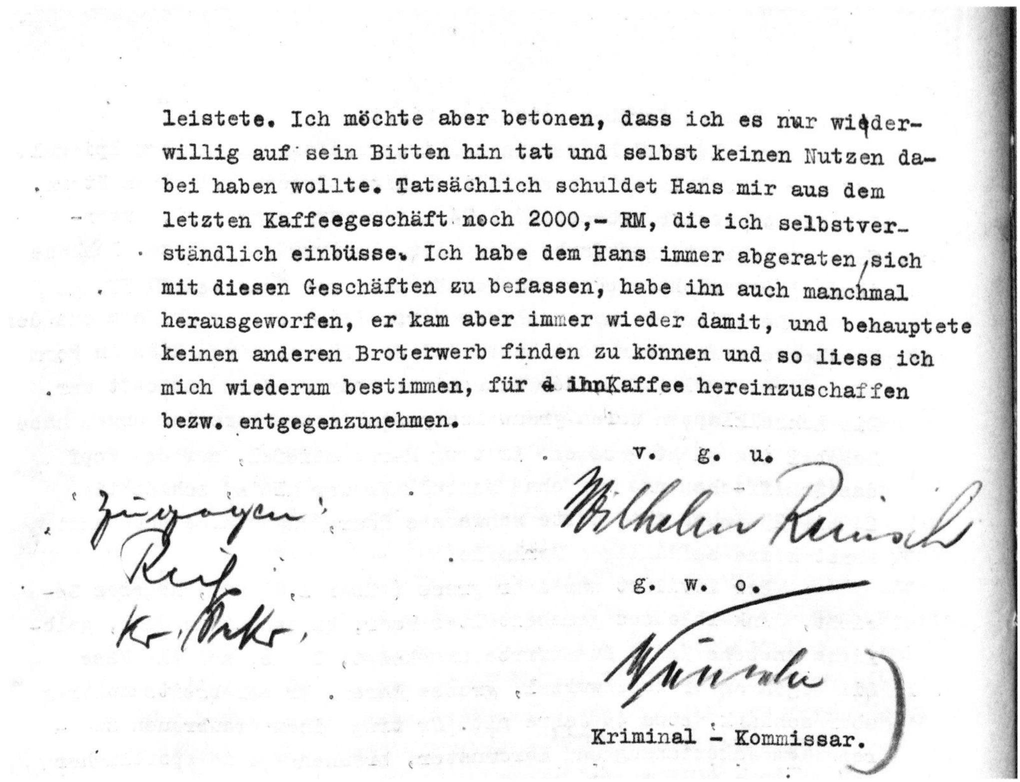
leistete. Ich möchte aber betonen, dass ich es nur wieder-
willig auf sein Bitten hin tat und selbst keinen Nutzen dabei haben wollte. Tatsächlich schuldet Hans mir aus dem
letzten Kaffeegeschäft noch 2000,- RM, die ich selbstverständlich einbüsse. Ich habe dem Hans immer abgeraten, sich
mit diesen Geschäften zu befassen, habe ihn auch manchmal
herausgeworfen, er kam aber immer wieder damit, und behauptete
keinen anderen Broterwerb finden zu können und so liess ich
mich wiederum bestimmen, für ihn Kaffee hereinzuschaffen
bezw. entgegenzunehmen.

v. g. u.

Wilhelm Reinsch

g. w. o.

Kriminal - Kommissar.

wollte er eigentlich nichts Illegales tun, sah sich aus Loyalität gegenüber seinem Bruder jedoch dazu gezwungen und hatte gar keine andere Wahl. Er verwies auf seine selbstlose, nicht am Gewinn orientierte Motivation und versuchte damit, Einfluss auf sein eigenes Strafmaß zu nehmen. Will bestätigte den Bruch mit Hans, führte dazu aber keine genaueren Hintergründe an. Er habe hinter der Hochzeitsankündigung von Hans zunächst einen Trick vermutet, um finanzielle Unterstützung zu erlangen. Tatsächlich hätten Mutter und Großmutter ihn daraufhin gebeten, Hans zu unterstützen, was zum ersten Wiedersehen bei einer Berlinreise führte. Er habe sich noch einmal von der Aufrichtigkeit der Hochzeitspläne überzeugen wollen und sei ohnehin auf Reisen gewesen.[110]

Deutlich wird hier erneut sein Argwohn gegenüber dem Außenseiter der Familie, was wiederum seinen Bruder Hans in ein schlechtes Licht rückte. zugleich vergaß Will nicht, den familiären Druck hervorzuheben, dem er sich angeblich habe beugen müssen, und versuchte auf diesem Weg, die Verminderung seiner Schuld weiter voranzutreiben. Exemplarisch kann man hier sehen, dass Will keinerlei Bedenken zu haben schien, intime, familieninterne Informationen für seine Verteidigungsstrategie heranzuziehen.

Anschließend ergänzte er, dass Hans auch bei seiner Mutter untergekommen sei. Zwar habe sein Bruder ihn nochmals besucht und ihn auch nach Kaffee gefragt. Er aber habe jedwede weitere Mithilfe verweigert.[111] Will beteuerte, dass er die Beschaffung von Waren, welche mit seiner ehrlichen Arbeit in Verbindung standen, vehement verweigert habe. Hinzu kam, dass die von Hans verkauften Textilien nicht alle in seinem Geschäft geführt worden seien. Hans habe schon bei seiner ersten Reise vorgehabt, in Köln Kaffee zu kaufen, sei daher von Anfang an nicht an ehrlicher Arbeit in der Firma interessiert gewesen. Seine erste Aussage endet mit dem Hinweis: »Ich habe dem Hans immer abgeraten, sich mit diesen Geschäften zu befassen, habe ihn auch manchmal herausgeworfen, er kam aber immer wieder damit, und behauptete keinen anderen Broterwerb finden zu können und so liess ich mich wiederum bestimmen, für ihn Kaffee hereinzuschaffen bezw. entgegenzunehmen.«[112]

Diese allseitige Distanzierung war eine deutliche Schuldzuweisung an den moralisch ›schlechten‹ Bruder. Will riskierte aber zusätzlich eine Belastung der eigenen Mutter, die er billigend in Kauf nahm. Ähnlich verhält es sich bei Wills Angaben über den Besuch von Hans zu Ostern 1941, bei dem auch Lieselotte mit Kind dabei gewesen sein soll.[113] Damit legte Wills Aussage eine Mitwisserschaft von Lieselotte nahe.

Zum einen charakterisierte er Hans als eine unmoralische Person, die sogar ihre eigene Familie hinterging und ausnutzte. Dies stützte Will durch Informationen, welche aus der Zeit vor den Schiebergeschäften oder aus dem privaten familiären Umfeld stammten.[114] Zum anderen verwies er fortwährend entweder auf seine altruistische Motivation zur Mithilfe oder den familiären Druck bzw. die familiäre Unterstützungsverpflichtung. Diese zwei Elemente waren in allen weiteren Aussagen die Grundlage von Wills Argumentation, selbst als ihm nach und nach eine immer größere Beteiligung am Schwarzhandel nachgewiesen worden war.

Anhand der Analyse der Aussagen von Lieselotte kann nachvollzogen werden, wie innig die Beziehung zu ihrem Ehemann war. Will hingegen legte bei den Verhören ein Verhalten an den Tag, welches auf ein denkbar schlechtes Verhältnis zwischen den Brüdern schließen lässt. Im Gegensatz zu Lieselotte, welcher daran gelegen war, möglichst große Nähe und eheliche Verbundenheit in ihre Aussagen einzubringen, setzte Will auf größtmögliche Distanzierung. Er belastete Hans bedenkenlos, um sich selbst zu schützen, während Lieselotte verzweifelt versuchte, ihn zu entlasten. Die Aussagen verdeutlichen auch die Ambivalenz familiärer Verbindungen in Verhörsituationen. Beide zielten darauf ab, Hans und ihre Beziehung zu ihm in ein ganz bestimmtes Licht zu stellen.

Blut ist dicker als Wasser

Um ihre Geschäfte erfolgreich abwickeln zu können, waren Schwarzhändler von unterschiedlichen Faktoren abhängig: ein Zugang zu nachgefragten Waren, Personen, welche diese Waren verkauften, ein Absatzmarkt sowie die Geheimhaltung der illegalen Geschäfte sowohl durch die Verkäufer als auch seitens der Kunden. Verrat bedeutete eine ständige Gefährdung für alle am Handel Beteiligten.

Um dies zu vermeiden, mussten die Händler auf vertrauenswürdige Verkäufer zurückgreifen. Hans Reinsch wählte vermutlich auch deswegen seine Familie als Helfer. Er konnte sich darauf verlassen, dass seine Verwandtschaft ihn nicht denunzieren würde.

Hans Reinsch sah insbesondere bei seiner Frau Lieselotte einen Loyalitäts- und Vertrauensvorteil, da das Risiko einer Denunziation des Lebenspartners sowie dem Träger des gemeinsamen Haushaltes und Vater ihres Kindes naturgemäß weniger groß war als es bei Fremden gewesen wäre. Das Netzwerk Reinsch wird schließlich durch einen Hinweis an den Gewerbeaußendienst aufgedeckt, dessen Herkunft zwar unklar bleibt, aber dennoch auf Grund der umfangreichen Ermittlungen gegen alle Beteiligten nicht auf eine Denunziation aus dem Kreis der Familie schließen lässt. Zwischen den Reinschs schien das gegenseitige Vertrauensverhältnis diesbezüglich weitgehend intakt gewesen zu sein.

In der Akte zeigt sich auch, welche Risiken beim Kontakt zu Personen außerhalb der Familie auftraten: An einer der Schnittstellen zum nicht-familiären Teil des Schwarzhandels kam es beim Ankauf einer größeren Menge an Kaffee durch Will zu einem beträchtlichen Warenverlust. Von einem Will anscheinend unbekannten Kaffeeverkäufer wurden mehrere Pfund Steine und Sand unter den Kaffee gemischt.[115] Trotz der Strafbarkeit seines Handelns begründete Will seine Kooperation mit der Polizei zum Wiederauffinden dieses Verkäufers auch damit, dass er diesen Betrug geahndet haben wollte.[116] Er empfand diesen Vertrauensbruch als schweres Vergehen.

Sowohl eine Denunziation ›aus den eigenen Reihen‹, als auch ein Vertrauensbruch sind innerhalb familiärer Strukturen weniger wahrscheinlich. So wusste z. B. Hans sicherlich genau, dass Betrug das endgültige Ende aller Beziehungen zu Will bedeutet, eine neue Krise innerhalb der Familie ausgelöst und ihn wohl endgültig isoliert hätte. Familiäre Strukturen boten besondere Sanktionsmöglichkeiten bei abweichendem Verhalten. Hans Reinsch kooperierte bei seinen illegalen Geschäften mit Menschen, vor denen er im Falle eines versuchten Betruges nicht einfach hätte verschwinden können ohne seine gesamten familiären Verbindungen aufzugeben.[117]

Alle beteiligten Mitglieder der Familie Reinsch brachten sich durch den gemeinsam betriebenen Handel in eine Abhängigkeit, welche gleichzeitig ein hohes Maß an Konspiration erzeugte. Die intime und lange Kenntnis des Anderen stützte und sicherte die gegenseitige Vertrauensbasis, die familiäre Zugehörigkeit verstärkte die Abhängigkeit und persönliche Teilnahme am Handel. Die gemeinsame Straftat führte beispielsweise zu häufigerem Kontakt und gleichzeitig zu einem erneuten Aufbau des vormals gestörten Verhältnisses zwischen den Brüdern Hans und Will. Ohne den Schwarzhandel wäre eine so intensive Beziehung vermutlich nicht zustande gekommen. Eine solche Wiederbelebung belasteter oder entfernter Familienbeziehungen unter den Bedingungen des illegalen Handels war durchaus kein seltenes Phänomen.[118]

Gefallen und Dienstleistung. Konvention und Unrechtsbewusstsein

Die drei Hauptbestandteile des Handels – Einkauf, Transport und Vertrieb – wurden von den Brüdern Reinsch durchgeführt. Der mittlere Bruder Josef kümmerte sich dabei hauptsächlich um die logistische Abwicklung des Kaffees. In der Akte sind mindestens vier Reisen von Josef nach Berlin dokumentiert, bei denen er größere Mengen Kaffee transportierte.[119] Dafür erhielt er von seinem Bruder Hans jeweils 200 RM zur Deckung der Reisekosten, die etwa 80 RM betrugen. Er konnte also jeweils 120 RM Gewinn verbuchen (bei einem Monatsgehalt von ca. 400 RM brutto).[120] Dieser Betrag beinhaltete neben dem nicht geringen Risiko auch den Aufwand, den eine solche Reise zu Kriegszeiten bedeutete.

Josef und Hans waren, im Gegensatz zu Will und Hans, freundschaftlich miteinander verbunden, was sich auch in ihrer gegenseitigen Tauschpraxis ausdrückte. Es entstand eine Art Mischung zwischen familiären Gefallen und üblicher Bezahlung. Dies war möglich, weil Josef Reinsch keine Waren, sondern Dienstleistungen mit seinem Bruder tauschte. Die selbstverständliche und unbezahlte Bereitstellung von Dienstleistung ist eine Eigenheit familiärer Strukturen. Die Konventionen des Tauschens zwischen Familienmitgliedern werden nicht bestimmt von den sonst üblichen Regeln zwischen Marktteilnehmern. Äußere Geschlossenheit und nach innen praktizierte Teilung allgemeiner Alltagsgüter ohne eine genaue Gegenrechnung der erbrachten Leistungen und Waren sind die Prämissen familiären Handels.[121]

Als Beschaffer von Waren trat Josef Reinsch während seiner Tätigkeit nicht in Erscheinung, er diente als Überbringer zwischen dem Käufer Will in Köln und dem Verkäufer Hans in Berlin. Trotz seiner zentralen Funktion im Handelsablauf deutete die Familie sein Handeln lediglich als familiäre Gefälligkeit. Diese Eigenarten zeigen sich auch in den Aussagen von Hans Reinsch. Er betonte, Will habe nichts an den Geschäften verdient. Gleichzeitig habe er selbst jedoch auch nicht nach den Preisen für die Waren gefragt.[122] Eine Logik, die die besonderen Voraussetzungen des Tauschens zwischen Familienmitgliedern deutlich macht. Ähnlich verhält es sich mit Therese Mauermann, der Großmutter der Brüder Reinsch aus Köln. Sie überließ Hans aus dem Lager ihres Trikotagengeschäfts zahlreiche Wäschestücke und Stoffe gegen geringe Geldsummen, die eher einem symbolischen Wert entsprachen. Außerdem unterstützte sie Hans auch in anderer Hinsicht. Neben den Stoffen zahlte sie sogar kleine Geldbeträge an ihn aus, um ihn finanziell zu unterstützen. Zusätzlich gewährte sie Kredite, die ihm helfen sollten, eine eigene Existenz aufzubauen.[123] Des Weiteren ließ sie Hans bei sich wohnen und machte sich letztlich auch durch ihr Wissen mitschuldig. Im Gegensatz zur am Gewinn orientierten Tauschpraxis, die von Gegenseitigkeit geprägt ist, entstand zwischen Enkel und Großmutter ein Ungleichgewicht von Leistung und Gegenleistung, was nur in Liebesbeziehungen oder eben Familien, zumindest zeitweise, bestehen kann.

Die Komplizenschaft wird primär als Familienloyalität und weniger als Teilhabe an einem Kriegswirtschaftsverbrechen gesehen, was zu einem verminderten Unrechtsbewusstsein gegenüber der begangenen Tat führt.

Begünstigt wurden diese Differenzen in der Wahrnehmung durch Grauzonen in der NS-Gesetzgebung. Einerseits wurde es möglich, traditionelle familiäre Tauschkonventionen als kriminelle Handlungen zu begreifen, andererseits aber unterlag die Umsetzung dieser Vorgaben einer gewissen Willkür, die eine Fortführung eben dieser Konventionen ermöglichte.

Ein Effekt der Rationierungen war die Umdeutung der eigentlich privaten Sphäre des familiären Gemeinbesitzes freundschaftlicher Gefälligkeiten. Das bedeutete, dass zum Beispiel der selbstverständliche Tausch von Fleisch, Socken oder Butter zwischen einzelnen Familienangehörigen oder Freunden einen kriminellen Tatbestand erfüllte. Dieses Missverhältnis war natürlich auch den Ermittlungsbehörden bekannt, die mit entsprechend niedrigen Strafen reagieren konnten. Die ›normale‹ Hilfe in der Familie hatte eine zusätzliche politische und soziale Dimension bekommen.

Fazit

Wenn man der Perspektive der Ermittler folgt und Hans Reinsch als das Zentrum eines Schiebernetzwerkes betrachtet, so erkennt man, dass er die wichtigsten Funktionen mit Personen besetzte, welche in einem verwandtschaftlichen oder freundschaftlichen Verhältnis zu ihm standen. Obwohl er der Außenseiter der Familie war, konnte er sich auf sie bis zum ›Auffliegen‹ seiner illegalen Geschäfte weitgehend verlassen. Durch den Handel kam es zu einer Vertiefung von Kontakten, zu intensiveren Abhängigkeiten und einer verstärkten ›Zusammenarbeit‹ innerhalb der Familie. Dennoch zeigen die Verhöre, dass sich die konflikthaften Beziehungen nicht völlig veränderten, wohl aber in der Tendenz unter dem Druck der Ermittlungen verschärften.

Man kann davon ausgehen, dass allen Beteiligten die Strafbarkeit ihrer Handlung bekannt war. Das persönliche Risiko und das strafbare Handeln wurden jedoch in der Wahrnehmung offenbar von Emotionen und Familienkonventionen überdeckt. Diese Bereitwilligkeit sich zu beteiligen ermöglichte und trug den Handel, welcher mit seiner eigentümlichen Mischung aus Pragmatik und einem hohen Grad an Geheimhaltung neben völliger Unbedarftheit eigentlich nicht lange hätte bestehen können.

~~[illegible]~~.

3.Gew.S.Js.48.43. Reinsch u.a.

170

V.

1.) Vermerk: Verlangen auf Strafverfolgung ist nach Bl.93 gestellt gegen:

Reinsch, Ehefrau Reinsch, Wilhelm Reinsch, Josef Reinsch Frau Mauermann, Barkowski und Hämmerling.

Gegen Reinsch wird hier Anklage erhoben, Wilhelm Reinsch und Josef Reinsch sind in Köln verurteilt (s.Beiakte), gegen Frau Mauermann ist nach § 153 StPO ~~und gegen~~ in Köln eingestellt worden.
Verbleiben: Barkowski und Hämmerling, sowie Frau Reinsch

2.) Einstellung gegen Barkowski und Hämmerling: (Bl.77 u. 35). <Beide haben für Reinsch Koffer von der Bahn geholt, Barkowski auch zeitweise bei sich untergestellt. Wissentliche Beihilfe zum Schleichhandel ist aber nicht nachweisbar. Wegen des Erhaltes einer kleineren Menge Fleisch von Reinsch besteht bei Hämmerling kein Interesse an gerichtlicher Strafverfolgung.>

3.) Einstellung gegen Frau Reinsch: nur als Ehefrau tätig gewesen, Abhängigkeitsverhältnis.

4.) Anklage anbei.

5.) Anklage Herrn Abt.vorst.m.d.B.um Ggz.

6.) Anklage in Reinschrift fertigen.

7.) Keine Berichtssache.

8.) Abschrift der Anklage an:

a) Handakten,

b) Herrn Gen.St.A.,

c) Pol.Präs.Bln, Preisüberwachungsstelle, zum Zeichen Bl.93:

"In der Strafsache gegen Reinsch u.a. übersende ich in der Anlage Abschrift der Anklage.
Ich nehme auf Ihren Antrag vom 3.11.1941 Bezug.
Wilhelm und Josef Reinsch sind vom Amtsgericht in Köln a.Rh. vom 4.1.1943 - 91.Ds.40/42 - wegen Preisvergehens zu 500.- RM bezw. 200.- RM Geldstrafe verurteilt worden.
Das Amtsgericht in Köln a.Rh. hat das Verfahren gegen Breitbach mangels Beweises, gegen Frau Mauermann nach § 153 StPO eingestellt.
Ich habe das Verfahren eingestellt gegen:
a) Frau Reinsch: Sie war nur als Ehefrau und daher in einem Abhängigkeitsverhältnis tätig,
b) Barkowski und c) Hämmerling. <einr.oben> ."

24. Dez. 1943

9.) Urschriftlich mit Akten und Beiakten

Herrn Vorsitzenden des Sondergerichts bei dem Landgericht in Berlin

unter Bezugnahme auf die Anklage übersandt.
Ich stimme der Verhandlung vor dem Einzelrichter zu.

Berlin, den 8.Dezember 1943,
Der Generalstaatsanwalt bei dem Landgericht i.A.

10.) 3 Wochen.

Bl. 170, Vermerk der Staatsanwaltschaft vom 8.12.1943

Gelegentlich seiner Besuche erzählte Hans mir, dass er bei seinem Schwiegervater in der Bäckerei arbeite, dass die Arbeit aber so schwer sei, dass sie ihm gesundheitlich nicht zuträglich sei. Wenn ich mich recht erinnere begründete er dies hiermit, dass er sich dem Handel zugewandt habe. Im Laufe der Zeit erfuhr ich, dass er von hier aus Kaffee nach Berlin brachte und dort verkaufte. In Verbindung mit diesen Schilderungen bot Hans mir an, ihm seine Ware nach Berlin zu transportieren, wobei er darauf hinwies, dass ich dabei etwas verdienen könnte. Ich war damals noch im Geschäft meines Vaters tätig, verdiente brutto 400 RM monatlich, wollte bald heiraten und mich beruflich selbständig machen. Das wusste Hans und wies daraufhin mit der Bemerkung, ich könne doch noch Geld gebrauchen. Ich muss mich berichtigten: Zu jener Zeit war ich schon verheiratet, wollte mich aber selbständig machen.

Nach diesem Angebot vergingen etwa 4 Wochen bis zu meiner ersten Fahrt nach Berlin. Hans hat mir gesagt, dass ich mich bezgl. der Ware an Will wenden sollte, was ich auch tat. Nach vorheriger mündlicher Vereinbarung ~~wurde~~ holte ich im Geschäftslokal meines Bruders Will den bereits in 2 Koffer verpackten Kaffee ab und nahm ihn mit mir nach Berlin, wo ich ihn meinem Bruder Hans in seiner Wohnung übergab. Es war dies an einem Sonnabend und zwar nach meiner Erinnerung im Juni d.Js. Ich kann über den näheren Zeitpunkt nur angeben, dass ich wegen der Zugeinschränkung anlässlich der Vorbereitungen zum Ostfeldzuge nicht mit dem DZuge 14,20 Uhr fahren konnte, sondern 12,20 Uhr nach Berlin abfuhr. Wenn mir auf Grund einer Auskunft der Reichsbahndirektion Köln vorgehalten wird, dass die Zugbeschränkung am 22.12. begann und am 15. 6. endete, so schätze ich, dass ich entweder am 7. oder am 14. 6. diese erste Fahrt nach Berlin angetreten habe. Mit der geldlichen Abwickelung hatte ich bei dieser Reise nichts zu tun. Als Unkostenentschädigung übergab Hans mir 200 RM. Davon bestritt ich alle Reiseunkosten, sodass mir etwa ein Gewinn von etwa 120 RM verblieb. Ich fuhr bereits am nächsten (Sonntag-~~Montag~~) Mittage nach Köln zurück, um keinen Arbeitstag zu versäumen.

Am 21. Juni brachte ich wiederum eine Sendung Kaffee in 3 Koffern nach Berlin. Auf der Rückfahrt am nächsten Tage wur-

Bl. 54, Aussage Josef Reinsch, 2.10.1941

Hans und Wilhelm Reinsch – übereinstimmende Aussagen über ein Verhältnis

Die beiden Brüder Hans und Wilhelm Reinsch pflegten über einen Zeitraum von über acht Jahren keinen Kontakt. Wilhelm hatte diesen abgebrochen und ihm sein Haus verboten, nachdem Hans im Jahr 1932 beim Diebstahl eines Ringes erwischt worden war. Erst zur Hochzeit mit Lieselotte im Sommer 1940 besuchte Wilhelm Hans erstmals wieder, aber auch nur auf fortgesetztes Bitten von Mutter und Großmutter. Bei dieser Gelegenheit stellte er fest, dass Hans auf Grund seiner Herzkrankheit und seiner anstrengenden Tätigkeit »sehr elend«[1] aussah. Daraufhin sprachen beide über eine neue Beschäftigungsmöglichkeit für Hans, beispielsweise als Vertreter der Firma von Wilhelm in Berlin. In Folge der schlechten wirtschaftlichen Situation zerschlug sich diese Möglichkeit jedoch. Bei einem Besuch in Köln im Oktober 1940 überzeugte dann Hans seinen Bruder, mit ihm gemeinsam in den Kaffeehandel einzusteigen.

Lydia Hess – Ein außerfamiliärer Kontakt

Zwischen dem Netzwerk der Familie Reinsch und dem ›freien‹ Schwarzmarkt existierten Schnittstellen, an denen der Kaffee einerseits erworben und andererseits abgesetzt wurde. Eine zentrale, in der Akte wenig beleuchtete Schnittstelle ist die Bar Femina.[2] Dort rekrutierte Hans Reinsch einen großen Kundenstamm. Die selbstständige Blumenverkäuferin Lydia Hess nahm bei der Distribution des Kaffees in der Femina eine wichtige Rolle ein. Offenbar nutzte er ihren Blumenstand mit ihrem Einverständnis als Abholstation von kleineren Kaffeebestellungen bestimmter Abnehmer. Über die Art und Weise der Verrechnung der fälligen Beträge sind kaum Informationen in der Akte enthalten. Hans deponierte am Blumenstand eine Aktentasche gefüllt mit Kaffee, den Lydia Hess nach und nach ausgab, ohne jedoch abzukassieren.[3] Ver- und Ankäufer sowie Waren und Geld befanden sich niemals zur gleichen Zeit an der gleichen Stelle. Im Ablauf des Handels und der betriebenen Absicherung sind deutliche Unterschiede zur Tauschpraxis mit seinen Familienangehörigen erkennbar.

1 Vgl. Bl. Nr. 48 (Protokoll einer Vernehmung von Wilhelm Reinsch, 1.10.1941).
2 Vgl. das Kapitel »Im Koffer nach Berlin« in diesem Band.
3 Vgl. Bl. Nr. 33f. (Protokoll einer Vernehmung von Lydia Hess, 25.9.1941).

Desirée Brinitzer, Patrick Daus, Johanna Kleinschrot, Juliane Roelecke

Im Koffer nach Berlin. Orte und Räume des Kaffeehandels

Das Berlin der späten 1930er und frühen 1940er Jahre bildete die Hauptkulisse für die Schwarzmarktgeschäfte von Hans Reinsch, wie wir sie aus der Akte rekonstruieren können. Kaum verwunderlich, könnte man zunächst meinen, wohnte Reinsch doch seit Jahren in Berlin-Charlottenburg. Aber könnten nicht auch Geschichte und Sozialstruktur dieses Stadtteils spezifische Faktoren gewesen sein, die den Schwarzhandel mit dem Luxusgut Kaffee begünstigten? Eine Betrachtung der Handlungsorte und -räume muss zudem auch die Beschaffungsorte und Transportwege berücksichtigen. Denn Köln als wesentlicher Ankaufsort der Schwarzmarktware und die Transportroute nach Berlin zeugen davon, dass Hans Reinsch seinen Kaffeehandel in semi-professionellem Stil organisierte.

Die Rationierung vieler Produkte gehörte im Zweiten Weltkrieg zum Alltagsleben der Bevölkerung. Viele Lebensmittel, darunter auch der begehrte Kaffee, waren nur schwer zu bekommen, weshalb ein florierender Schwarzmarkt mit knappen Waren entstand, auf den sich auch Hans Reinsch einließ. Allerdings legten die illegal gehandelten Güter von ihrer Herkunft bis zum Endverbraucher oftmals verschlungene Wege zurück.

Wie jedes legale, so benötigt auch ein illegales Handelsnetzwerk Infrastrukturen zur Warenbeschaffung, zum Transport und zum Verkauf. Im Fall Reinsch waren die wichtigen Räume Köln, als Ort der Warenakquise, die Strecke zwischen Köln und Berlin als Transportweg und Berlin als Verkaufsort.

Köln scheint sich zum illegalen Ankauf von Kaffee aufgrund der Nähe zu den besetzten Gebieten im Westen besonders geeignet zu haben. Die Waren der von den Wehrmachtssoldaten in großem Stil ›leergekauften‹ Nachbarländer, darunter Kaffee, landeten auch auf dem Kölner Schwarzmarkt. Sicherlich bezogen nicht alle Berliner Schwarzhändler ihren Kaffee von dort. Für Hans Reinsch hatte Köln den Vorteil, dass er die Ware durch seine dort lebenden Brüder und damit von Vertrauenspersonen beschaffen lassen konnte. In der Gaststätte *Lasthaus* war es Wilhelm Reinsch möglich, Kontakte mit Wehrmachtssoldaten oder Privatpersonen zu knüpfen. Der ermittelnde Kommissar Wünsche vermerkte nach einem Besuch in Köln zum *Lasthaus*: »Es ist bekannt, dass in dem Restaurant Lasthaus alles was Namen hat verhandelt wird. In diesem Lokal herrscht immer großer Andrang, sodass es gar nicht auffällt, wenn dort derartige Geschäfte angebahnt oder abgewickelt werden.«[124]

Scheinbar war das Gasthaus im Zentrum von Köln, in dem viele Wehrmachtssoldaten verkehrten, ein geeigneter Ort für illegale Geschäfte. Dies deckt sich mit Ergebnissen der Forschung, die den halb-öffentlichen Raum von Gaststätten als besonders geeignet für die Anbahnung illegaler Geschäftsbeziehungen ausgemacht hat. Als wichtigster Aufkäufer für Kaffee kann Wilhelm Reinsch gelten, der laut Akte Zugang zu mehreren Quellen im Kölner Raum hatte. Er nahm den Kaffee in Empfang und lagerte ihn zwischen. Doch wie kam die Fracht von Köln nach Berlin? Typischerweise begann ein Geschäft mit dem Anruf von Hans bei seinem Bruder in Köln, mit der Bitte um neue Ware, die Wilhelm unter anderem im *Lasthaus* auftrieb.[125]

Diskretion und Vertrauen spielten bei solchen Geschäften eine wichtige Rolle. Bei seinen persönlichen Besuchen transportierte Hans Reinsch den Kaffee selbst in Koffern per Zug. Weitere Lieferungen übernahm sein Bruder Josef bei Besuchen in Berlin. Der Transport der Ware wurde also, wie die Beschaffung, von Vertrauenspersonen oder von Hans Reinsch selbst durchgeführt. Eine Ausnahme von dieser Praxis bildete die Verschickung von Rohkaffee per Bahn. In diesem Fall stützte sich das Netzwerk ausnahmsweise auf die anonyme Infrastruktur der Post.

In Berlin war der Kaffee schließlich an seinem Verkaufsort angekommen. Dort musste er gelagert, gegebenenfalls gebrannt und anschließend verteilt und verkauft werden. Es lag nahe, dass Hans Reinsch für all diese Aufgaben die eigene Wohnung nutzte.

Hans Reinsch verkaufte seinen Kaffee fast ausschließlich im Berliner Stadtteil Charlottenburg. Die meisten Käuferadressen oder

Umschlagplätze befanden sich in direkter Umgebung des Kurfürstendamms. Die auffallend hohe Zahl von Geschäftsleuten, Künstlern oder wohlhabenden Personen unter den in der Akte verzeichneten Kunden wirft die Frage auf, inwiefern die Sozialstruktur Charlottenburgs den Schwarzhandel mit Kaffee begünstigt haben könnte. Ein kurzer Abriss über die Entwicklung des Bezirks, vor allem der Gegend um den Kurfürstendamm, lässt darauf Rückschlüsse zu.

Um die Jahrhundertwende entstanden am Kurfürstendamm erste Cafés und Gaststätten, die den Weg für eine Vielzahl unterschiedlichster Etablissements bereiteten. Mit den Jahren vollzog sich ein Strukturwandel von der reinen Wohnstraße zur Vergnügungsmeile; diese Tendenz verstärkte sich nach dem Ende des Ersten Weltkrieges.[126] Neben Berlin-Mitte und der Gegend um die Friedrichstraße hatte sich in Charlottenburg, mit seinen vielen Theatern, Kabaretts, Opern- und Lichtspielhäusern in den 1920er Jahren ein zweites kulturelles Zentrum herausgebildet: der »Neue Westen«.[127] Während in Mitte eher traditionelle Einrichtungen und das entsprechende Publikum anzutreffen waren, hatte Charlottenburg den Ruf eines Szene-Viertels, in dem sich Kreative und Intellektuelle bewegten. Berlin galt als attraktive Anlaufstelle für Künstler und Schriftsteller aus der ganzen Welt. Der Kurfürstendamm als eines der großen Kulturzentren der Stadt spielte dabei eine herausragende Rolle.[128] Viele Anhänger der avantgardistisch geprägten Intellektuellenszene bewegten sich in namhaften Cafés wie dem *Sanssoucis* oder dem *Café des Westens*. Dort gehörte Kaffeetrinken zu einem spezifischen Lebensgefühl dazu. Der amerikanische Schriftsteller Thomas Wolfe bezeichnete den Kurfürstendamm bei einem Besuch in Berlin im Jahre 1935 als das »größte Kaffeehaus Europas«.[129]

Zum Kurfürstendamm und seiner Vergnügungsindustrie gehörten auch Drogenhandel – Kokain galt als die Modedroge – sowie illegale Lokale, die nachts von der Polizei geschlossen wurden und am nächsten Tag andernorts wieder öffneten. Teil dieser Szene waren berüchtigte ›Institutionen‹, wie das *Femina*, über das Hans Reinsch einen Großteil seines illegalen Kaffeehandels abwickelte. Dort gab Reinsch den Kaffee an das »Blumenmädchen« Lydia Hess weiter, das die ›heiße Ware‹ an Angestellte und Gäste verkaufte.

Charlottenburgs »Neuer Westen« war mit seinem stetig fluktuierendem Publikum, einer finanziell bessergestellten Bevölkerungsschicht und der großen Künstlerszene ein idealer Ort für den Kaffeehandel:

Berliner Gaststätte um 1930, LA Berlin, Best.Nr. 357192

Der Kaffee diente vielen Künstlern als »Narkotikum« und war ein begehrtes Luxusgut, das sich nicht jeder leisten konnte.[130]

Hans Reinsch scheint den Kurfürstendamm und seine unmittelbare Umgebung gezielt genutzt zu haben, um an teil-öffentlichen, abgeschlossenen Orten wie Theatern, Bars und Kneipen potenzielle Käufer anzusprechen.[131] Seine Wohnung in der nahe gelegenen Maikowskistraße bot ihm ideale Vorraussetzungen für den Schwarzhandel: vorhandene Kontakte, räumliche Nähe und Kenntnis des Bezirks. Einige seiner Kontakte knüpfte er beispielsweise direkt in der Maikowskistraße.

Außer an diesen teil-öffentlichen Räumen verkaufte Hans Reinsch den Kaffee auch innerhalb seines privaten Umfeldes, wodurch er sich ein Netzwerk aufbauen und gezielt Abnehmer aufsuchen konnte. Beispielsweise entstand der Kontakt zum Kapellmeister Valentin Ulbrich Marzell und dessen Gattin über seine eigene Ehefrau. Reinsch erschien eines Tages unangemeldet an deren Haustür in der Würzburgerstraße 1 und bot ihnen Kaffee an.

Einen der ersten Kunden, den Briefmarkenhändler Post, traf Reinsch zufällig an einem öffentlichen Ort – er kannte Post noch aus der Zeit seiner Arbeit in der Gaststätte *Alt-Bayern*. Eine der ersten Kundinnen war eine Bardame aus der *Femina*, die er ebenfalls noch

Ballhaus und Bar Femina

Das Femina eröffnete am 1. Oktober 1929 in der Nürnberger Straße, einer Seitenstraße des Kurfürstendamms, im Zentrum des »Neuen Westens«. Für mehr als 2.000 Besucher konzipiert, verkörperte das Femina, bestehend aus Grand-Café im Erdgeschoss und dem Ballsaal darüber, mit modernem Interieur und populären Tanzorchestern den Luxus einer neuen Kulturszene: Tischtelefone, Rohrpost, ein mehrstöckiger Tanzsaal inklusive hydraulisch beweglichem Tanzparkett sowie ein Dach, das bei Gelegenheit den Blick zum Himmel freigab – das Femina avancierte schnell zu einer der beliebtesten Abendlokalitäten des »Neuen Westens«. Sowohl Eintritt als auch Getränke waren bei den Abendveranstaltungen nicht billig, hier hielt sich die besser verdienende Gesellschaft auf.

Ein Berlinführer aus dem Jahr 1931 rühmte das Femina:
»Femina, Rio Rita, Cascade [...] 3 Lokale, in denen man sich nicht langweilt [...] Treffpunkte der jeunesse dorée des Berliner Westens und des eleganten Fremdenpublikums. Femina, das große Balllokal mit den besten Tanzkapellen und den internationalen Attraktionen [...] Rio Rita und Cascade [...] die intimen Tanzlokale mit den berühmten Bargetränken [...] Das ist das Berlin der Nacht, das Berlin des Vergnügens [...] hier zeigt sich die Stadt ohne Sorgen, voll Lebenslust und Freude an Luxus und Geselligkeit«.[1]

Zahlungsschwierigkeiten führten 1933 jedoch zur Schließung des Ballhauses. Erst am 1. Oktober 1935 fand die Wiedereröffnung statt. Aus dem Grand Café im Erdgeschoss war das »Siechen-Bräu« geworden, statt des beliebten Swing spielten nun Kapellen von Wehrmacht und SS mit ›deutscher‹ Musik auf. Während des Krieges war der Ballsaal geschlossen, doch in den übrigen Räumlichkeiten wurde noch immer getrunken und getanzt – bis zum Ende.[2]

1 Zitiert aus: Kennen Sie Berlin? The key to Berlin, hrsg. von Ernst Friedrich Werner, Berlin 1931, S.90.
2 Wolffram, Knud, Tanzdielen und Vergnügungspaläste (Stätten der Geschichte Berlins, Bd.78), Berlin 1992, S.155-167.

Maikowskistraße

Die Maikowskistraße, in der Hans Reinsch wohnte und wo sich auch das Lokal Zehlicke befand, hieß bis 1933 Wallstraße. Charlottenburg galt schon zu dieser Zeit als ein Bezirk für die wohlhabenderen Schichten, aber in der Maikowskistraße und der näheren Umgebung wohnten vor allem Arbeiter. Dieses Gebiet wurde im Volksmund daher auch »Klein-Wedding« genannt. Die Arbeiter machten 1933 etwas ein Fünftel der 340.596 Einwohner Charlottenburgs aus.
Die NSDAP hatte bereits vor 1933 in Charlottenburg die höchsten Wahlergebnisse in Berlin erzielt. »Klein-Wedding« jedoch war rot geblieben. Dort lieferten sich vor allem die Kommunisten gewaltsame Auseinandersetzungen mit den Nationalsozialisten. Auch am 30. Januar 1933 kam es zu einer Straßenschlacht, in deren Verlauf der SA-Sturmführer Hans Maikowski erschossen wurde. Nach ihm wurde kurze Zeit später die Straße benannt. Von NS-Seite wurde die Tat den Kommunisten zugeschrieben, von denen einige zu hohen Zuchthausstrafen verurteilt wurden, obwohl nie eindeutige Beweise erbracht werden konnten. Zudem nahmen die Behörden den Vorfall zum Anlass, dort in der Folgezeit zahlreiche Razzien und Verhaftungen von Sozialdemokraten, Gewerkschaftern und Kommunisten durchzuführen.
Vom Krieg weitgehend verschont geblieben, wurde die Maikowskistraße am 31.07.1947 nach dem Grafiker und Zeichner Heinrich Zille in Zillestraße umbenannt, und trägt diesen Namen bis heute.

Maikowskistraße im Jahr 1935

Literatur:
Schütte, Dieter, Charlottenburg (Geschichte der Berliner Verwaltungsbezirke, Bd.1), Berlin 1988.
Borchert, Otto A. Kennst du Charlottenburg? Was Straßennamen erzählen, Berlin Charlottenburg 1930.
www.berlin.de/ba-charlottenburg-wilmersdorf/bezirk/lexikon/zillestr.html, 12.12.2010.
Bild: Hier noch Wallstraße. Datum unbekannt. Quelle: http://commons.wikimedia.org/wiki/File:Berlin-Charlottenburg_Postkarte_072.jpg

aus der Zeit vor Beginn seiner Schwarzhandelstätigkeit kannte, als er dort im Ballhaus als Eintänzer gearbeitet hatte.

Den Aussagen in der Akte ist zu entnehmen, dass zahlreiche Erstbegegnungen mit Käufern in Privatwohnungen und Häusern in der Passauerstrasse 37, am Kaiserdamm 80 und in der Douglasstrasse 28 stattfanden. Es folgten weitere Kontakte, die Reinsch hauptsächlich in Charlottenburg knüpfte: im Lokal *Zehlicke* in der Maikowskistrasse, der Gaststätte *Ali* in der Motzstrasse und im Kegelclub des Restaurants *Aloys Hitler* am Wittenbergplatz. Einen Kunden warb er in einer Gaststätte an, deren Namen nicht bekannt ist, eine Kundin in einem ebenfalls namenlos gebliebenen Theater. Lediglich einmal traf Hans Reinsch einen Käufer in aller Öffentlichkeit auf dem damaligen Adolf-Hitler-, dem heutigen Theodor-Heuss-Platz.

Die umfangreiche Akte bietet die Möglichkeit, durch ein Zusammenfügen vieler Puzzleteilchen den Weg des schwarz gehandelten Kaffees von seinem ersten Auftauchen in Köln bis hin zum lokalen Verkauf in Berlin nachzuzeichnen. Sie gewährt auch Einblick in die Art und Weise, wie Hans Reinsch seine Kunden gewann; eine einheitliche ›Verkaufsstrategie‹ lässt sich dabei nicht erkennen. Einerseits griff er dabei auf bereits vorhandene private Kontakte zurück, um seinen Käuferkreis zu erweitern, andererseits suchte er öffentliche, aber geschlossene Räume wie Kneipen, Cafés und Theater im »Neuen Westen« mit ihrem zahlungskräftigen Publikum auf. Charlottenburg war damit nicht nur der Wohnort des Kaffeeschiebers Reinsch, sondern spielte darüber hinaus eine wichtige Rolle als kulturelles Umfeld, in dem Kaffeetrinken zum Lebensgefühl gehörte und man sich dies darüber hinaus auch leisten konnte.

136

R e i n s c h auf Schleichhandelswegen bezogen wurde. Meiner Erinnerung nach habe ich den letzten Kauf des Kaffees im Juni oder Juli 1941 getätigt und habe seit dieser Zeit R e i n s c h nicht mehr gesehen. Andere Waren, außer Kaffee, habe ich von R e i n s c h nicht gekauft und von diesem auch nicht angeboten erhalten.
Zum Schluß meiner Vernehmung muß ich noch betonen, daß ich infolge meiner künstlerischen Tätigkeit zur Aufrechterhaltung meines Arbeitswillens unbedingt an Narkotika gebunden war. Deshalb habe ich den Kaffee durchweg nur für meinen eigenen Gebrauch gehabt.

Laut diktiert, genehmigt und unterschrieben:

Charlotte Serda-Junkermann

S o f o r t w e i t e r v e r h a n d e l t !

Die Ehefrau Julia J u n k e r m a n n, geb. Serda, 6. 4. 1875 in Wien geb., Bln-Grunewald, Königsallee 35 wohnhaft, zur Sache vernommen, erklärt:

Ich habe der verantwortlichen Vernehmung meiner Tochter Charlotte beigewohnt. Die Aussage meiner Tochter ist in allen Punkten zutreffend und mache ich diese auch zu der meinigen Aussage. Auch ich habe den mir von meiner Tochter übergebenen Kaffee nur in meinem Haushalt verbraucht, wobei ich bemerken muß, daß dieser auch bei besonderen Anlässen (Besuch durch hochgestellte Persönlichkeiten) zur Verwendung kam. Als mir R e i n s c h das Kaffeeangebot machte, habe ich mir bestimmt auf Grund seiner Erzählungen über die Herkunft des Kaffees keine Gedanken gemacht. Ich selbst habe bisher auch nicht gewußt, daß Bohnenkaffee der Bezugsbeschränkung unterliegt. Auch ich bitte um milde Beurteilung der Angelegenheit meiner Tochter und die meiner eigenen Person.

Laut diktiert, genehmigt und unterschrieben:

Julia Junkermann

Geschlossen:

Reif

Krim.Sekr. - 1942 -

Bl. 136, Aussage Charlotte Junkermann und Julia Junkermann, 26.2.1942

Katarzyrna Kloskowska, So Yeon Kim

Der notwendige Luxus – Kaffee in der Kriegsgesellschaft

In den Akten der Strafsache gegen Hans Reinsch aus den Jahren 1941 bis 1944 ist Kaffee das wichtigste Schiebergut. Reinsch wird angeklagt, mindestens 400 Kilogramm Kaffee in »Schleichgeschäften« bezogen und veräußert zu haben. Für ein Pfund gerösteten Kaffee soll er bis zu 40 Reichsmark erhalten haben. Diese Summe entsprach ungefähr dem Wochenverdienst einer Blumenverkäuferin, wie man am Beispiel von Lydia Hess, einer seiner Abnehmerinnen, sehen kann. Zum Vergleich: 1931 kostete ein Pfund Kaffee im Geschäft ungefähr 1,80 Reichsmark.[132] Der Kaffee war also in Kriegszeiten ein teures Luxusmittel geworden. Laut Statistik wurden 1927 in Deutschland pro Person 1,6 Kilogramm Röstkaffee und 3,7 Kilogramm Ersatzkaffee (aus Zichorienwurzeln oder Getreide) konsumiert.[133] Der zeitgenössische Journalist und Wirtschaftspublizist Paul Ufermann hat errechnet, dass ein durchschnittlicher Erwachsener pro Tag etwa 0,8 Liter Kaffee/Kaffeesurrogate trank. Damit hätte Kaffee in der Statistik noch vor Bier oder Tee gelegen.[134] Auf jeden Fall können Kaffee und der Konsum desselben als fester Bestandteil zeitgenössischer Alltagskultur bezeichnet werden.

Konsum und Rationierung

Seit etwa 1680 wurde in Deutschland Kaffee getrunken, die erste deutsche Kaffeehaus-Konzenssion wurde 1673 in Bremen an einen Holländer erteilt.[135] Wegen seiner schnellen Zubereitung und stimulierenden, genussbringenden und Geselligkeit fördernden Wirkung verbreitete sich das Getränk in ganz Europa und wurde um 1800 auch in Deutschland endgültig zum gängigen Genussmittel.[136] Der Kaffeeverbrauch stieg von 3,4 Kilogramm pro Kopf im Durchschnitt der Jahre 1885 bis 1889 auf 4,1 Kilogramm in den Jahren 1909 bis 1913 an.[137] Der Erste Weltkrieg unterbrach diese Entwicklung. Die kriegswirtschaftlichen Beschränkungen dauerten auch in der Nachkriegszeit an. In dieser Übergangsphase wurde der Kaffeehandel kontrolliert und die deutsche Regierung war gezwungen, die Einfuhr zu beschränken. Aufgrund der höheren Preise stieg der Kaffeeverbrauch nur langsam wieder an. Nach dieser Phase strikter Regulierung wurde 1921 die Einfuhr von Rohkaffee wieder vollständig freigegeben. Sie stieg ab 1922 regelmäßig an und erreichte 1936 beinahe das Vorkriegsniveau. Mit Kriegsbeginn kehrte sich dieser Trend wieder um.[138]

Der freie Handel mit Kaffee war aufgrund der Kriegssituation nicht mehr möglich. Kaffee wurde eine streng rationierte Ware, deren Verteilung durch das Bezugschein-System, das während des Krieges die Versorgung der Bevölkerung sicher stellen sollte, organisiert wurde. Dieses System wurde der aktuellen wirtschaftlichen Lage entsprechend permanent modifiziert.[139]

Neben Kaffee-Ersatz auf Karte wurde der bei Beginn der Bewirtschaftung noch vorhandene Bestand an gebranntem Bohnenkaffee verteilt. Ungebrannter Rohkaffee war beschlagnahmt worden.[140] Zunächst gelangte Bohnenkaffee wahlweise an Stelle von Kaffee-Ersatz zur Abgabe, später erfolgte die Verteilung nur noch als Sonderzuteilung zu Weihnachten oder nach Fliegerangriffen. Mit Beginn der durchgreifenden, für den einzelnen Konsumenten spürbaren Bewirtschaftung seit Kriegsbeginn wurden auch die Kaffeebestände, die sich noch im Handel befanden, beschlagnahmt und durften nur noch nach Anordnung der Reichsstelle ausgegeben werden.

Laut der Bekanntmachung des Reichsministers für Ernährung und Landwirtschaft vom 8. September 1939 wurde »die Höchstmenge für Kaffee, Kaffee-Ersatz- und -Zusatzmittel auf 100 Gramm pro Kopf und Woche festgesetzt. Das bedeutet bei rund 80 Millionen Versorgungsberechtigten, dass mindestens 3 Millionen Sack à 60 Kilogramm an Kaffeemitteln mehr beschafft werden müssten als bisher. In erster Linie steht hierfür Getreide, nämlich Gerste und Roggen zur Verfügung, aber auch alle übrigen Kaffee-Ersatz- und -Zusatzstoffe dienen dem gleichen Zweck«.[141]

Diese Handhabung wurde durch die Anordnung für Kaffee vom 27. Februar 1940 erweitert, die festhielt, dass in das Reichsgebiet

88

Johannes Gerold G.m.b.H. Älteste Berliner Fachhandlung für Kaffee und Tee

Berlin W 35 GEROLDHAUS Lützowstraße 94

Fernruf: * 22 94 91
Geschäftszeit: 8-16 Uhr
Postscheckkonto: Berlin 4082

An die
Staatliche Kriminalpolizei
Kriminalpolizeileitstelle Berlin,
B e r l i n C 2,
Alexanderstrasse 10.

11. Oktober 1941.

Betrifft: K.J.B. II - Sk -
Rein. 9727 K. 6. 41.

Wir erhielten am 10. Oktober 1941:

Verunreinigten Rohkaffee Santos	brutto	98,400 kg
	tara	1,500 kg
	netto	96,900 kg
Sand und Steine		41,000 kg
greinigter Rohkaffee	netto	55,900 kg
Röstkaffee	brutto	18,000 kg
	tara	0,500 kg
	netto	17,500 kg

Netto 55,900 kg Rohkaffee zu 2,30 =	RM 128,57
Netto 17,500 kg Röstkaffee zu 2,58 =	RM 45.15
	RM 173,72.

Obigen Betrag haben wir auf das Postscheckkonto der Polizei-Hauptkasse Berlin 498 25 als Verwahrgeld zur Index-Nr. Rein. 9727 K.6.41 eingezahlt.

H e i l H i t l e r !
Johannes Gerold G.m.b.H.

Gerold

Girokonto Nr. 11912 bei der Berliner Stadtbank Girokasse 121 Berlin-Schöneberg, Kaiser-Wilhelm-Platz 3

Bl. 88, Empfangbestätigung Fa Johannes Gerold GmbH, 11.10.1941 maximal fünf Kilogramm Roh- oder Röstkaffee eingeführt werden durften. Eine Regelung, die den Kaffeegroßhandel zum Erliegen brachte.[142] Im Verlauf des Krieges wurde der Verteilungsschlüssel für Kaffee und Ersatzmittel immer weiter reduziert. So konnten zum Beispiel in der 16. Zuteilungsperiode, das heißt vom 21. Oktober bis 17. November 1940, Versorgungsberechtigte über 18 Jahren 125 Gramm Kaffee-Ersatz- oder -Zusatzmitteln bzw. 50 Gramm Bohnenkaffee beziehen. Ab Frühjahr 1942 erfolgte gar keine Ausgabe von Bohnenkaffee mehr. Nach der Kriegswende im Winter 1942/43 erhielten Personen über 18 Jahren schließlich nur noch 50 Gramm Kaffee-Ersatz- oder -Zusatzmittel.[143] Die Möglichkeiten auf offiziellem Weg Kaffee oder zumindest einen Ersatzstoff zu beziehen, nahmen also im Verlauf des Krieges stetig ab. Diese Zahlen erfassen nicht den inoffiziellen Teil des Handels mit Kaffee während des Krieges. Denn je stärker Handel und Konsum von staatlicher Seite kontrolliert und gelenkt wurden, desto attraktiver wurde der illegale Handel mit Waren aller Art – nicht zuletzt mit Kaffee. Der stabilen Einkommensseite stand das stark verminderte Warenangebot gegenüber, was zu einem Kaufkraftüberhang führte. Immer mehr Menschen trugen ihr Geld in die Schattenwirtschaft.

Dieses Phänomen lässt sich auch am Beispiel von Hans Reinsch nachvollziehen. Er gab an, er habe in der Küche seiner Wohnung den Kaffee »in kleinen Mengen gebrannt, sobald [er] jemanden gefunden« habe, »der gebrannten Kaffee kaufen wollte«.[144] Andernfalls habe er auch Rohkaffee verkauft. Die Preise für gerösteten Kaffee lagen entsprechend höher. Den Rohkaffee hatte er nach eigenen Angaben für 12 bis 26 Reichsmark pro Pfund ein- und für 15 bis 32 Reichsmark pro Pfund wieder verkauft. Den gebrannten Kaffee bezog er hingegen für 14 bis 31 Reichsmark pro Pfund und verkaufte ihn für 20 bis 40 Reichsmark. Wie die Blumenverkäuferin Lydia Hess bemerkte, waren die Preise »ständig im Steigen begriffen«.[145] Die in Reinschs Wohnung beschlagnahmten Kontingente wurden nach seiner Verhaftung an die Johannes Gerold Fachhandlung für Kaffee und Tee verkauft. Diese zahlte 2,30 Reichsmark pro Pfund für den Rohkaffee und 2,58 Reichsmark für den Röstkaffee.[146] Aber Kaffee war nicht nur eine Ware mit physiologischem Gebrauchswert, ihm kam auch eine hohe symbolische Bedeutung zu. Dies belegen nicht zuletzt die Aussagen der Verhörten im Fall Hans Reinsch, die eine Menge Hinweise auf die Bedeutung von Kaffee für die Bevölkerung einer Großstadt wie Berlin im Krieg liefern.

Die auffrischende, Energie spendende Wirkung des Kaffees wurde in den 1930er und 1940er Jahren hoch geschätzt. Kaffee war in den Augen vieler Konsumenten ein Medikament. Solche Auffassungen finden sich auch in der Akte. Der Teppichhändler Max Steinhausen meinte beispielsweise, dass er sich bemüht habe, Kaffee zu erhalten, da er bei seiner Herzkrankheit einen anregenden Stoff brauche.[147] Auch der Schauspieler und Opernsänger Jens von Hagen versuchte die Ermittler davon zu überzeugen, dass er den Kaffee zum Leben brauchte: »Infolge meiner künstlerischen Tätigkeit, die am Tage mitunter 10 bis 12 Stunden dauert, [musste ich] zur Auffrischung meiner Nerven unbedingt Bohnenkaffee zu mir nehmen. (...) Ich muss weiterhin bemerken, dass ich jahrelang in den Tropen gelebt habe und zur Erhaltung meiner Gesundheit irgendein Narkotika brauchte (Malaria). (...) Den Kauf habe ich nicht etwa aus Gewinnabsichten vollzogen, sondern um meine künstlerische Tätigkeit zum Nutzen der Bevölkerung und insbesondere zum Nutzen unserer Wehrmacht aufrechterhalten zu können. Weiterhin bitte ich zu berücksichtigen, dass die gesamte Künstlerwelt dies Getränk benötigt, um überhaupt ihrer Tätigkeit, die eine aufopferungsvolle ist, nachgehen zu können«.[148] Auf dieselbe Weise argumentierte auch die Schriftstellerin Charlotte Serda-Junkermann: »Zum Schluss meiner Vernehmung muss ich noch betonen, dass ich infolge meiner künstlerischen Tätigkeit zur Aufrechterhaltung meines Arbeitswillens unbedingt an ein Narkotika gebunden war«.[149] Von beiden Künstlern wurde der Kaffee als ein Narkotikum bezeichnet, das sie zum Leben brauchten.

Kaffee war jedoch nicht nur ein Mittel gegen Ermüdung, er wurde auch als ein Genussmittel betrachtet. Der Geruch von Kaffee und sein Geschmack waren für viele Menschen beinahe wichtiger als seine erfrischenden Eigenschaften: »Der moderne Kulturmensch genießt [den Kaffee] nicht nur wegen seiner anregenden Wirkung, sondern auch wegen seines Wohlgeschmacks und der damit verbundenen Bekömmlichkeit für sein Wohlbefinden. (...) Personen, die sich zu dem Verzehr einer Tasse Kaffee niederlassen, sind in der Regel gut gelaunt. Der Zauber des Kaffeetrankes hat schon Wunder vollbracht«. So kann man es in dem 1933 herausgegebenen Buch »Kaffee und Kaffeesurrogate in der deutschen Wirtschaft« nachlesen.[150]

Ein Bestandteil des gesellschaftlichen Lebens

Das Kaffeetrinken wurde für die deutsche Gesellschaft ein Ritual, wie Ufermann meint: »Morgens, ehe wir unser Tagewerk beginnen, nehmen wir ihn zu uns, und abends im beschaulichen Familienkreise beschließen wir den Tag damit«.[151] In Stadtteilen wie Charlottenburg war das Kaffeetrinken in Kaffeehäusern spätestens seit der Zwischenkriegszeit weit verbreitet. Man setzte sich mit anderen zusammen, plauderte ein wenig – und Kaffee war ein selbstverständlicher Teil solcher Alltagsrituale. Auch in den Jahren des Krieges gehörte es zum guten Ton, seine Gäste mit Kaffee zu bewirten. Der Generalkonsul Friedrich Vollrath erklärte bei seiner aktenkundigen Vernehmung, dass der bei Hans Reinsch eingekaufte Kaffee »in seinem Gebäude für Repräsentationszwecke Verwendung«[152] gefunden habe. Auch die Mutter von Charlotte Serda-Junkermann betonte, dass der Kaffee bei besonderen Anlässen, wie beispielsweise Besuchen durch hochgestellte Persönlichkeiten, getrunken wurde.[153] Die Bedeutung des Kaffees für die Gesellschaft der Kriegszeit kann besser verstanden werden, wenn man zeitgenössische Erinnerungen an die frühen 1920er Jahre liest: »Viele von uns können sich noch in die Kriegs- und Inflationszeit zurückversetzen, wo der Genuss eines reinen Bohnenkaffeegetränks zur Seltenheit gehörte. Wie sehnten wir uns da nach einer Tasse reinem Bohnenkaffee!«, notierte Ufermann 1933.[154]

Der Kaffee war zudem zum Familiengetränk geworden. In Familien, die sich den Genuss des täglichen Kaffeetrinkens nicht leisten konnten, war es üblich, wenigstens an Feiertagen Kaffee zu trinken. Der Damenschneider Max Pflug erzählte, dass Kaffee in seinem vier Personen zählenden Haushalt »an Sonntagen oder bei anderen Gelegenheiten« getrunken worden sei.[155] »Heute umgibt den Kaffee der Reiz des gemütlichen Zuhauses; er ist das Getränk des Familientisches geworden«, berichtete Bruno Freyenried in seiner Dissertation über den deutschen Kaffeeschmuggel im Jahre 1935.[156] Das Kaffeetrinken gehörte zu den Familienritualen, bei denen Familienmitglieder die Gelegenheit hatten, miteinander zu sprechen oder einfach zusammen zu sein.

Der Schlüssel zu der Frage, warum der Kaffee trotz seines Preises zu Kriegszeiten solch eine begehrte Ware darstellte, liegt in seinen zahlreichen Funktionen. Er war für manche ein unersetzliches Auffrischungsmittel, das beinahe süchtig machte. Gleichzeitig war er ein Genussmittel, dessen außerordentlicher Geruch und Geschmack Vergnügen bereitete. Das Kaffeetrinken war in Deutschland Teil des gesellschaftlichen Lebens, ein Ritual, das sowohl in den Familien, als auch unter Freunden praktiziert wurde. In Zeiten des Mangels und des Krieges schuf das Ritual des Kaffeetrinkens die Möglichkeit, eine gewisse Normalität zu leben. Die Bedeutung des Kaffees drückte sich auf all diesen Ebenen aus und war ein Antrieb, der auch exponierte Persönlichkeiten dazu brachte, sich am illegalen Handel zu beteiligen. Für das »Lieblingsgetränk des deutschen Volkes« waren viele unterschiedliche Personen nicht nur bereit viel zu bezahlen, sondern auch sich auf unsichere Geschäfte einzulassen.

Peter Krumeich

Allgegenwärtig. Den Krieg in der Akte finden

Mit einer gewissen Erwartungshaltung nähert man sich einer Akte aus der Zeit des Zweiten Weltkriegs, besonders einer Gerichtsakte aus der ehemaligen Reichshauptstadt. Die Erwartung, über nationalsozialistische Gräueltaten oder bombengeschädigte Luftkriegsopfer zu lesen, möglicherweise einen Einblick in das Innenleben des verbrecherischen NS-Systems zu erhalten, liegt auf der Hand. Beim ersten Blick auf die Akte fällt auf, dass sie nicht, wie andere durch Brand- oder Wasserschäden zerstörte, als Artefakt selbst einen Teil der Geschichte des Krieges erzählt. Genauso wenig werden offen antisemitische Parolen sichtbar, Zwangsarbeit thematisiert oder Bombenopfer erwähnt. Und dennoch offenbart sich bei näherer Betrachtung, dass sich der Krieg in ganz spezifischer Form in der Akte niederschlägt.

Die Bühne, vor deren Hintergrund sich das justizielle Schauspiel der Akte Reinsch abspielt, ist der Zweite Weltkrieg. Ohne diesen Hintergrund, mit z. B. der Zwangsbewirtschaftung in einer Kriegsgesellschaft lassen sich die Vorgänge um Hans Reinsch nicht erschließen. Auch die besonderen Umstände im Charlottenburger Sozialmilieu oder die nationalsozialistischen Sondergerichte müssen unbedingt im Kontext des Zweiten Weltkrieges betrachtet werden. Bei der Rekonstruktion der Ereignisse, wie sie in der Akte abgebildet sind, wird klar, dass dieses Schriftstück in der vorliegenden Form ein typisches Kriegsprodukt ist. Schwarzhandel ist zwar auch in Friedenszeiten strafbar, aber in der Kriegssituation wird sowohl der Bedarf nach illegalen Wegen der Warenbeschaffung größer als auch deren konsequente Verfolgung und Bestrafung in den Augen der Funktionsträger zu einer kriegsgesellschaftlichen Notwendigkeit.

Darüber hinaus werden in der Akte auch verschiedene Realitäten sichtbar, die vom Krieg geschaffen werden. Etwa die Realität derjenigen Männer, deren aktenvermerkte Abwesenheit auf die Schlachtfelder des Weltkrieges verweist. Aber auch die Realität eines Alltags, der im totalen Krieg wie selbstverständlich von diesem bestimmt wird. Die Ausnahmesituation einer Kriegsgesellschaft wird zur Normalität, die Grenzen zwischen legal und illegal verwischen.

Kriegseinsatz

Hans Reinsch wird am 17. September 1941 erstmals vom Gewerbeaußendienst verhört. Nur zwei Tage später erobert die Wehrmacht Kiew und 14 Tage danach beginnt der Angriff der Heeresgruppe Mitte auf Moskau. Die Vernehmungen der Beschuldigten im Fall Hans Reinsch, der verdächtigen Helfer und Käufer fanden also zu einem Zeitpunkt statt, zu dem der »Ostfeldzug« bereits in vollem Gange war. Dementsprechend ist in der Akte mehrfach über bestimmte Personen zu lesen, dass diese »z. Zt. [...] auf einem Transport nach Russland«[157] oder gar »zur Zeit in Russland«[158] seien. Solche Formulierungen finden sich in der Akte häufig. Dies ist auch nicht verwunderlich, denn wegen des »Unternehmens Barbarossa«, wie der Angriff auf die Sowjetunion offiziell bezeichnet wurde, gab es »seit Herbst 1941 [...] kaum noch Männer zwischen 20 und 30 Jahren, die nicht bereits eingezogen waren.«[159]

Auch der des Kaffeeankaufes »Beschuldigte Klaus Miles [...] ist nach Auskunft seiner Ehefrau seit 30.11.41 zur Marine-Artillerie eingezogen«[160]. Im Gegensatz zu den anderen in Russland stationierten Wehrmachtsangehörigen, deren Einsatz eine Befragung nicht zuließ, wurde bei Miles die Möglichkeit eröffnet, ihn zu kontaktieren: »Feldpost-Nr. 39421 über Memel I.«[161] heißt es im Vermerk des ermittelnden Kommissars. Auf eine tatsächliche Kontaktaufnahme findet sich allerdings kein Hinweis in der Akte.

Ebenso hätte für Hans Reinsch der Einsatz an der »Ostfront« Realität werden können, er erklärt Ende September 1941: »[i]ch wurde am 12.8.1941 eingezogen und am 23.8.1941 wieder wegen Krankheit entlassen«.[162] Den genauen Sachverhalt erläutert er dann acht Wochen später in einem handschriftlichen Brief an die Staatsanwaltschaft. Am 4. Dezember desselben Jahres schreibt er, sichtlich bemüht das Bild eines

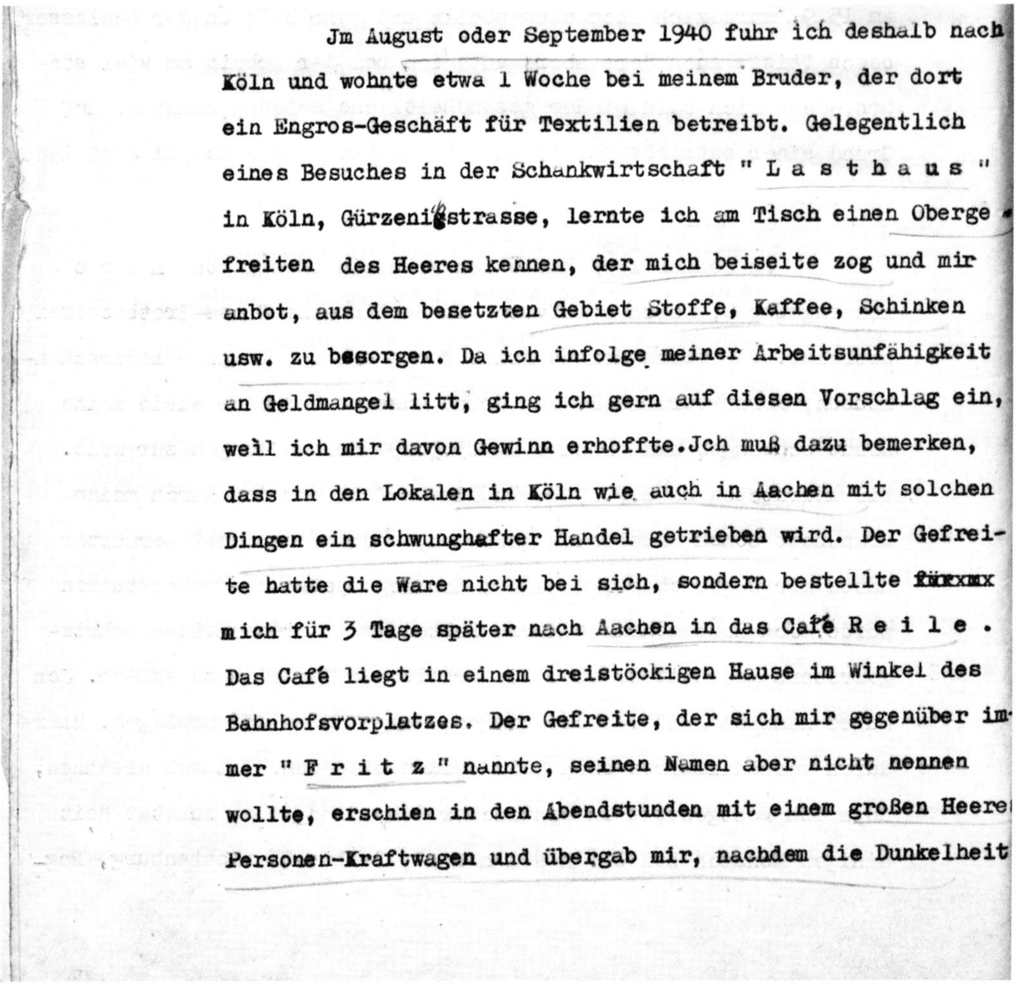

Jm August oder September 1940 fuhr ich deshalb nach Köln und wohnte etwa 1 Woche bei meinem Bruder, der dort ein Engros-Geschäft für Textilien betreibt. Gelegentlich eines Besuches in der Schankwirtschaft " L a s t h a u s " in Köln, Gürzenigstrasse, lernte ich am Tisch einen Obergefreiten des Heeres kennen, der mich beiseite zog und mir anbot, aus dem besetzten Gebiet Stoffe, Kaffee, Schinken usw. zu besorgen. Da ich infolge meiner Arbeitsunfähigkeit an Geldmangel litt, ging ich gern auf diesen Vorschlag ein, weil ich mir davon Gewinn erhoffte. Jch muß dazu bemerken, dass in den Lokalen in Köln wie auch in Aachen mit solchen Dingen ein schwunghafter Handel getrieben wird. Der Gefreite hatte die Ware nicht bei sich, sondern bestellte ~~für~~ mich für 3 Tage später nach Aachen in das Café R e i l e . Das Café liegt in einem dreistöckigen Hause im Winkel des Bahnhofsvorplatzes. Der Gefreite, der sich mir gegenüber immer " F r i t z " nannte, seinen Namen aber nicht nennen wollte, erschien in den Abendstunden mit einem großen Heere Personen-Kraftwagen und übergab mir, nachdem die Dunkelheit

›ordentlichen Mitglieds‹ der Volksgemeinschaft abzugeben: »Es wäre wohl alles noch gut geworden, wenn man mich wenigstens bei Militär hätte gebrauchen können, aber auch dort wurde ich entlassen wegen Krankheit. (Flieger Hans Reinsch Berlin Schönwalde Regiment 11 Kompanie 5) Ich war trotz der wenigen Tage die ich bei Militär, dort schon sehr beliebt.«[163] Der genaue Einsatz dieser Kompanie oder des Regimentes lässt sich heute nicht mehr ermitteln. Die Aktenbestände zur Luftwaffe sind nur spärlich überliefert und Hans Reinsch taucht auch in den Personalakten der Wehrmacht nicht namentlich auf.[164] In Anbetracht der militärischen Situation im Spätsommer 1941 und der massiven Truppenaushebungen für den Krieg gegen die Sowjetunion ist es jedoch wahrscheinlich, dass er ohne seine Krankheit das Schicksal hunderttausender anderer geteilt und sich im Herbst 1941,

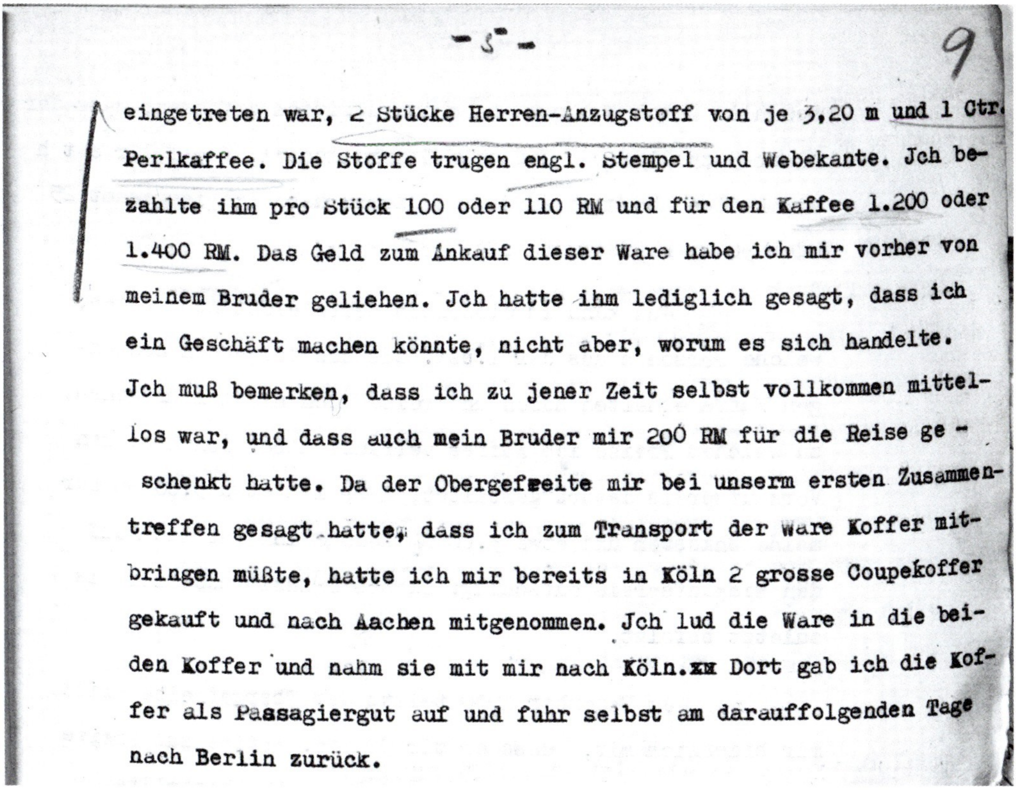
- 5 -

9

eingetreten war, 2 Stücke Herren-Anzugstoff von je 3,20 m und 1 Ctr. Perlkaffee. Die Stoffe trugen engl. Stempel und Webekante. Jch bezahlte ihm pro Stück 100 oder 110 RM und für den Kaffee 1.200 oder 1.400 RM. Das Geld zum Ankauf dieser Ware habe ich mir vorher von meinem Bruder geliehen. Jch hatte ihm lediglich gesagt, dass ich ein Geschäft machen könnte, nicht aber, worum es sich handelte. Jch muß bemerken, dass ich zu jener Zeit selbst vollkommen mittellos war, und dass auch mein Bruder mir 200 RM für die Reise geschenkt hatte. Da der Obergefreite mir bei unserm ersten Zusammentreffen gesagt hatte, dass ich zum Transport der Ware Koffer mitbringen müßte, hatte ich mir bereits in Köln 2 grosse Coupekoffer gekauft und nach Aachen mitgenommen. Jch lud die Ware in die beiden Koffer und nahm sie mit mir nach Köln. Dort gab ich die Koffer als Passagiergut auf und fuhr selbst am darauffolgenden Tage nach Berlin zurück.

Bl. 8-9, Vernehmung Hans Reinsch, 24.9.1941

statt wegen Kaffeehandels in Haft, auf dem Kriegsschauplatz im Osten befunden hätte.

Zweierlei wird an der Ausmusterung und deren Erwähnung in der Akte deutlich. Zum einen lässt sich erahnen, welchem Rechtfertigungsdruck ein Mann im wehrfähigen Alter ausgesetzt war, der sich nicht, wie ein Großteil seiner Altersgenossen, auf einem der zahllosen Schlachtfelder befand. Zum anderen wird aber auch deutlich, inwiefern das Kriegsgeschehen die Möglichkeit bot, sich über eine aktive Teilhabe am Kampf als vollwertiges Mitglied der »Volksgemeinschaft« zu erweisen. In dieser Gestalt erweist sich der Krieg, wie er in der Akte in Erscheinung tritt, als eine soziale Realität junger Männer. Entweder sie befinden sich im Kriegseinsatz und beweisen sich als kämpfender Teil der »Volksgemeinschaft« oder sie sind einem Argumentationszwang ausgesetzt, ihren Verbleib in der Heimat zu begründen. Dass der Krieg von der Bevölkerung weitere Pflichterfüllungen verlangte, darüber hinaus aber auch Spielräume eröffnete, lässt sich an anderen Einträgen der Akte belegen.

Dienstverpflichtung

Der Krieg, seine Auswirkungen auf die Gesellschaft und die persönlichen Biographien der in der Akte vorkommenden Personen stehen mehrfach im Zusammenhang mit der so genannten »Dienstverpflichtung«.[165] Grundsätzlich war die Arbeitsdienstpflicht eine innenpolitische Maßnahme des »Dritten Reichs«, deren Anfänge jedoch in der Weimarer Republik lagen. Dieses arbeitsmarktpolitische Instrument sollte einerseits die hohe Arbeitslosigkeit auffangen und andererseits die ideologische Durchdringung der Gesellschaft befördern: Im utilitaristischen Weltbild der Nationalsozialisten sollten sich die »Volksgenossen« für die Gemeinschaft notfalls zwangsweise als nützlich erweisen. Die »Dienstverpflichtung« diente ab der zweiten Hälfte der 1930er Jahre, in Folge des Vierjahresplans, auch zur unmittelbaren Kriegsvorbereitung.[166] Herbert »Sonny« Barkowsky, als Hans Reinschs Handlanger beschuldigt, wurde in diesem Rahmen aus seiner Stellung als »Büffettier und Zapfer«[167] in der Gastwirtschaftsbranche gelöst und zunächst bei Siemens als Maschinenarbeiter eingestellt. In der Folge eines Unfalles wurde er zum Hilfsrevisor und war zum Zeitpunkt der Vernehmung »in dieser Stellung noch tätig.«[168] Etwas weniger eindeutig liegt der Fall bei Hans Reinsch selbst. Er behauptet zwar bei seiner ersten Vernehmung vom »15.9.1939 bis Anfang Juli 1940 [...] bei der Firma Hentschel, Flugzeugwerke, Bln.-Johannistal, dienstverpflichtet«[169] gewesen zu sein, andererseits erklärte er nur eine Woche später: »Am 10.9.1939 bewarb ich mich bei den Hentschel-Flugzeugwerken um Einstellung zur Anlernung als Flugzeugbauer.«[170] Ob es sich um eine Initiativbewerbung oder um eine zwangsweise erfolgte Einstellung in diesem Betrieb handelte, geht aus den Unterlagen jedoch nicht hervor. Letztlich dauerte der Arbeitseinsatz des körperlich eingeschränkten Hans Reinsch neun Monate, bis er »auf Grund einer betriebsärztlichen Untersuchung [...] im Juni 1940 als arbeitsunfähig entlassen«[171] wurde und im »August oder September 1940«[172] seine ›Karriere‹ als Kaffeeschieber begann.

Innerhalb der expandierenden Rüstungsindustrie nahm der Flugzeugbau eine Sonderstellung ein. Die Beschäftigungszahlen in dieser

Branche stiegen von ca. 3.800 zu Beginn der 1930er Jahre auf 325.000 im Jahre 1939 an. In der Forschung wird vor allem auf das »hohe Sozialprestige« der Beschäftigten, auf Spitzenlöhne und sehr gute »innerbetriebliche [...] Aufstiegsmöglichkeiten« in diesem Wirtschaftszweig hingewiesen.[173] Die Arbeit in dieser »Hightech-Industrie« habe innerhalb der Belegschaften ein »spezielles Elite- und Avantgarde-Bewusstsein« gefördert[174], welches die Beschäftigten wohl auch nach außen trugen. Auch mittels der nationalsozialistischen Propaganda wurde das Prestige dieses Rüstungszweiges unterstrichen. Die Aussicht auf ein hohes Gehalt und eine gehobene soziale Stellung könnten Hans Reinsch dazu bewegt haben, sich trotz seiner gesundheitlichen Einschränkungen und mangelnder Vorkenntnisse, immerhin war Reinsch bis dato Friseur gewesen, für eine Ausbildung als Flugzeugbauer zu bewerben. Allerdings deutet diese Episode in seinem Leben auch darauf hin, dass er durchaus bemüht war, sich als vollwertiger Teil der »Volksgemeinschaft« zu erweisen. Ob dies aus Überzeugung geschah oder ob die Betonung seiner »Dienstverpflichtung« eine Strategie war, sich in diesem Sinne in einem besseren Licht darzustellen, kann und soll hier nicht bewertet werden.

Der Krieg, wie diese Abschnitte der Akte belegen, veränderte auch die beruflichen Werdegänge der Menschen. Ein totaler Krieg, zu dessen Eigenschaften die Einbeziehung der zivilen Sektoren der Gesellschaft in das Kriegsgeschehen gehört, bedeutete aber nicht nur Zwang und Repression, sondern eröffnete auch unvermutete Aufstiegsmöglichkeiten.

Zeitgefühl

Der Krieg ist nicht nur eine soziale Realität, die einzelne Biografien verändert. Anhand einiger Beispiele aus der Akte lässt sich zeigen, wie auch das persönliche Zeitempfinden der Menschen durch den Krieg geprägt wurde.

In der Erinnerung Josef Reinschs, dem älteren Bruder von Hans, wurde der Beginn des »Ostfeldzuges« zu einem zeitlichen Bezugsrahmen: »Es war dies an einem Sonnabend und zwar nach meiner Erinnerung im Juni d. Js. Ich kann über den näheren Zeitpunkt nur angeben, dass ich wegen der Zugeinschränkung anlässlich der Vorbereitungen zum Ostfeldzuge nicht mir dem DZuge 14,20 Uhr fahren konnte, sondern 12,30 Uhr nach Berlin abfuhr.«[175] Hier tritt der Krieg mit der Sowjetunion in einem Nebenaspekt hervor. Dass diese Entwicklung des Krieges für Josef Reinsch von besonderer Bedeutung war, verdeutlicht seine Aussage vom 2. Oktober 1941: »Auf der Rückfahrt am nächsten Tag wurden in Hannover Extrablätter über den Kriegszustand mit Russland ausgegeben. An Hand dieser Tatsache konnte ich mich der angegebenen Daten entsinnen«.[176] Er konnte – zum Zeitpunkt seiner Vernehmung sind seit diesem Tag über drei Monate vergangen – den 21. Juni als Rückreisetag aus Berlin genau benennen.[177] Offensichtlich waren die Extrablätter über den Krieg mit Russland ein prägendes Erlebnis für den 36jährigen Kölner. Die verschiedenen Phasen des Krieges wurden so zum Referenzrahmen der eigenen Vergangenheit und strukturierten das persönliche Zeitempfinden.

In welchem Ausmaß der Krieg als Zeithorizont in der Lebenswelt der Akteure erscheint, lässt sich an zwei weiteren Beispielen aus der Akte verdeutlichen. Zum einen erwidert Therese Mauermann, die Schwiegermutter des Beschuldigten Hans Reinsch, auf den Vorwurf, mit Textilwaren aus ihrem Laden seine Geschäfte unterstützt zu haben: »Bei den angeführten Geschenken, die ich Hans bzw. seiner Frau machte, handelte es sich um nicht mehr gangbare Artikel, die in meinem Lager schon lange vor dem Kriege sich befanden«.[178] Diese Argumentation verweist einerseits auf die Zwangsbewirtschaftung im Krieg und versucht die Rechtmäßigkeit der Schenkung zu betonen, andererseits wird aber auch deutlich, dass der Krieg und seine Auswirkungen als Abschnitt fest im Zeitempfinden der Menschen verankert waren.

Die Aussage Wilhelm Reinschs, dem zweiten, älteren Bruder von Hans, am 1. Oktober 1941, zeigt die Bedeutung des Krieges für das eigene zeitliche Empfinden: »Auf Grund seines schlechten Aussehens sprachen wir darüber, daß ich dem Hans die Möglichkeit einer anderen Betätigung verschaffen wollte, und zwar war dies so gedacht, daß er bei Kriegsende als Vertreter meiner Firma in Berlin arbeiten sollte. Dies war wegen der derzeitigen Warenknappheit z Zt. unmöglich«.[179] Hier wird wieder die vorherrschende Warenknappheit als Kriegsfolge erkennbar und gleichzeitig auch auf eine mögliche Nachkriegszeit verwiesen. Der Krieg ist also nicht nur Referenzrahmen für die Vergangenheit und Gegenwart, sondern es wird auch die vage Vorstellung einer Zukunft ohne Krieg und Mangel erkennbar.

Die Akte gibt Aufschluss darüber, inwiefern der Krieg zu einem lebensgeschichtlichen Abschnitt der Menschen und in deren persönliches zeitliches Bezugssystem integriert wurde. Er veränderte die Perspektive, den Blick auf den Ablauf des eigenen Lebens.

Eine Perspektivverschiebung fand aber auch in ganz anderer Hinsicht statt: Der Zweite Weltkrieg beeinflusste das Rechtsempfinden der Bürger. Die Grenzen zwischen legalem und illegalem Handeln wurden unschärfer; die vorliegende Akte offenbart einen Einblick in Bereiche alltäglicher Moral.

Raub- und Beutekrieg

Der Zweite Weltkrieg, mit seiner brutalen und räuberischen Besatzungspraxis eröffnete erst den Möglichkeitsraum für die Geschäfte des »Kaffeeschiebers«. Der gehandelte Kaffee stammte überwiegend aus dem westlichen Europa. Die Zitate aus der Akte belegen nicht nur, dass die im Krieg schwarz gehandelten Waren zumeist aus den besetzten Gebieten ihren Weg nach Deutschland fanden, sondern auch die von oberster Stelle abgesegnete Praxis der konsequenten Ausplünderung dieser Gebiete. Im Fokus der Ermittler standen weniger die Soldaten, welche einen großen Teil der rationierten Waren einführten, sondern vielmehr die den Handel im Inland organisierenden Schwarzhändler wie Hans Reinsch. Dies wirkte sich auf das Rechtsempfinden der Bevölkerung aus. Es ist erstaunlich, mit welcher Selbstverständlichkeit die Einführung von Kaffee durch »aus dem Westen zurückkommende(n) Soldaten«[180] in den Rechtfertigungen der vernommenen Personen angeführt wird.

»Die Beschränkungen für die Mitnahme von gekauften Gegenständen durch Urlauber usw. sind grundsätzlich aufzuheben. Was der Soldat tragen kann und was zu seinem persönlichen Gebrauch oder für seine Angehörigen bestimmt ist, soll er mitnehmen dürfen.«[181] Dieser Ausspruch Hermann Görings wurde als »Schlepperlass« vom Oktober 1940 bekannt. Mit diesen Worten legalisierte Göring eine Besatzungspraxis, bei der sich die deutschen Soldaten wie »Kartoffelkäfer«[182] an den Vorräten der eroberten Länder bedienten und einen »gewaltigen Ausverkauf«[183] der besetzten Gebiete zugunsten der »Heimatfront« betrieben. Auch Adolf Hitler persönlich beschloss: »den Urlauber als ideales und einfachstes Transportmittel anzusehen und ihm für seine Angehörigen so viel Lebensmittel mitgeben, als er nur schleppen konnte.«[184] Die Folgen solcher Handlungsanweisungen von höchster Stelle liegen auf der Hand. Eine Zollfahndungsstelle ver-

141

Bohnenkaffee von Reinsch gekauft habe.
Reinsch erzählte mir seinerzeit, dass er den Kaffee aus köln bezöge und zwar zum Teil durch einen dort wohnenden Bruder, zum anderen durch Soldaten.
Ich habe niemals geglaubt, mich strafbar gemacht zu haben, da mir bekannt ist, dass Soldaten bestimmte Mengen aus Belgien bzw. Holland nach Deutschland mitbringen dürfen. Zumal der Preis nicht besonders hoch war - im Schleichhandel wurden doch damals schon die doppelten Preise gezahlt - , musste ich annehmen, dass der Kaffee tatsächlich legal von Soldaten eingeführt worden war.

Die ~~mir~~ Bl. 17^{R} d.A. von Reinsch in Bezug auf einen gewissen Peter gemachten Aussagen sind mir vorgelesen worden. Ich kann dazu nur bemerken, dass ich einen Peter oder Peters nicht kenne. Hier muss ein Irrtum auf Seiten des Reinsch vorliegen.

Die Aussage des R. auf Bl. 18^{R} d.A. zu Ziff. 18 ist mir bekanntgegeben worden. Der mir in diesem Zusammenhang vorgelegte Notizzettel (Bl. 18) stammt aus meinem Haushalt. Es ist, wie aus den Aufzeichnungen ersichtlich, zutreffend, dass ich dreimal je 1/4 Pfd. Tee von R. zum Preise von 7.5o.- RM gekauft habe. Diesen Tee habe ich dann zu demselben Preise an Bekannte weitergegeben. Bei den anderen Notierungen betr. Kaffee handelt es sich um den von R. bei mir abgestellten Kaffee für Herrn Wirrsich.
Die zwei Fernsprechnummern auf der Rückseite des Notizzettels stammen nicht von mir. Die Nummern sind mir unbekannt.

Weitere Angaben kann ich zur Sache nicht machen. Im Vorstehenden habe ich vollauf die Wahrheit gesagt und kann diese Aussage jederzeit gerichtlich beeidigen.

Selbst gelesen. g. u.

~~Gräfin Dorothea von~~ Helldorf
geb. von Stolz

F. Schnee
Kriminalkommissar.

Bl. 141, Aussage Dorothea Gräfin von Helldorf, 11.3.1942

merkte wenige Zeit später: »Es kann nicht zweifelhaft sein, dass die unter der Tarnung ›Kameradengepäck‹ durch Wehrmachtsangehörige in das deutsche Wirtschaftsgebiet eingeführten Waren in erster Linie gewerbsmäßig im Schleichhandel zu außerordentlich überhöhten Preisen verkauft werden«.[185]

Auf genau diese Praxis, die nicht unwesentlich zur vergleichsweise guten Versorgungslage in Deutschland beitrug und somit möglicherweise auch einen Teil der Zustimmung zum Nationalsozialismus beförderte, verweisen erstaunlich viele Textpassagen der Akte Reinsch.[186] Sie bilden bei weitem den größten Teil der Aussagen, die ganz unmittelbar auf den Weltkrieg verweisen.

So äußerte sich zum Beispiel Josef Reinsch über die Situation in seiner Heimatstadt folgendermaßen: »Ferner bitte ich zu berücksichtigen, dass infolge der Lage Kölns an der Westgrenze des Reiches durch die hier ankommenden Soldaten ausserordentlich viel Ware im Schwarzhandel angeboten wurde. Ich empfand daher die Kaffee-Geschäfte nicht für verwerflich, wenn ich auch wusste, dass dieser Handel verboten war«.[187] Gerade im zweiten Teil dieses Zitates wird das Spannungsverhältnis zwischen Unrechtsbewusstsein und alltäglicher Praxis deutlich. Dass »ausserordentlich viel Ware« seinen Weg in den Schwarzmarkt gefunden habe, deutet zunächst auf die große Menge an Waren mit zweifelhafter Herkunft hin. Es ist aber auch ein Hinweis auf die allgemeine Bekanntheit des Schwarzmarkthandels.

Auch der Hauptbeschuldigte Hans Reinsch griff in seiner zweiten Vernehmung auf das Narrativ des allgegenwärtigen Schwarzmarktes zurück. Auch wenn sich diese Geschichte später als erfunden herausstellen sollte: »Gelegentlich eines Besuches in der Schankwirtschaft ›Lasthaus‹ in Köln [...] lernte ich am Tisch einen Obergefreiten des Heeres kennen, der mich beiseite zog und mir anbot, aus dem besetzten Gebiet Stoffe, Kaffee, Schinken usw. zu besorgen. [...] Ich muß dazu bemerken, dass in den Lokalen in Köln wie auch in Aachen mit solchen Dingen ein schwunghafter Handel getrieben wird«.[188] Diese Aussage illustriert zum einen die tiefe Verankerung des Schwarzhandels in Teilen der Kriegsgesellschaft, zum anderen liegt in dem Verweis auf eine gängige und allgegenwärtige Praxis auch der Versuch, die eigene Schuld zu relativieren. Auch eine Aussage des dritten Bruders Reinsch, Wilhelm, in der er den genauen Ablauf eines Kaffeekaufes schildert, offenbart ein bestimmtes Wissen: »Seinen Namen hat mir der Feldwebel nicht genannt. Ich habe auch gar nicht danach gefragt, weil mir aus den allgemeinen Zuständen heraus bekannt war, daß die mit solchen Waren handelnden Soldaten alle Geschäfte abbrachen sobald jemand sich nach ihren Namen, Truppenteil oder dergl. erkundigten.«[189] Er beschreibt in seinen Angaben einen Vorgang aus dem Oktober 1940, also genau jenem Zeitraum, in dem Hermann Göring mit seinem Ausspruch den »Schlepperlass« begründete, welcher die überbordende illegale Ausbeutung sanktionierte und somit zumindest zu einer tolerierten Praxis machte. Obwohl »Schlepperlass« und der Ausspruch Hitlers in erster Linie auf die private Versorgung der Angehörigen abzielten, ist es wenig verwunderlich, dass die immense Einfuhr den Schwarzmarkt in Deutschland massiv stimulierte.

Es sind die im Zitat erwähnten »allgemeinen Zustände«, welche ihren steten Widerhall in den Vernehmungen der Käufer und Verkäufer des schwarzgehandelten Kaffees finden. Sei es bei dem als Zeugen geladenen Jakob Breitbach, der erzählt, dass »ein Arbeitskamerad meines Schwager [...] mir bereits vor mehreren Monaten erzählt hat, er habe mehrere zum Heeresdienst eingezogene Arbeitskameraden, die sich bereit erklärt hätten, ihm Kaffee zu verkaufen, den sie auf ihren Fahrten mit Kraftwagen des Heeres aus dem besetzten Gebiet mitbrächten«[190]; oder sei es Reinschs vermeintliche Kaffee-Abnehmerin Gräfin Dorothea von Helldorf, die beteuert, sie »habe niemals geglaubt, mich strafbar gemacht zu haben, da mir bekannt ist, dass Soldaten bestimmte Mengen aus Belgien bzw. Holland nach Deutschland mitbringen dürfen. Zumal der Preis nicht besonders hoch war – im Schleichhandel wurden doch damals schon die doppelten Preise gezahlt – musste ich annehmen, dass der Kaffee tatsächlich legal von Soldaten eingeführt worden war«.[191] Diese und ähnliche Aussagen belegen, dass es ein breit gestreutes Wissen um diese spezifische Besatzungspraxis der deutschen Wehrmacht gab. Interessant erscheint die wiederkehrende Berufung auf soldatisches Handeln. Der entstehende Konflikt zwischen Anspruch und Wirklichkeit, zwischen volksgemeinschaftlichem Gleichheitsanspruch (rationierter Markt) und den kriegsbedingten Möglichkeiten (»legal von Soldaten eingeführt«) wird zugunsten des eigenen Wohlbefinden aufgelöst und gerechtfertigt. Moralische Bedenken gegenüber denjenigen »Volksgenossen«, die sich nicht aus dem Schwarzmarkt bedienen können, oder gar gegenüber den Einwohnern der ausgeplünderten Gebiete treten in den Aussagen nicht hervor.

Verweisen die bisher angeführten Textstellen auf die Ankunft der Waren im Deutschen Reich, so bietet die Akte auch Einblick in das

Verhalten der Wehrmachtssoldaten in den besetzten Gebieten. Der Schauspieler Jens von Hagen, ein weiterer Zeuge und vermeintlicher Kunde von Hans Reinsch, erklärt beispielsweise, dass er bei seinen »Wehrmachtstourneen durch die besetzten Gebiete selbst von hochgestellten Wehrmachtsangehörigen mit Kaffee seinerzeit versorgt wurde« und er deshalb »auch keine Bedenken gehabt habe Kaffee von Reinsch zu kaufen, als mir dieser solchen im Jahre 1941 anbot«.[192] Im gleichen Zusammenhang steht auch die Aussage von Charlotte Junkermann: »Ich selbst und meine Mutter waren nicht abgeneigt, von Hans Reinsch Kaffee zu kaufen, da Reinsch meiner Mutter erzählt hatte, er kaufe diesen von Soldaten. [...] Durch die Tätigkeit meiner Eltern anlässlich ihrer Wehrmachtstourneen ist ihnen bekannt, dass man in den besetzten Gebieten in jeder beliebigen Menge Kaffee und andere bezugsbeschränkte Waren von Soldaten kaufen konnte. Auf Grund dieser Unterredung mit meiner Mutter hatte ich demnach auch keine Bedenken gehabt [...] Kaffee abzunehmen«.[193] Im totalen Krieg schienen die Regeln der besetzten Gebiete auch an der »Heimatfront« zu gelten. Auch hier gab es keine moralischen Bedenken. Mögliches Unrechtsempfinden wurde durch den Bezug auf das Verhalten von Militärangehörigen gemildert und legitimiert.

Abschließend sei die Zeugenaussage von Hermann Lehnen zitiert, der »als früherer Soldat des jetzigen Krieges genau wusste, dass Soldaten aus dem Westen sehr viel Kaffee erhalten« und sich in »der Annahme, dass dieser auch von Soldaten stammt [...] daher über den Kauf keine Gedanken« machte. Vielmehr bekräftigt er: »Daß ich mich durch den Kauf straffällig mache, war mir nicht bekannt«.[194] Aufgrund der zitierten Auszüge aus der Gerichtsakte von Hans Reinsch zeigt sich, dass durch den von Hitler und Göring ermunterten »organisierten, vergnüglichen und höchst beliebten privaten Beutezug«[195] einerseits Teile des Schwarzhandels im Deutschen Reich überhaupt erst ermöglicht wurden, und dass andererseits das Wissen um die massenhafte Einfuhr von Waren aller Art, zu dem Kaffee in nicht unerheblicher Menge gehörte, ein selektives Rechtsempfinden in der deutschen Bevölkerung beförderte. Selbst in den Fällen, in denen die Beschuldigten zugaben zu wissen, dass dieser Handel verboten war, bot doch das Wissen um die Verteilung der Beute an der »Heimatfront« eine Argumentationsmöglichkeit, sich selbst von Schuld freizusprechen, da sie sich einerseits auf die Alltäglichkeit dieser Vorgänge und andererseits auf eine von oben legitimierte Praxis berufen konnten.

Beglaubigte Abschrift

(Sond.III) 3 Gew KLs 176.43 (3223.43)

I M   N A M E N   D E S   D E U T S C H E N   V O L K E S !

S t r a f s a c h e

gegen

den Geschäftsführer Hans R e i n s c h aus Berlin-Charlottenburg, Maikowskistraße 84, geboren am 26. Januar 1911, deutscher Staatsangehöriger, katholisch, verheiratet, einmal wegen Diebstahls bestraft, in dieser Sache vom 17. September bis 22. Dezember 1941 in Haft gewesen,

wegen Kriegswirtschaftsverbrechens und Preisvergehens.

Das Sondergericht III bei dem Landgericht Berlin hat in der Sitzung vom 7. Juni 1944, an der teilgenommen haben:

Landgerichtsdirektor Triebel
als Einzelrichter,
Staatsanwalt Riechert
als Beamter der Staatsanwaltschaft,
Justizsekretär Kern
als Urkundsbeamter der Geschäftsstelle,

f ü r   R e c h t   e r k a n n t :

Der Angeklagte hat etwa neun Zentner Kaffee sowie Spinnstoffwaren, Schweinefleisch und Butter im Schleichhandel erworben und mit Ausnahme der Butter auf demselben Wege zu Überpreisen abgesetzt.

Er wird deshalb wegen ~~xxxx~~ Kriegswirtschaftsverbrechens und zugleich wegen Vergehens gegen die Preisstrafrechtsverordnung zu einer Zuchthausstrafe von zwei Jahren neun Monaten und zu einer Geldstrafe von neunhundert Reichsmark, ~~xxxxxxx~~ ersatzweise zu weiteren neunzig Tagen Zuchthaus, verurteilt.

Die Geldstrafe gilt durch die Untersuchungshaft als verbüßt.

Die beschlagnahmten fünf leeren Koffer sowie der sechste Koffer mit 47 Paar Herrensocken werden eingezogen.

Ohne Bl.-Nr., Beiakte zum Fall Hans Reinsch, Beglaubigte Abschrift des Urteils

Franziska Kelch

Vor dem Richter. Geschichte, Funktion und Praxis des Sondergerichts

Zu den wichtigsten Dokumenten, die die Akte Reinsch enthält, gehört das Urteil des Berliner Sondergerichts vom 7. Juni 1944. Warum ist dieses Urteil wichtig? Hier findet man schließlich das Strafmaß; und damit sowohl ein für die Beurteilung des Falles wichtiges historisches Faktum als auch gewissermaßen den dramatischen Höhepunkt der Geschichte. Zugleich werden hier alle Angeklagten mit Namen, Alter, Wohnort, Beruf und Anklagegrund aufgeführt. Wer also einen Überblick über die Hauptdarsteller der Geschichte gewinnen und überdies auch noch in Erfahrung bringen will, was mit ihnen passierte, ob sie Milde fanden oder einer harten Strafe entgegen gingen, der muss nach dem Urteil in der Akte suchen. Wir finden es gleich zwei Mal: einmal als handschriftliches Original, ein weiteres Mal als urkundlich beglaubigte und mit einer Schreibmaschine verfasste Abschrift in der Beiakte. Spätestens beim zweiten Blick fällt auf: Das Urteil enthält natürlich nicht nur Angaben zu den angeklagten Personen. Es spricht zugleich – wenn auch in sehr viel knapperer Form – über das Gericht, es nennt die Namen von Richtern und Staatsanwälten sowie Ortsangaben; und es nennt Verordnungen und Gesetze, auf deren Grundlage das Sondergericht Recht ›im Namen des Volkes‹ zu sprechen vorgab. Damit gehört das Urteil zu den wenigen Dokumenten in der Akte, in denen das Berliner Sondergericht überhaupt vorkommt. Und es ist – von den spärlichen Vorladungsschreiben abgesehen – das einzige Dokument, durch das das Gericht selbst in der Akte vernehmbar wird.

Was können wir dem Urteil entnehmen, was erfahren wir über das Sondergericht als Institution, was über sein Personal? Bei weitem nicht alles, aber auch nicht wenig: Das Urteil nennt statt der vorgesehenen drei Richter als sogenannten Einzelrichter den Landgerichtsdirektor Triebel, der – damals noch Landgerichtsrat – bereits 1936 in Verfahren wegen »Rassenschande« am Berliner Landgericht tätig gewesen war und nur fünf Monate nach der Verhandlung im Fall Reinsch den Wolfenbütteler Schuhmacher Heinrich Wedekind im November 1944 wegen »defätistischer« Äußerungen zum Tode verurteilen sollte.[196] Wir erfahren aus dem Urteil zudem, dass an der Verhandlung lediglich noch der Staatsanwalt und ein Justizsekretär teilnahmen. Und wir können die Begründung des Gerichts dafür nachlesen, dass es Hans Reinsch schließlich zu zwei Jahren und neun Monaten Zuchthaus, zu einer Geldstrafe in Höhe von 900 Reichsmark und der Aberkennung der »Ehrenrechte eines Deutschen [...] auf die Dauer von drei Jahren« verurteilte.

Doch welche historischen Umstände hatten überhaupt dazu geführt, dass ein Angeklagter wie Hans Reinsch im Sommer 1944 wegen einer Verordnung wie der Kriegswirtschaftsverordnung und vor einer Institution wie dem Sondergericht angeklagt werden konnte? Welche Geschichte verbindet sich mit dem Gericht, das Reinsch zu einer Zuchthausstrafe verurteilte, welche Funktion hatten diese Sondergerichte für das NS-Regime? Die Sondergerichte sind von dem damaligen Staatssekretär im Reichsjustizministerium und späteren Präsidenten des Volksgerichtshofs Roland Freisler zudem einmal als »Panzertruppe der Rechtspflege« bezeichnet worden. Das sollte die Schnelligkeit und durchaus auch die Brutalität einer neuartigen, für die Kriegszeit hochgerüsteten Justiz versinnbildlichen. Am Fall von Hans Reinsch und im Abgleich mit anderen Gerichten sollen hier abschließend Überlegungen darüber angestellt werden, inwieweit dieser Fall als typisch für eine solchermaßen radikalisierte Justizpraxis im Krieg gelten kann.

Erste Schritte und folgenschwere Eingriffe in das Justizsystem

Am 21. März 1933 erließ das RMJ in Berlin eine Bestimmung zur Errichtung von Sondergerichten im gesamten Reichsgebiet. Diese wurden von nun an in allen Oberlandesgerichtsbezirken eingerichtet. Auf den ersten Blick schienen sie keineswegs ein Alleinstellungsmerkmal des nationalsozialistischen Justizsystems darzustellen. Denn eine so genannte Sondergerichtsbarkeit hatte es – als Ordnungselement zum Schutz der Republik – bereits nach dem Ersten Weltkrieg gegeben. Allerdings kannte die Weimarer Republik Sondergerichte ausdrücklich nur als temporäre und für den Ausnahmefall gedachte Institutionen, die in den Wirren der Inflationsjahre und einer Zeit gewaltsamer politischer Auseinandersetzung Ordnung stiften sollten. Unter den Nationalsozialisten wurde der Ausnahme- hingegen zum Dauerzustand, auch im Bereich der Justiz.[197] Und der Charakter der Justizpraxis sollte sich dramatisch verändern: Aus einer zum Schutz der Republik gedachten Abwehreinrichtung verwandelten sich die Sondergerichte in Instrumente einer umfassenden Praxis drakonischer Bestrafung ganz unterschiedlicher Formen vermeintlich abweichenden und »gemeinschaftsfremden« Verhaltens.

Allein in Berlin fällten die Sondergerichte bis zum Kriegsende etwa 12.000 Urteile. Ihre wachsende Bedeutung kam auch darin zum Ausdruck, dass aus den ursprünglich zwei bei Kriegsende neun Gerichte geworden waren, deren Kammern mit drei Berufsrichtern des Landgerichts besetzt wurden und an bis zu drei Tagen in der Woche zusammengerufen werden konnten.[198] Ihre Zuständigkeit erweiterte sich insbesondere nach Kriegsbeginn ständig, so dass sie schließlich einen sehr breiten, ganz unterschiedliche »Vergehen« und »Verbrechen« umfassenden Katalog von Tatbeständen verhandelten. Zu den Delikten gehörte etwa das Verunglimpfen des »Führers« oder hoheitlicher Zeichen des NS-Staates. Solche Vergehen fielen unter den so genannten »Heimtückeparagraphen«. Hinzu traten Tatbestände, die unter die vielen neuen – zum Teil bereits für die erwartete Kriegssituation – geschaffenen Verordnungen gerechnet werden konnten: von der Rundfunk- über die Kriegswirtschafts- und Volksschädlings- bis hin zur Verbrauchsregelungsstrafverordnung. Treffen sollten diese Maßnahmen neben notorischen Gewaltverbrechern auch eine ganze Reihe von politisch unliebsamen Personen und »Gemeinschaftsfremden«.

Insgesamt fügten sich die Sondergerichte damit nahtlos in das nationalsozialistische Justizsystem ein, das dafür Sorge tragen sollte, dass »unruhige Geister gewarnt oder beseitigt werden und […] der reibungslose Gang der Staatsmaschinerie nicht gestört wird«.[199] Die Gesetze und Auslegungsrichtlinien orientierten sich durchweg nicht am Rechtsschutz des Einzelnen, sondern waren an den – bisweilen interpretationsbedürftigen – Vorgaben nationalsozialistischer Ideologie ausgerichtet. Richter sollten, so Roland Freisler, das »gesunde Volksempfinden« und weniger vorhandene Rechtsregelungen zur Grundlage aller Entscheidungsfindungen machen.[200]

Gleichzeitig war die Strafprozessordnung der Sondergerichte zu Gunsten einer schnellen Aburteilung der Angeklagten schrittweise stark vereinfacht worden. Das war gewissermaßen die operative Umsetzung jener Idealvorstellung einer Sondergerichtsbarkeit als »Panzertruppe der Rechtspflege«.[201]

Prozesse sollten möglichst zügig und unkompliziert abgeschlossen werden können. Der Angeklagte wurde immer stärker zum hilflosen Objekt der Prozessführung. Denn seine Möglichkeiten zur Einflussnahme über Verteidigung und Beweisaufnahme konnten vollkommen eliminiert, mindestens aber erheblich beschnitten werden. Die VO zur Einrichtung der Sondergerichte und die in den kommenden Jahren erlassenen Vereinfachungs-VO ermöglichten es den Gerichten zum Beispiel, über Anträge auf Ablehnungen von Richtern vom Sondergericht selbst entscheiden zu können. Im Fall eines positiven Bescheids war der abgelehnte Richter durch seinen Vertreter zu ersetzen, der dann gar nicht mehr abgelehnt werden konnte. Haftbefehle konnten ohne vorherige Verhandlung erlassen werden. Zudem war dem Angeklagten nur dann ein Verteidiger zu bestellen, wenn dieser sich offenbar nicht selbst verteidigen konnte oder es sich um ein besonders schweres Vergehen handelte. Auf eine Vorverhandlung konnte ganz verzichtet und der Staatsanwaltschaft darüber hinaus das Recht gewährt werden, auf Antrag direkt das Hauptverfahren zu eröffnen. Das Gericht konnte die Ladungsfrist von drei Tagen auf 24 Stunden verkürzen und das Urteil sogar sofort fällen, sofern der Angeklagte bei der Tatausführung ertappt worden war. Beweismitteln konnten durch den Richter ausgeschlossen werden, wenn dieser zu der Überzeugung gelangt war, dass sie zur Urteilsfindung nicht notwendig seien. Die Protokollpflicht der Aussagen wurde ebenso abgeschafft wie die Rechte des Verurteilten auf einen Rechtsmittelbehelf.[202]

Die seit 1938 erlassenen Vereinfachungsverordnungen stärkten noch einmal die Möglichkeiten der Sondergerichte zu einer schnellen Verurteilung. Alle mit dem Krieg assoziierten Straftaten sollten nun vor den Sondergerichten verhandelt werden. Staatsanwälte konnten Anklagen jeglicher Art vor diese immens ausgeweiteten Instanzen der NS-Justiz bringen, sofern sie dies aufgrund der Schwere oder dem öffentlichen Interesse am Verbrechen für notwendig hielten. Generell wurde erneut die Möglichkeit empfohlen, die Ladungsfrist auf

LA Berlin, Best.Nr. II, 12854. Das Berliner Kriminalgericht Moabit, Aufnahme um 1925. Die Adresse des Gebäudekomplexes (Turmstrasse 91, Berlin) ist übereinstimmend mit der Adresse der Staatsanwaltschaft in der vorliegenden Akte. Es ist wahrscheinlich, wenn auch nicht zweifelsfrei belegt, dass die Verhandlung des Falles Hans Reinsch in diesem Gebäudekomplex statt fand.

24 Stunden zu begrenzen.[203] Ab dem 1. September 1939 konnte die Staatsanwaltschaft vom außerordentlichen Einspruch Gebrauch machen, wenn sie eine Entscheidung des Richters zu Gunsten oder Ungunsten der Angeklagten für unfair hielt. In diesem Fall wurde das Verfahren erneut vor dem Reichsgericht oder Volksgerichtshof verhandelt. Von dieser Möglichkeit machten die NS-Staatsanwälte jedoch nur 19 Mal und nur ein Mal zu Gunsten des Angeklagten Gebrauch.[204] Ab dem 21. Februar 1940 konnte die Staatsanwaltschaft die Nichtigkeitsbeschwerde führen. Diese initiierte eine Wiederaufnahme durch den Oberreichsanwalt. Sie wurde zunächst bei staatsanwaltlich wahrgenommenen Verfahrensfehlern erhoben, im Folgenden jedoch auch zu einer immer häufiger eingesetzten Methode zur Lenkung der Strafgerichtsbarkeit insgesamt.[205]

Den Sondergerichten wurde von der nationalsozialistischen Führung – so kann man zusammenfassend festhalten – eine besondere

Stellung im Justizsystem zugewiesen. Dies zeigt sich an der Fülle von Zuständigkeiten für neu geschaffene Straftatbestände – insbesondere im Vorfeld des Krieges seit 1938 – und den Vereinfachungen des Verfahrens. Bereits angeklungen sind auch die damit verbundenen Vorstellungen über Aufgabe und Funktion der damit geschaffenen neuen Gerichte.

NS-Ideologie und Führerprinzip

»Alles, was dem Volke nützt, ist Recht, alles, was ihm schadet, ist Unrecht.«[206] Stark vereinfacht bildete diese Einschätzung Hans Franks den Kern einer von völkischen bzw. rassischen Überlegungen durchdrungenen Rechtsauffassung. Der nationalsozialistische Rassebegriff verband dabei biologisch-körperliche Attribute mit »gesinnungsmäßigen« Verhalten. Den Sondergerichten fiel dabei die Aufgabe zu, eben jene Personen »auszusondern«, deren Verhalten als »volksschädlich« eingestuft wurde und die demzufolge als schwache Glieder im ›gesunden Volkskörper‹ galten.[207] Konkret bedeutete dies, dass nicht mehr nur vom Gesetzestext erfasste Handlungen bestraft werden sollten, sondern jegliches Handeln, das als strafwürdig empfunden wurde.[208] Es galt demzufolge nicht nur die Tat zu untersuchen und Beweise zu beurteilen, sondern vor allem die Täterpersönlichkeit und eine mögliche »volksschädliche Gesinnung«‹. Eine besonders wichtige Funktion kam dabei der ›Volksschädlingsverordnung‹ zu. Diese Vorschrift sollte nach Kriegsbeginn noch auf andere Tatbestände ausgedehnt werden, als im ursprünglichen Gesetzestext beschrieben (s.o.) und so ihre Wirksamkeit im Hinblick auf die Umsetzung völkischer Ideologie noch verschärfen. Dass dies bis in das erste Kriegsjahr hinein noch nicht in dem Umfang erfolgreich gewesen war, den die NS-Führung sich vorstellte, zeigte Roland Freislers Kritik in der Fachzeitschrift Deutsche Justiz aus dem Jahr 1940. Er kritisierte hier, dass die Volksschädlingsverordnung nicht häufig genug angewendet worden sei.[209]

Die Sondergerichte sollten als »Panzertruppe der Rechtspflege«[210] noch viel stärker und in der Orientierung auf das »Führerprinzip« wirken. Gemeint war damit, dass in der Person des »Führers« Adolf Hitler eine überlegene Kenntnis des Gemeinwillens des nationalsozialistisch definierten Volkes existierte. Demgemäß war allein Hitler in der Lage über sämtliche staatliche und nationalsozialistische Institutionen Wohl und Wehe des deutschen Volkes zu bestimmen.[211]

Eine Auslegung seiner Gedanken und Vorgaben konnte und sollte als Richtschnur auch der Justizpraxis dienen. Was dies für die Gerichte im »Dritten Reich« bedeutete, illustrierten die einleitenden Worte der sogenannten Richterbriefe. Reichsjustizminister Thierack wandte sich seit dem 1. Oktober 1942 in diesen Briefen an alle Gerichte und gab Beispiele für eine nach Ermessen der Nationalsozialisten mustergültige Rechtspraxis. Die Ausführungen begannen mit den Worten: »Nach alter germanischer Rechtsauffassung war immer der Führer des Volkes sein oberster Richter. Wenn also der Führer einen anderen mit dem Amt eines Richters belehnt, so bedeutet das, dass dieser nicht nur seine richterliche Gewalt vom Führer ableitet und ihm verantwortlich ist, sondern auch, daß Führertum und Richtertum wesensverwandt sind«.[212]

Auch die NSDAP nahm deutlichen Einfluss auf die Sondergerichte. Sofern sich Richter und Anwälte den Vorstellungen Freislers, der SS oder der Gestapo nicht beugten, wurden sie von Kreis- und Gauleitern im Sinne nationalsozialistischer Rechtsauffassungen zu korrigieren versucht oder von Mitgliedern des »Schwarzen Corps« für zu weiche Urteile öffentlich abgekanzelt. Im wiederkehrenden Fall nahm Hitler sogar selbst Einfluss auf Gerichtsurteile, wenn ihm diese durch die Presse oder auf anderen Wegen zur Kenntnis gelangten. Sofern Urteile ihm zu milde erschienen, ließ er in vielen Fällen durch direkte Anweisungen nachträglich auf Todesstrafe erkennen.[213]

Zur Praxis des Berliner Sondergerichts

Betrachtet man nun das Vorgehen des Berliner Sondergerichts im Fall Reinsch, wie es aus der Akte hervorgeht, so handelten die Richter und ermittelnde Staatsanwaltschaft in Teilen gemäß der Vorgaben, wie sie das Reichsjustizministerium vorgegeben hatte.

Von den Vereinfachungs-VO machte das Gericht etwa Gebrauch, indem eine Vorverhandlung oder gerichtliche Verhandlung über den Haftbefehl nicht stattfand. Nach den kriminalpolizeilichen Untersuchungen bestätigte der Vernehmungsrichter lediglich den Haftbefehl.[214] Auch eine Vorverhandlung, gerichtliche Befassung mit Durchsuchungsbefehlen o.ä. findet sich in den Unterlagen der Staatsanwaltschaft nicht. Durchsuchungen und Vernehmungen führte der betraute Kriminalkommissar Wünsche als »Hilfsbeamter der Staatsanwaltschaft« eigenhändig und ohne richterlichen Befehl durch.[215] Die

Verordnungen zur Arbeitsweise der Sondergerichte hatten darüber hinaus vorgesehen, anwaltlichen Beistand nur im absolut notwendigen Fall – die Bemessung lag beim Gericht – zu bestellen. Die Anzeige der Mandatsübernahme durch den Anwalt Arno Weimann vom 1. September 1941 zeigt, dass das Gericht in unserem Fall von dieser Möglichkeit keinen Gebrauch machte. Zugleich weist der Wortlaut seines Schreibens darauf hin, dass er sich offenbar seiner untergeordneten Rolle im Prozess der Rechtsfindung bewusst war. Er bat »ergebenst« darum, »Sprecherlaubnis« erteilt zu bekommen, statt etwa alle entsprechenden Unterlagen anzufordern.[216] Ein solches Zugeständnis anwaltlicher Vertretung war dabei keineswegs selbstverständlich und die Gerichte machten in dieser Hinsicht von den Vereinfachungs-VO durchaus Gebrauch. Etwa jeder zweite Angeklagte in Berlin wurde nach 1940 noch durch einen Verteidiger vertreten. Demgegenüber stand jedoch die Anforderung an freie Anwälte, ihre Rolle nicht im Dienste der Verteidigung des Individuums zu sehen. Der Verteidiger sollte sein Handeln viel mehr am Wohl des Volkes ausrichten und vorrangig dem Recht dienen. Denn nach Ansicht des RMJ verfügten Richter und Staatsanwaltschaft über ausreichende Objektivität, um die Rechte des Angeklagten zu wahren.[217]

Weniger leichtfertig machten die Ermittlungsbehörden Polizei und Staatsanwaltschaft und schließlich auch das Gericht offenbar von der Möglichkeit Gebrauch, die Ermittlungen und Ladefristen kurz zu halten sowie eine zügige Anklageerhebung zu erreichen. Denn obwohl Reinsch bereits im September 1941 festgenommen worden war und die Kriminalpolizei erste Ermittlungsergebnisse am 3. November 1941 an die Staatsanwaltschaft zur Verfolgung übergeben hatte, benötigte diese daraufhin über zwei Jahre, um am 10. Dezember 1943 mit Schreiben des Generalstaatsanwalts schließlich die Anklage wegen Verstoßes gegen die KWVO §1 Abs. 1 bei Gericht einzureichen.[218] Derart langwierige Untersuchungen waren selbst für die nach Auffassung des Justizministeriums sicherlich langsam arbeitenden Berliner Sondergerichte untypisch. Die Verfahren haben im Durchschnitt etwa vier Monate in Anspruch genommen. Davon entfielen etwa ein Monat auf die Ermittlungen, zwei Monate auf die staatsanwaltliche Arbeit und maximal vier Wochen auf die Verhandlung selbst.[219] Gegen die Vorstellungen vom ›kurzen Prozess‹ wurde im Fall Reinsch also besonders eklatant verstoßen. Denn der eigentliche Prozess sollte erst am 5. Januar 1944 um 14 Uhr unter dem Vorsitz von Richter »Dr. Böhmert«

stattfinden, musste jedoch vertagt werden, da sich Hans Reinsch nach den Angaben seiner Frau von einem Schlaganfall erholte.[220]

In der Ladung zum Gerichtstermin wurden keine Zeugen bestellt, lediglich der Angeklagte und dessen anwaltliche Vertretung.[221] Zeugen wurden offenbar für unnötig gehalten, da die Ergebnisse der Ermittlungen bereits in der Klageerhebungsschrift vom Staatsanwalt zusammengefasst und um das Geständnis von Hans Reinsch ergänzt worden waren.[222] In Verhandlung und Urteilsbegründung vom 7. Juni 1944 nahm der Richter Bezug auf die Ermittlungsergebnisse und das Geständnis.[223] Das Prozessprotokoll lässt jedoch eindeutig erkennen, dass Zeugen, Sachverständige oder Angeklagte nicht zu Gehör kamen, sondern die Staatsanwaltschaft gehört wurde, ohne dass Einlassungen der Verteidigung zu Protokoll gegeben wurden.[224] Mindestens was den Prozess anging, hatte das Gericht also Gebrauch von den Möglichkeiten der Vereinfachung gemacht. Dieser dauerte lediglich einen Tag. Es wurden, wohl auch aufgrund des Geständnisses, keine Zeugen und Sachverständige gehört und der Anteil der Verteidigung am Verfahren ist aus dem Protokoll und der Urteilsbegründung ebenfalls nicht zu erkennen. Der Angeklagte Hans Reinsch wurde schließlich fast drei Jahre nach Beginn der polizeilichen Ermittlungen zu zwei Jahren und neun Monaten Zuchthaus wegen Verstoßes gegen die KWVO verurteilt. Die Einbehaltung seiner Erlöse wurde darüber hinaus ebenso verfügt. Das Gericht gab also in vollem Umfang dem Antrag der Staatsanwaltschaft statt. Die Abwesenheit von Zeugen kann im Kontext der Berliner Sondergerichtspraxis wohl als ungewöhnlich gelten, da diese in den meisten Fällen sehr wohl gehört wurden.[225] Von einer Strafe, die den Angeklagten unmittelbar nach der Tat traf, kann also nicht die Rede sein, hingegen von einer Vereinfachung der Hauptverhandlung. Das Verfahren bei der Staatsanwaltschaft hatte dafür jedoch ungewöhnlich lange gedauert. Wohl auch, da eine Wirtschaftsstraftat, die innerhalb eines Netzwerks begangen wurde, kaum binnen eines Tages zur Verhandlungsreife zu bringen war. So fand z.B. ein Austausch von Akten mit dem Kölner Landgericht statt[226], es wurde ein Gutachten zu Hans Reinschs Verhandlungsfähigkeit bestellt[227] und mehrere Nachfragen zum Fortgang des Verfahrens seitens der Berliner Kriminalpolizei[228] lassen vermuten, dass die Staatsanwaltschaft offenbar nicht sehr zügig arbeitete. Oder aber das Arbeitsaufkommen war nach Kriegsbeginn gestiegen. Durch viele Einberufungen war es zunehmend schwierig geworden, ausreichend Personal für die Gerichte zu bestimmen, während gleichzeitig das Fallaufkommen stetig zunahm.[229]

Anhand weiterer, quellenbasierter Arbeiten zu anderen Sondergerichten lässt sich an dieser Stelle für einige bereits erwähnte Aspekte feststellen, ob der Fall Hans Reinsch der gängigen Praxis von Sondergerichten im »Dritten Reich« entsprach. Gerd Weckbecker etwa unterzog die Sondergerichte Frankfurt/Main und Bromberg einer detaillierten Untersuchung. Christiane Oehler erarbeitete anhand einer Stichprobenanalyse eine umfassende Darstellung des Gerichts in Mannheim.[230] Vergleichsdaten zur Ermittlungsdauer und -praxis, Strafzumessung und der Relevanz von Wirtschaftsstraften im Vergleich zu anderen Deliktarten liegen also vor. Findet hier eine Kontextualisierung des Falls statt, so ist dabei zu berücksichtigen, dass die Vergleichsobjekte nicht dem Berliner Sondergericht entstammten.

Oehler hat sich in ihrer Arbeit umfassender als Schimmler oder Schwarz mit den Strafzumessungen befasst und dabei festgestellt, dass etwa 46 Prozent der untersuchten Wirtschaftsdelikte mit einer Zuchthaus- und keiner Gefängnisstrafe belegt wurden. Zuchthausstrafen wurde darüber hinaus in etwa zwei Dritteln der Fälle auch ergänzend mit Geldstrafen belegt.[231] Oehler äußert sich dabei nicht zur durchschnittlichen Länge der Strafe und dem zugrunde liegenden Umfang der Taten. Dass Hans Reinsch aber auch in Mannheim zu Zuchthaus und einer Geldstrafe verurteilt worden wäre, scheint zumindest wahrscheinlich. Am Sondergericht Frankfurt hingegen waren die Richter in ihren Urteilen offenbar milder. Insgesamt 19,5 Prozent der Wirtschaftsstraftäter erhielten Zuchthaus- und 53,3 Prozent Gefängnisstrafen.[232] Eine Praxis, die auch dem Justizministerium missfiel. Aus Berlin versuchte man mittels Rügen, Einfluss auf die Urteilspraxis zu nehmen. Dies blieb jedoch, selbst nach einer Umbesetzung des Gerichtes, erfolglos.[233] Allerdings kann eine von Gericht zu Gericht abweichende Härte der Urteile auch mit der vor Ort gängigen Auslegung zusammengehangen haben. Sehr wohl empfindlich bestraft wurden am Sondergericht Frankfurt nämlich solche Wirtschaftsstraftäter, die sich zugleich nach dem Reichsstrafgesetzbuch strafbar machten. Ein Metzger etwa, der Gutscheine gefälscht hatte, erhielt fünf Jahre Zuchthaus, ein junger Gehilfe des Viehwirtschaftsverbandes sogar sieben Jahre für das Stehlen von Gutscheinen.[234]

Die Frage nach der Dauer und damit einhergehend mindestens implizit die Frage nach den Voruntersuchungen, scheinen sich jedoch alle Autoren zu stellen. So hielt etwa Weckbecker fest, dass am Frankfurter Gericht nur drei Fälle ohne Voruntersuchung und Untersuchungshaft direkt am Tattag verhandelt wurden, etwa die Hälfte aller Fälle jedoch drei Monate bis zur eigentlichen Verhandlung bearbeitet wurden.[235] Der Fall Hans Reinsch stellte hinsichtlich der Dauer zwar auch in dieser Relation einen Extremfall dar, dennoch war offenbar das Berliner Sondergericht nicht das einzige, das von der Möglichkeit des ›schnellen Prozesses‹ keinen Gebrauch machte. Weckbecker hat einzelne Akten genauer untersucht und dabei festgestellt, dass das Sondergericht Frankfurt, die Staatsanwaltschaft und Polizei häufig Gutachter bestellten, eine große Zahl an Zeugen befragten und teilweise sogar über Grenzen hinweg mit Sicherheitsorganen kooperierten.[236] Wie auch in unserem Fall wurden also offenbar regelmäßig umfangreiche Ermittlungen angestellt.

Die befragten Zeugen wurden in Frankfurt, anders als in Berlin, jedoch auch häufig vor Gericht gehört. In 15 Prozent der Fälle wurden keine Zeugen befragt, in etwa der Hälfte ein bis zwei Zeugen und noch in einem Drittel der Verhandlungen wurden drei bis fünf Aussagen gehört.[237] Ähnliches gilt auch für die routinemäßige Einbindung von Zeugen in Prozesse vor dem Mannheimer Gericht. Nur 4,2 Prozent der Fälle wurden ohne Zeugen verhandelt, jeweils etwa 20 Prozent mit einem oder zwei Zeugen und immerhin noch ca. 17 Prozent mit drei und ca. 14 Prozent sogar mit vier Zeugen.[238] Die Möglichkeit, Zeugen zum Zweck der Vereinfachung des Verfahrens nicht anzuhören, wurde also offenbar nicht bei allen Gerichten wie im Fall Reinsch genutzt.

Sehr wohl üblich war es aber wohl auch an anderen Gerichten, die Verhandlungen an einem Tag abzuhalten. In Mannheim wurden vor dem Krieg 94,7 Prozent der Anklagen an einem Tag verhandelt, in der Kriegszeit noch durchschnittlich 89,9 Prozent.[239]

Die Verhandlung von Wirtschaftsverbrechen vor den Sondergerichten stellte im Übrigen nicht den größten Anteil unter den verhandelten Deliktgruppen dar. In Mannheim bildeten die Wirtschaftsstraftäter die zweitgrößte Gruppe.[240] In Frankfurt waren, gemessen am Gesamtaufkommen von 2338 Fällen (überlieferter Akten), nur 92 Fälle nach KWVO angeklagt, insgesamt also 3,9 Prozent. [241]

Der Vergleich einiger Aspekte sondergerichtlicher Praxis im »Fall Reinsch« mit anderen Sondergerichten führt letztendlich also zu der Feststellung, dass es die sondergerichtliche Praxis im Dritten Reich nicht gegeben hat. Gemein hatten die Gerichte und zugeordneten ermittelnden Behörden anscheinend jedoch alle die Nicht-Anwendung des ›kurzen Prozesses‹. Waren auch eintägige Verhandlungen die Regel, so wurden die Ermittlungen von Polizei und Staatsanwaltschaft doch zumeist ausführlich betrieben. Im Hinblick auf die Anhörung von Zeugen, scheint unser Fall jedoch eindeutig ein Negativbeispiel gewesen zu sein.

Deutliche Abweichungen je nach Gerichtsstandort gab es hinsichtlich der Bedeutung von Wirtschaftsdelikten und der Strafzumessung. Der Anteil der Wirtschaftsstrafsachen am Gesamtaufkommen war unterschiedlich hoch. Auch die Höhe der Strafen, ob also zum Beispiel Zuchthaus- oder Gefängnisstrafen verhängt wurden, war nicht einheitlich. Dies mag von den unterschiedlichen Interpretationen der Richter abhängig gewesen sein oder auch mit der jeweils aktuellen Versorgungslage und damit der Beurteilung der Schwere von Verbrechen zusammen gehangen haben.

Einige wenige Aspekte des gerichtlichen Verfahrens gegen Hans Reinsch zeigen also, dass es schwierig sein dürfte, dieses in einem allgemein gültigen Zugriff als typisch oder ungewöhnlich darzustellen. Es war beides – sowohl im Hinblick auf die Vorgaben des RMJ zur Arbeit der Sondergerichte als auch im Vergleich zur sondergerichtlichen Praxis insgesamt. Die Sondergerichte waren alles andere als Horte rechtsstaatlicher Prinzipien und schon aufgrund der dort verhandelten nationalsozialistischen Sondergesetzgebung fraglos ein bedeutsamer Faktor in der gewalttätigen Exklusionspolitik des Dritten Reichs. Zugleich waren sie sowohl im Urteil der führender NS-Juristen als auch bei einzelnen Fällen nicht zu jeder Zeit und in vollem Umfang die viel zitierte «Panzertruppe der Rechtspflege«.

Bernd Kessinger, Tim Schenk

Partizipation und Ausschluss in der NS-Gesellschaft

Die Akte Reinsch macht die menschenverachtende Wirklichkeit des Nationalsozialismus nicht auf den ersten Blick sichtbar, wie das bei anderen Quellen der NS-Diktatur der Fall ist. Bei genauerem Hinsehen tritt sie jedoch auch aus den vorliegenden amtlichen Dokumenten über kriegstypische Schwarzmarktvergehen hervor. So gestattet die detailliert erfasste Ermittlung einen Einblick in den von der nationalsozialistischen Weltanschauung und Praxis durchdrungenen Alltag; den Alltag von Haupt- und Nebenfiguren, Behörden und nicht zuletzt in den juristischen Kontext der Verfolgung so genannter Volksschädlinge. Die Ideologie von Rassismus, Kampf und »Volksgemeinschaft« zeigt sich mal mehr, mal weniger offen. Die Akte ermöglicht Einblicke in die Verstrickung ›gewöhnlicher Deutscher‹ in die Maßnahmen der »Arisierung«, den Arbeitsplatzverlust durch Schließung eines jüdischen Betriebes oder das Konterkarieren der vorgeblich egalitären »Volksgemeinschaft« durch Verschonung und Begünstigung von Wehrmachtsangehörigen und Personen mit hohem sozialem Status. In den Fragen der kriminalpolizeilichen Personalbögen tritt die Omnipräsenz der NSDAP hervor, die durch ihre zahlreichen Gliederungen, angeschlossenen Verbände und Massenorganisationen Partizipationsmöglichkeiten für Angehörige aller sozialen Schichten und Klassen bot. In den Formularen zeigt sich auch die Militarisierung der Gesellschaft im Krieg in der sichtbar hohen Bedeutung, die militärischem Dienst, Auszeichnungen und Rängen in den Lebensläufen der Befragten beigemessen wurde. Die vergleichsweise milden Urteile für die als ›unverantwortlich‹ oder ›verführt‹ wahrgenommenen Frauen

14. Mitgliedschaft
a) bei der NSDAP.

b) bei welchen Gliederungen?

a) seit 1.1.1932 866.365

letzte Ortsgruppe Pfalzburg

b) seit keine

letzte Formation

oder ähnl. NSV. RLB.

---

14. Mitgliedschaft
a) bei der NSDAP.

b) bei welchen Gliederungen?

a) seit --

letzte Ortsgruppe --

b) seit NSKK seit 1933 Oberscharführer

letzte Formation 43/M. 30

oder ähnl. DAF., NSV., RLB.

---

16. Wehrdienstverhältnis
a) Für welchen Truppenteil gemustert oder als Freiwilliger angenommen?

b) Als wehrunwürdig ausgeschlossen?

Wann und weshalb?

c) Gedient:

Truppenteil

Standort

entlassen als

a) 1937 für Ldw.I.

b) nein

c) vo 1914 bis 1918 bis

I.R.171

L a h r./Baden.

Soldat.

---

14. Mitgliedschaft
a) bei der NSDAP.

b) bei welchen Gliederungen?

a) seit 1938

letzte Ortsgruppe Heumarkt (Köln)

b) seit NSV., DAF

letzte Formation ehrenamtlicher Mitarbeiter (Helfer)

oder ähnl.

---

2. a) Beruf
Über das Berufsverhältnis ist anzugeben,
— ob Inhaber, Handwerksmeister, Geschäftsleiter oder Gehilfe, Geselle, Lehrling, Fabrikarbeiter, Handlungsgehilfe, Verkäuferin usw. —
— bei Ehefrauen Beruf des Ehemannes —
— bei Minderjährigen ohne Beruf der der Eltern —

a) Zapfer
dienstverpflichtet bei der Firma Siemens - Schaltwerk, Siemensstadt, Nonnendamm (zurzeit krank)

---

13. Zugehörigkeit zu einer zur Reichskulturkammer gehörigen Kammer (genaue Bezeichnung)

~~Mitglied der Reichskulturkammer~~

Aktenkollage, LA Berlin/A Rep. 355/15021

hingegen können als Hinweis auf das asymmetrische Geschlechterbild als integralem Bestandteil der nationalsozialistischen Weltanschauung gelesen werden, in der Männern eine größere Verantwortung für die »Volksgemeinschaft« zugeschrieben wurde. Ebenso macht die Akte die regimetypische Justizwillkür und -härte sichtbar, in der sich die unterstellte große Bedeutung der Bekämpfung von Kriegswirtschaftsverbrechen für die Stabilität des NS-Regimes widerspiegelt.

Die Herstellung einer homogenen »Volksgemeinschaft« war primäres innenpolitisches Ziel des Nationalsozialismus. Gemäß den Vorgaben eines sozialdarwinistischen, rassistischen und nationalistischen Weltbildes bestand die ›praktische Umsetzung‹ einerseits in der Inklusion der »rassisch wertvollen«, leistungsfähigen, unterordnungsbereiten und der nationalsozialistischen Weltanschauung ergebenen »Volksgenossinnen« und »Volksgenossen«. Auf der anderen Seite wurden so genannte »artfremde« oder »minderwertige« Menschen rigoros ausgeschlossen. Zu letzteren zählten beispielsweise politisch nicht anpassungsbereite Menschen, jüdische Deutsche, Sinti und Roma oder Menschen mit Behinderung; sie wurden auch als »Asoziale«, »Erbkranke« oder »Gewohnheitsverbrecher« deklassiert. Der in der Akte häufig auftretende Begriff des »Volksschädlings« ist nur in diesem Kontext verständlich. Zu dieser »radikalen Auslese« gehörte bald auch die Ermordung als minderwertig angesehener Personen. Doch nicht nur in Deutschland, sondern in der gesamten westlichen Welt hatten Eugeniker und Rassenhygieniker schon seit Jahrzehnten versucht, ihre Vorstellungen zur wissenschaftlichen Leitdisziplin zu erheben und dabei zum Teil nicht unerheblichen Einfluss auf die Politik genommen. Auch die Idee einer »Volksgemeinschaft«, von 1914 bis 1918 als »Kriegsgemeinschaft« propagiert, war als politisches Schlagwort bei fast allen Parteien schon in der Weimarer Republik präsent gewesen. Beides, rassenhygienische Gestaltungsphantasien und rassistische Gemeinschaftsvorstellungen, verdichtete sich jedoch erst in den Exzessen des Nationalsozialismus auf mörderische Art und Weise.[242] Mit dem Beginn des Zweiten Weltkrieges intensivierte das NS-Regime die Bestrebungen, den »deutschen Volkskörper« zu einer »stabilen Kampfgemeinschaft« zusammenzuschweißen. Die Kriegswirtschaftsverordnung (KWVO) sollte die Bewirtschaftung und Verteilung von Nahrungsmitteln und Konsumgütern in der Kriegsgesellschaft gewährleisten. Als »Volksschädlinge« konnten in der Folge auch solche Personen gelten, die die vom nationalsozialistischen Regime gesteuerte Güterver-

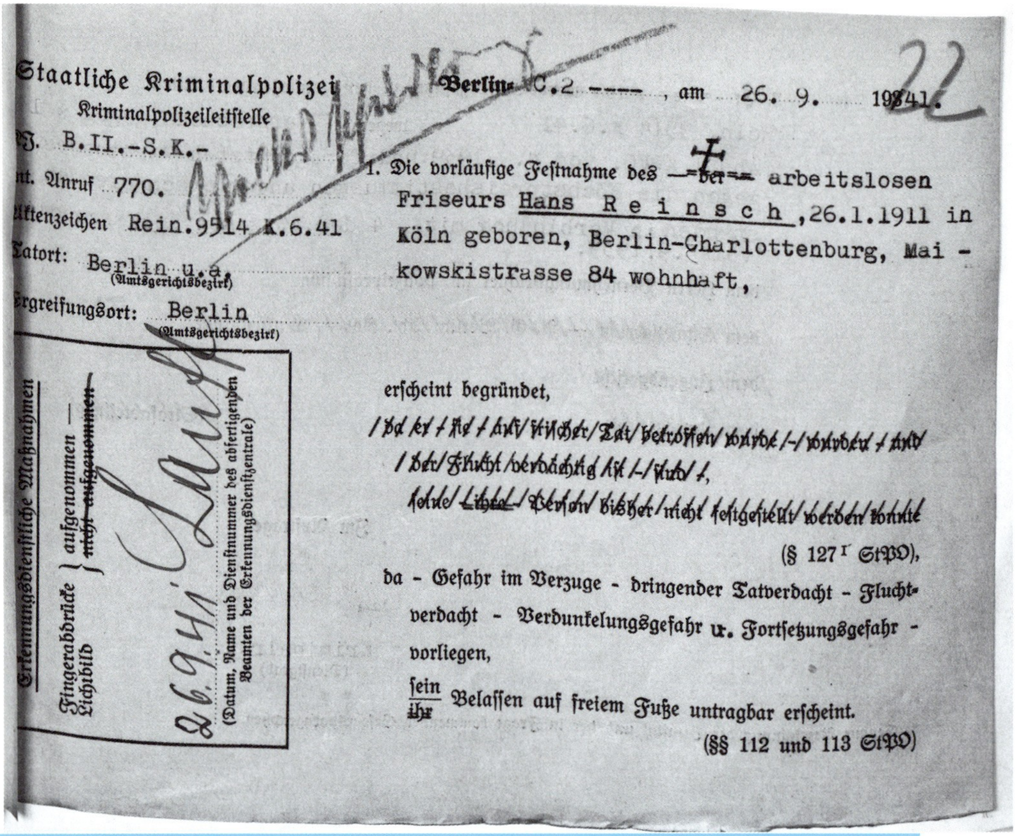

Staatliche Kriminalpolizei
Kriminalpolizeileitstelle
B.II.-S.K.-
Anruf 770.
Aktenzeichen Rein.9514 K.6.41
Tatort: Berlin u.a.
(Amtsgerichtsbezirk)
Ergreifungsort: Berlin
(Amtsgerichtsbezirk)

Erkennungsdienstliche Maßnahmen
Fingerabdrücke Lichtbild } aufgenommen — ~~nicht aufgenommen~~
26.9.41
(Datum, Name und Dienstnummer des abfertigenden Beamten der Erkennungsdienstzentrale)

Berlin C.2 ----, am 26. 9. 1941. 22

1. Die vorläufige Festnahme des ~~der~~ arbeitslosen Friseurs Hans Reinsch, 26.1.1911 in Köln geboren, Berlin-Charlottenburg, Maikowskistrasse 84 wohnhaft,

erscheint begründet,
~~weil er auf frischer Tat betroffen wurde/wurden / und der Flucht verdächtig ist/sind/, seine Person bisher nicht festgestellt werden konnte~~
(§ 127 I StPO),
da - Gefahr im Verzuge - dringender Tatverdacht - Fluchtverdacht - Verdunkelungsgefahr u. Fortsetzungsgefahr - vorliegen,
sein ~~ihr~~ Belassen auf freiem Fuße untragbar erscheint.
(§§ 112 und 113 StPO)

Bl. Nr. 22, Vorführungsbegründung Hans Reinsch, 26.9.1941

teilung durch Schwarzhandel, »Wucher«, »Horten« oder auf andere Art zu unterlaufen versuchten. Diese als »Verrat am eigenen Volke«, als »Schwächung der Wehrkraft« oder als »Zersetzung der kämpfenden Volksgemeinschaft« bezeichneten Taten stellten in den Augen der NS-Justiz Verbrechen dar, die mit dem Tod geahndet werden konnten. Am 5. September 1939, nur vier Tage nach Kriegsbeginn, wurde die Verordnung gegen Volksschädlinge erlassen. Deren unscharfe und sehr weit auslegbare Straftatbestände ermöglichten der Justiz neben fallspezifischem Spielraum auch eine fast grenzenlose Willkür. Gesprochen wurden die Urteile in Fällen von Kriegswirtschaftsverbrechen von den eigens zu diesem Zweck geschaffenen Sondergerichten (siehe dazu die Kapitel zur Kriegswirtschaftsverordnung und den Sondergerichten in diesem Band).

In der Vorführungsbegründung für den Vernehmungsrichter wird Hans Reinsch außer Verbrechen gemäß § 1 der KWVO und des Ver-

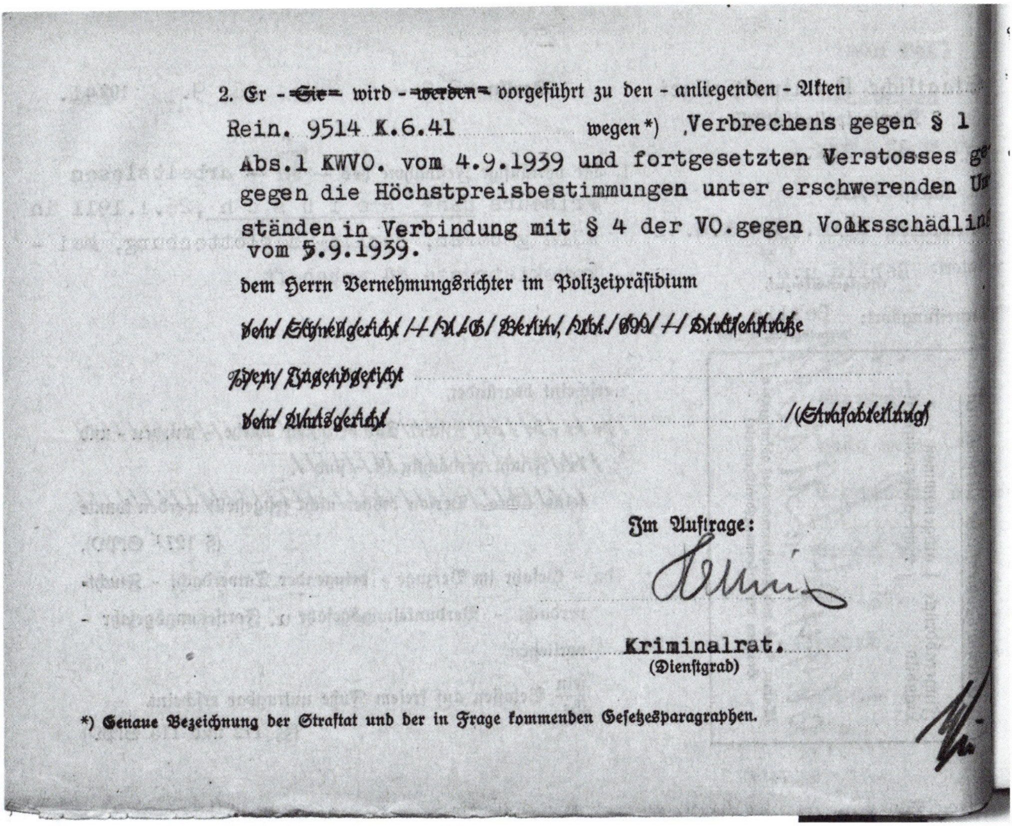

2. Er - Sie - wird - werden - vorgeführt zu den - anliegenden - Akten

Rein. 9514 K.6.41 wegen*) Verbrechens gegen § 1 Abs.1 KWVO. vom 4.9.1939 und fortgesetzten Verstosses g gegen die Höchstpreisbestimmungen unter erschwerenden Um ständen in Verbindung mit § 4 der VO.gegen Volksschädlin vom 5.9.1939.

dem Herrn Vernehmungsrichter im Polizeipräsidium

dem Schnellgericht - - A.G. Berlin, Abt. 699 - - Dircksenstraße

Herrn Jugendgericht

dem Amtsgericht / Strafabteilung

Im Auftrage:

Kriminalrat.
(Dienstgrad)

*) Genaue Bezeichnung der Straftat und der in Frage kommenden Gesetzesparagraphen.

stoßes gegen die Höchstpreisbestimmung auch der Verstoß gegen § 4 der Volksschädlingsverordnung vorgeworfen. Damit war der kleine Kaffeeschieber Hans Reinsch der Gefahr einer Verurteilung zum Tode ausgesetzt.

Doch nicht bloß konformes oder gesetzestreues Verhalten entschied über die Zugehörigkeit zur »Volksgemeinschaft«. Die Personalbögen, mit denen die Kriminalpolizei die in den Fall involvierten Personen aktenkundig machte, geben ebenfalls Auskunft darüber, welche Bewertungsmaßstäbe das NS-Regime an die »Volksgenossen« anlegte.

Neben Name, Beruf, Geburtsdatum und Wohnsitz wurde beispielsweise getrennt nach Staatsangehörigkeit oder Reichsbürgerschaft gefragt.

Diesem Unterschied im rechtlichen Status lagen die Nürnberger Rassegesetze vom 15. September 1935 zugrunde. Das darin enthaltene Reichsbürgergesetz trennte zwischen »Angehörigen deutschen oder artverwandten Blutes« und »Angehörigen rassefremden Volkstums«. Von diesem Zeitpunkt an waren jüdische Deutsche auch de jure auf einen minderen Status ›bloßer Staatsbürger‹ und damit zu Menschen zweiter Klasse herabgesetzt. Mit der Ersten Verordnung zum Reichsbürgergesetz vom 14. November 1935, die auch einen unter Nationalsozialisten umstrittenen Definitionsversuch einer »jüdischen Rassezugehörigkeit« beinhaltete, wurde der Abstammungsnachweis für alle Deutschen verpflichtend eingeführt. Dieser bestimmte in Form einer urkundlich beglaubigten Ahnentafel über »rassische Zugehörigkeit« oder den Ausschluss aus der »Volksgemeinschaft«. Als »Arierparagraph« galten dieselben Bestimmungen bereits seit Einführung des Gesetzes zur Wiederherstellung des Berufsbeamtentums vom 7. April 1933 für Beamte und Angehörige des öffentlichen Dienstes, wurden aber alsbald im Zuge der Selbstgleichschaltung von den meisten Berufsverbänden, Vereinen und anderen Organisationen übernommen.[243]

Nicht nur die so genannte »Deutschblütigkeit« der Eltern und Großeltern der Befragten selbst wurde von den Ermittlern erfasst, sondern auch die der Vorfahren des Ehegatten. Und unter der Kategorie »Religion« mussten sich die Vernommenen neben ihrer Zugehörigkeit zu einer Religionsgemeinschaft auch zur etwaigen Mitgliedschaft in einer »Weltanschauungsgemeinschaft« bekennen.[244]

Doch nicht nur nach »Rasse« oder Religion wurde gefragt, auch nach der Parteizugehörigkeit. Die NSDAP war nach dem »Ermächtigungsgesetz« vom 24. März 1933, dem Verbot oder der Selbstauflösung aller anderen Parteien und der Verabschiedung der Gesetze »Gegen die Neubildung von Parteien und Zur Einheit von Partei und Staat« Ende 1933 zur alleinigen »Trägerin des deutschen Staatsgedankens« erklärt worden. Zählte sie Anfang 1933 noch circa 850.000 Mitglieder, war deren Zahl im Jahr 1945 auf 8,5 Millionen angewachsen. Doch die tägliche Omnipräsenz des Nationalsozialismus zeigt sich auch in den vielen Massenorganisationen, die zusammen ein vielfaches an Mitgliedern aufwiesen. Hier wird die große Bereitschaft der Menschen deutlich, sich in die propagierte »Volksgemeinschaft« zu integrieren, was sich anhand der Personalbögen der Akte exemplarisch aufzeigen lässt. Fünf der Verhörten, drei Männer und zwei Frauen, waren Mitglieder der NSDAP. Im Personalbogen der Gräfin von Helldorf ist darüber hinaus die Mitgliedsnummer vermerkt. Möglicherweise wurde in ihrem frühen Beitritt (1.1.1932) eine stärkere Loyalität zur

Fingerabdruck genommen*)
Fingerabdrucknahme nicht erforderlich*)
Person ist — nicht — festgestellt*)

Datum: ....
Name: ....
Amtsbezeichnung: ....
Dienststelle: ....

S.Gewerbeaußendienst
Gad.4b
(Dienststelle des vernehmenden Beamten)

Berlin C 2, am 17.Sept. 1941

~~Auf Vorladung~~ — Vorgeführt *) — erscheint

der Nachbenannte

und erklärt, zur Wahrheit ermahnt:

I. Zur Person:

1. a) Familienname, auch Beinamen (bei Frauen auch Geburtsname, ggf. Name des früheren Ehemannes)	a) R e i n s c h
b) Vornamen (Rufname ist zu unterstreichen)	b) Hans
2. a) Beruf Über das Berufsverhältnis ist anzugeben, — ob Inhaber, Handwerksmeister, Geschäftsleiter oder Gehilfe, Geselle, Lehrling, Fabrikarbeiter, Handlungsgehilfe, Verkäuferin usw. — bei Ehefrauen Beruf des Ehemannes — — bei Minderjährigen ohne Beruf der der Eltern — — bei Beamten und staatl. Angestellten die genaueste Anschrift der Dienststelle — — bei Studierenden die Anschrift der Hochschule und das belegte Lehrfach — — bei Trägern akademischer Würden (Dipl.-Ing., Dr., D.pp.), wann und bei welcher Hochschule der Titel erworben wurde —	[illegible] a) Geschäftsführer [illegible] (früher) - jetzt Bäckergehilfe- jetzt Angestellter (Nr. 167) 300.- RM netto
b) Einkommensverhältnisse	b) RM 250,-- netto pro Monat
c) Erwerbslos?	c) Ja, seit ./. nein
3. Geboren	am 26.1.1911 in Köln / Rh. Verwaltungsbezirk Köln Landgerichtsbezirk Köln Land D.R.
4. Wohnung oder letzter Aufenthalt	in Bln.-Charlottenburg, Verwaltungsbezirk Charlottenburg Land D.R. Maikowski Straße ~~Platz~~ Nr. 84 Fernruf 30 38 73

Din A 3 ×420 mm Vordruck Vol. Nr. 15

*) Nichtzutreffendes durchstreichen.

Bl. Nr. 2 und 3, Personalbogen von Hans Reinsch, 17.9.1941

5. Staatsangehörigkeit Reichsbürger?	D.R. ja
6. a) Religion (auch frühere) 1) Angehöriger einer Religionsgemeinschaft oder einer Weltanschauungsgemeinschaft, 2) Gottgläubiger, 3) Glaubensloser b) sind 1. Eltern / 2. Großeltern } deutschblütig?	a) kath. 1) ja — welche? nein 2) ja — nein 3) ja — nein b) 1. ja 2. ja
7. a) Familienstand (ledig — verheiratet — verwitwet — geschieden — lebt getrennt) b) Vor- und Familienname des Ehegatten (bei Frauen auch Geburtsname) c) Wohnung des Ehegatten (bei verschiedener Wohnung) d) Sind oder waren die Eltern — Großeltern — des Ehegatten deutschblütig?	a) verheiratet b) Lieselotte geb. Lerbs c) w.u. d) ja
8. Kinder	eheliche: a) Anzahl: 1 b) Alter: 2 Jahre uneheliche: a) Anzahl: 0 b) Alter: - Jahre
9. a) des Vaters Vor- und Zunamen Beruf, Wohnung b) der Mutter Vor- und Geburtsnamen Beruf, Wohnung (auch wenn Eltern bereits verstorben)	a) Jakob Reinsch, Malermstr. ~~unbekannt~~ (Köln) b) Maria geb. Mauermann, Köln, Brühler Str.9
10. Des Vormundes oder Pflegers Vor- und Zunamen Beruf, Wohnung	
11. a) Reisepaß ist ausgestellt	a) von ./. am Nr.
b) Erlaubnis zum Führen eines Kraftfahrzeuges — Kraftfahrrades — ist erteilt	b) von ./. am Nr.
c) Wandergewerbeschein ist ausgestellt	c) von ./. am Nr.
d) Legitimationskarte gemäß § 44a Gewerbeordnung ist ausgestellt	d) von ./. am Nr.
e) Jagdschein ist ausgestellt	e) von ./. am Nr.
f) Schiffer- oder Lotsenpatent ist ausgestellt	f) von ./. am Nr.

3

g) Versorgungsschein (Zivildienstversorgungsschein) ist ausgestellt	g) von ./. am
	Nr.
Rentenbescheid?	
Versorgungsbehörde?	
h) Sonstige Ausweise?	h) ./.
12. a) Als Schöffe oder Geschworener für die laufende oder die nächste Wahlperiode gewählt oder ausgelost? Durch welchen Ausschuß (§ 40 GVG.)?	a) ./.
b) Handels-, Arbeitsrichter, Beisitzer eines sozialen Ehrengerichts?	b) ./.
c) Werden Vormundschaften oder Pflegschaften geführt?	c) ./.
Über wen?	
Bei welchem Vormundschaftsgericht?	
13. Zugehörigkeit zu einer zur Reichskulturkammer gehörigen Kammer (genaue Bezeichnung)	./.
14. Mitgliedschaft a) bei der NSDAP.	a) seit ./.
	letzte Ortsgruppe DAF, NSV
b) bei welchen SS-Gliederungen?	b) seit ./.
	letzte Formation
	oder ähnl.
15. Reichsarbeitsdienst Wann und wo gemustert?	./.
Entscheid	
Dem Arbeitsdienst angehört	von bis
	Abteilung Ort
16. Wehrdienstverhältnis a) Für welchen Truppenteil gemustert oder als Freiwilliger angenommen?	a) als Flieger gemustert
b) Als wehrunwürdig ausgeschlossen?	b) nein
Wann und weshalb?	
c) Gedient:	c) von 10.8.1941 bis 23.8.1941
Truppenteil	Fliegerausb. Rgt. Nr. 11
Standort	Berlin-Schönwalde
entlassen als	Flieger

17. Orden und Ehrenzeichen? (einzeln aufführen)	nein
18. Vorbestraft? (Kurze Angabe des — der — Beschuldigten. Diese Angaben sind, soweit möglich, auf Grund der amtlichen Unterlagen zu ergänzen)	nein auf Vorhalt ja am 9.10.33 wegen Diebstahls 3 Wochen Gefängnis, evtl. 75,-- RM Geldstrafe.

II. Zur Sache:

Jch habe Damen= und Herrenfriseur gelernt. Vom Nov.1936 bis Anfang Mai 1939 war ich in der Gaststätte "Alt-Bayern", Berlin, Friedrichstr.94, als Geschäftsführer Nr.3 tätig. Vom 15.9.1939 bis Anfang Juli 1940 war ich bei der Firma Hentschel, Flugzeugwerke, Bln.-Johannisthal, dienstverpflichtet. Meine Entlassung von dieser Firma geschah wegen Krankheit. Dann fand ich bei dem Bäckermeister Fritz Besser, Bln.-Niederschönhausen, Körnerstr.8, als Aushilfe Be=schäftigung. Am 12.8.1941 wurde ich zu den Fliegern nach Schönwalde b/Berlin eingezogen und am 23.8.1941 wegen Krankheit wieder entlas=sen. Anschließend war ich wieder bei dem Bäckermeister Besser tätig. Etwa seit Sept.1940 betreibe ich Handel mit Kaffee.

Jch gebe zu, von dieser Zeit ab bis heute etwa 6 1/2 Zentner Rohkaffee von Heeresangehörigen an der deutsch-belgischen Grenze zwischen Herbesthal und Mouschau aufgekauft und in Berlin weiter=verkauft zu haben. Jch bin 4 x von Berlin nach Aachen gefahren und habe jedesmal 50 kg Rohkaffee aufgekauft. Jn der Zeit vom 10. bis 16.9.1941 war ich nochmals (zum 5. x) in Aachen, um Kaffee aufzukau=fen. Jch habe lediglich 1/2 kg Rohkaffee aufkaufen können, und zwar in einer Kölner Gastwirtschaft. Der Verkäufer war ebenfalls ein Sol=dat. Jch hatte RM 10,-- zu zahlen. Außerdem verkaufte mir der Wehr=machtsangehörige 1 kg Rauchfleisch = RM 6,--, 1/2 kg Holländer Käse = RM 2,50 und eine Büchse (1 kg) Leberwurst = RM 6,--. Die aufge=führten Waren hat die Polizei in meiner Wohnung vorläufig sicherge=stellt. Anfang August 1941 hat mir mein Bruder, Will Reinsch, Jnha=ber eines Textilwarengeschäftes, Köln, Breitestr.58-60 wohnh., 2 Kisten enthaltend 130 Pfund Rohkaffee per Nachnahme übersandt. Die Höhe der Nachnahme betrug RM 1.000,--. Die Sendung sollte aus 150 Pfund Kaffee bestehen. Es stellte sich heraus, daß sich zwischen dem Kaffee 20 Pfund Sand befand. Die beiden Kisten wurden durch Wehrmachtsangehörige, die auch die Lieferanten sind, zur Bahn ge=bracht. Jm Juli 1941 hat mich mein Bruder Will in Berlin aufgesucht. Er überbrachte mir auch 100 Pfund Rohkaffee.

Jch hatte zu zahlen: Bei der ersten Abnahme (Sept.1940) RM 5,--, bei der zweiten Abnahme (Dez.1940) RM 7,50, bei der dritten Abnahme (April 1941) ebenfalls RM 7,50 und bei der vorletzten Abnahme (Sept. 1941) RM 10,-- je 1/2 kg. Für den per Bahn erhaltenen Kaffee hatte ich etwa 7,50 RM, für durch meinen Bruder überbrachten RM 10,-- je 1/2 kg zu zahlen.

Jch muß ferner zugeben, im September 1940 2 Coupons Herrenstoffe von einem Wehrmachtsangehörigen, gelegentlich des Kaufs von Kaffee an der deutsch-belgischen Grenze für je 100,-- RM gekauft zu haben.

Beide Stoffe habe ich im Dezember 1940 an den Briefmarkenhänd=ler Georg P o s t , Berlin, Friedrichstr.181, zum Preise von je 110 RM

Partei vermutet.[245] Elf der in der Akte registrierten Personen waren in der Deutschen Arbeitsfront (DAF) organisiert, der größten NS-Massenorganisation mit zuletzt etwa 25 Millionen Mitgliedern. Ein formaler Beitrittszwang bestand zwar nicht, jedoch wurde der DAF-Beitrag von 1,5 Prozent von jedem Lohn direkt abgezogen. Nach der Zerschlagung der Gewerkschaften am 2. Mai 1933 wurde die DAF unter der Schirmherrschaft von Adolf Hitler gegründet. Sie vereinte ab Frühjahr 1934 sämtliche Arbeitgeber- und Arbeitnehmerorganisationen unter der Führung von Robert Ley und sah ihr Ziel in der »Bildung einer wirklichen Volks- und Leistungsgemeinschaft, die dem Klassenkampfgedanken abgeschworen hat.« De facto hatte die DAF so gut wie keine Kompetenzen in der Arbeits- und Sozialpolitik, stattdessen widmete sie sich mit ihrer Unterorganisation »Kraft durch Freude« der umfassenden Betreuung der Arbeiter bis in die Freizeit hinein und versuchte sie so für die nationalsozialistische »Volksgemeinschaft« zu gewinnen.[246]

Die Nationalsozialistische Volkswohlfahrt (NSV), nach der DAF die zweitgrößte NS-Massenorganisation mit zeitweise 17 Millionen Mitgliedern, diente der Propagierung einer nationalsozialistischen Sozialfürsorge, die freilich nur die Stärkung der rassisch definierten »Volksgemeinschaft« zum Ziel hatte. Menschen, die nicht dazu gehörten, fielen durch das soziale Netz der NSV. Entscheidend war weniger der Dienst am Einzelnen als der am Volk. Großzügig finanziell ausgestattet organisierte der Verband auch das »Winterhilfswerk«, die »Kinderlandverschickung« und das »Hilfswerk Mutter und Kind«. Letztlich gelang es der NSV aber nicht, die traditionellen karitativen Organisationen wie die Arbeiterwohlfahrt, das Rote Kreuz oder die Caritas komplett zurückzudrängen. Dreizehn der hier aktenkundig gewordenen Personen waren Mitglieder der Nationalsozialistischen Volksfürsorge.[247]

Der am 29. April 1933 gegründete Reichsluftschutzbund (RLB) unterstand bis zur Überführung in die NSDAP im Jahr 1944 dem Reichsluftfahrtministerium. Neben der psychologischen Vorbereitung der Bevölkerung auf den Krieg diente der RLB auch der praktischen Ausbildung von ehrenamtlichen Luftschutzwarten und den Vorbereitungs- und Aufräumarbeiten bei Luftangriffen. Mit dem Luftschutzgesetz vom 26. Mai 1935 konnte jeder deutsche »Volksgenosse« zu Ausbildungslehrgängen herangezogen werden. Der vermeintlich unideologische, da natürliche Reflexe des Zusammenrückens bei kollektiver Bedrohung bedienende RLB achtete allerdings selbstverständlich darauf, dass die Bunker und Luftschutzräume den »arischen Volksgenossen« vorbehalten blieben. Dem Verband gehörten nicht weniger als acht Verhörte aus der Akte Reinsch an.[248]

Ebenfalls finden sich dort drei Mitglieder des Nationalsozialistischen Kraftfahrerkorps (NSKK). 1931 als Sondereinheit der SA gegründet, wurde das NSKK 1934 mit der Motor-SA vereinigt und als Gliederung in die NSDAP überführt. Zum Beitritt war der »Ariernachweis« nötig. Aufgabe des NSKK war die »motorische Ertüchtigung der Jugend.« Die Organisation, deren Mitgliederzahl über eine halbe Million lag, war durch ihre Mithilfe an den Deportationen in die Lager im Osten maßgeblich am Massenmord an den europäischen Juden beteiligt.[249]

Eine der ersten Handlungen, mit denen die Nationalsozialisten versuchten, die deutschen Juden aus der »Volksgemeinschaft« auszuschließen und ihren »verderblichen Einfluss auf das deutsche Geistesleben« zu unterbinden, war die so genannte »Entjudung« des kulturellen Lebens. Der Exodus jüdischer Künstler und Intellektueller begann bereits unmittelbar nach der Übernahme des Kanzleramtes durch Adolf Hitler am 30. Januar 1933. Wer blieb, wurde rasch seiner Stellung oder Mitgliedschaft in entsprechenden Gremien enthoben; in Berlin neben vielen anderen etwa Franz Werfel, der aus der Preußischen Akademie der Künste verstoßen wurde, oder Max Reinhardt, der die Leitung des Deutschen Theaters in Berlin verlor. Per Gesetz vom 22. September 1933 wurde die Reichskulturkammer mit ihren verschiedenen Untersparten als berufsständische Organisation unter der Ägide von Joseph Goebbels ins Leben gerufen. Die Mitgliedschaft jedes Kulturschaffenden war Pflicht, jedoch konnte die Reichskulturkammer als Instrument einer nunmehr völkisch-homogen ausgerichteten Kulturpolitik missliebige Personen ablehnen. Übrig blieben jene Deutschen, die bereit waren, sich in den Dienst der »Volksgemeinschaft« zu stellen. In der Akte finden sich beispielsweise der in der Reichsfilmkammer organisierte Schauspieler Jens von Hagen und die Schriftstellerin Charlotte Serda-Junkermann als Mitglied der Reichsschrifttumskammer.[250]

In den kriminalpolizeilichen Personalbögen wurde auch nach einer etwaigen Ableistung des Reichsarbeitsdienstes (RAD) gefragt. Dieser im Jahr 1935 eingeführte halbjährige Zwangsdienst für Männer und Frauen im Alter von 18 bis 25 Jahren wurde als »Ehrendienst am Volke« deklariert und sollte helfen, die egalitäre, »von Standes- und Klassenunterschieden befreite Volksgemeinschaft« zu schaffen. Der tatsächliche volkswirtschaftliche Wert der Landeskulturarbeiten, Forst- und Wegebauten und Hilfsarbeiten beim Bau der Reichsautobahn hingegen war marginal.[251]

Das auch die Arbeitswelt ganz vom Gedanken der »Führerauslese« und den hierarchischen Prinzipien der NS-Weltanschauung durchdrungen war, zeigt sich in der Akte an der Berufsbezeichnung der vernommenen Hermann Lehnen und Anna-Sophie Würzburg: »Betriebsführer«.

Von Interesse waren für die Kriminalbeamten offenbar auch bestehende oder zurückliegende Wehrdienstverhältnisse, Orden und Ehrenzeichen. »Militärische Tugenden« und »soldatische Pflichterfüllung« waren schon im preußisch-militaristisch geprägten Deutschen Reich des 19. Jahrhunderts Kriterien für gesellschaftliche Anerkennung und Integration gewesen. Die Mobilisierung und Militarisierung der Bevölkerung im Ersten Weltkrieg hinterließ ebenfalls seine Spuren in der deutschen Gesellschaft. Auch und besonders in der Ideologie des Nationalsozialismus nahmen Gehorsam, »soldatische Treue« und »Manneszucht« eine zentrale Stellung ein. So kam der »militärischen Verwendbarkeit« und Leistungsbereitschaft eine erhöhte Bedeutung bei der Beurteilung des Individuums als »vollwertigem Teil des Volkskörpers« zu.[252]

Von den 21 Vernommenen aus den verschiedensten Bereichen der Gesellschaft sind letztlich nur zwei Personen – zumindest formal – nicht auf die Partizipationsangebote des NS-Regimes eingegangen: die Zahntechnikerin Eva Riedel und Lieselotte Reinsch, die Frau des Angeklagten.

Doch die Akte gestattet auch tiefere biografische Einblicke, die Aufschluss über persönliche Verstrickungen und Vorteilsnahme in der nationalsozialistischen Gesellschaft bieten.

Diesbezüglich ist besonders die Lebensgeschichte von Wilhelm Reinsch, dem ältesten Bruder von Hans, von Interesse. Dieser war, nach dem Besuch der Handelsschule und einer anschließenden kaufmännischen Ausbildung ab 1936 selbstständiger Handelsvertreter für Textilwaren in Köln. Drei Jahre später wurde er sogar zum Gründer und Mitinhaber der Firma Reinsch u. Co., einem Textilgroßhandel in Köln; im Jahr 1941 hatte er nach eigenen Angaben ein durchaus stattliches Einkommen von 25.000 RM.[253]

Wie war es zu diesem Karrieresprung gekommen? Wilhelm Reinsch war direkter Profiteur nationalsozialistischer Enteignungspolitik gegenüber der jüdischen Bevölkerung, da sein Betrieb durch die so genannte »Arisierung« aus der früheren Firma Schneider u. Co. hervorgegangen war. Dadurch entstanden sein Vermögen, vielseitige, weit reichende Beziehungen und Zugangsmöglichkeiten zu geschäftlichen Netzwerken. Diese sollten ihm später die Unterstützung seines Bruders ermöglichen – einerseits finanziell und andererseits mit der Versorgung durch Kaffee – ohne die Hans Reinsch seinen Schwarzhandel sicher nicht in diesem Maße hätte in die Tat umsetzen können.

Ziel der »Arisierung« jüdischer Betriebe war, ebenso wie im Bereich des kulturellen Lebens, die komplette Verdrängung der jüdischen Deutschen aus der Gesellschaft und die Schaffung eines homogenen »Volkskörpers« durch die Zerstörung ihrer Existenzgrundlage. Es handelte sich hierbei um einen komplexen, seinem Wesen nach ideologischen, von rassistischen und Bereicherungsmotiven geprägten Prozess, dessen eigentliche Ursprünge allerdings auf regionaler Entscheidungsebene zu verorten sind. Er umfasste neben der Verdrängung jüdischer Bürger aus dem gesamten Berufs- und Wirtschaftsleben auch deren Ausschluss aus Vereinen, Organisationen und Verbänden sowie die Überführung jüdischen Eigentums in »arische« Hände.[254]

Ein weiteres für die Einordnung des vorliegenden Falles nicht unbedeutendes Inklusions- bzw. Exklusionsinstrument der »Volksgemeinschaftsbestrebungen« war die »Neue Rechtsidee«. Sie war streng auf die nationalsozialistische Ideologie zugeschnitten, beziehungsweise aus ihr hervorgegangen und forderte eine grundsätzliche Auslegung der Gesetze hin zur Schaffung einer »starken Volksgemeinschaft«. Sie findet sowohl in der Anklage als auch im späteren Urteilsspruch gegen Hans Reinsch ihren Widerhall. Mit diesem neuen Rechtsverständnis kam es zu einer Vermischung des ehemals fachspezifisch biologischen Begriffs »Rasse« mit dem ethnisch-soziologischen Begriff »Volk«. Dadurch wurde das Recht in den Dienst einer ideologisch-politischen Theorie gestellt, die maßgeblich von sozialdarwinistischen und antisemitischen Tendenzen geprägt war. Es zielte im Sinne der entindividualisierten »Volksgemeinschaft« lediglich auf die Interessenwahrung eines rassisch definierten »arischen« Bevölkerungsteils, der als Richtschnur für Gerechtigkeit betrachtet wurde. Der »Volkskörper« als etwas Organisches und Lebendiges avancierte zum Maß aller Dinge, das Recht wurde an ihn angepasst. Es wurde nun nicht mehr als verlässliche Ansammlung von Kodifikationen verstanden, sondern war gewissermaßen verflüssigt worden. Die Auslegung des

Rechts sollte auf Grundlage der nationalsozialistischen Weltanschauung, manifestiert in »Rechtsquellen« wie etwa dem Parteiprogramm der NSDAP, dem »Führerwillen« oder dem »gesunden Volksempfinden« vorgenommen werden. Dabei oblag es den Richtern, im Interesse dieser NS-Ideologie bestimmte Gesetze, die als unerwünscht und »volksfeindlich« deklariert worden waren, durch Nichtanwendung einfach zu ›korrigieren‹. Die für jeden Rechtsstaat grundlegende Idee der Rechtssicherheit, das heißt Klarheit, Bestimmtheit und Beständigkeit gerichtlicher Entscheidungen auf fester juristischer Grundlage, wurde somit faktisch aufgehoben. Der Weg zu Justizwillkür und -härte war damit geebnet.[255]

Für ein Verständnis der dem Urteil gegen Hans Reinsch zu Grunde liegenden Gesetze ist zudem noch eine weitere Komponente nationalsozialistischer Rechtssprechung und Polizeiarbeit wesentlich. Kriminalbiologie und Tätertypologie erfuhren während der Zeit der NS-Herrschaft eine immense Aufwertung und ein stetig wachsendes, auf pseudo-akademisches Niveau gehobenes Interesse. Verbrecher wurden nicht als moralisch fehlgeleitete oder durch gesellschaftliche Umstände geformte Menschen, sondern als rein »biologisch teilweise irreparabel defekte Wesen« angesehen. Das NS-Strafrecht begann als Konsequenz aus dieser ›Erkenntnis‹, genaue Umschreibung und Abgrenzung von strafbaren Handlungen durch mehr oder weniger plakative »Tätertypen« zu ersetzen. Solche »Typen« waren beispielsweise der »Gewohnheitsverbrecher« oder der »Volksschädling«.[256]

Hans Reinsch wird im Urteilsspruch für »asozial« erklärt, das heißt für nicht kompatibel mit der »Volksgemeinschaft« und ihren Interessen angesehen. Dennoch bekam er nicht die Höchststrafe, die durchaus hätte verhängt werden können, vergleicht man das Urteil mit ähnlich gelagerten Fällen aus dieser Zeit. Er gehörte jedoch auch nicht zu den in der Akte erwähnten »gesellschaftlich höher gestellten Persönlichkeiten«, die in der Ermittlung offensichtlich gänzlich geschont wurden. Teilweise wurde allerdings auch bei ›einfachen Leuten‹, wie beispielsweise seiner eigenen Ehefrau, von einer Verurteilung abgesehen. Hans Reinsch wurde zu zwei Jahren und neun Monaten Zuchthaus sowie einer Geldstrafe von 5. 265 RM verurteilt. Zusätzlich wurde er durch die Aberkennung der »Ehrenrechte eines Deutschen« aus der »Volksgemeinschaft« ausgeschlossen.[257]

Die Akte Reinsch zeigt letztlich nicht bloß einen Schwarzhandelsfall, wie es ihn unter den besonderen Bedingungen der deutschen

Kriegsgesellschaft zu Tausenden gegeben hat. Die Dokumente gestatten einen Einblick in eine von »volksgemeinschaftlichen« Verheißungen durchdrungenen Zeit, in der sich besondere Partizipations- und Bereicherungsmöglichkeiten für alle deutschen »Volksgenossinnen« und »Volksgenossen« boten. Diese waren freilich mit dem Ausschluss und der Ermordung unerwünschter Menschen erkauft.

Die bequeme Trennung zwischen den ›verantwortlichen Nazis‹ und der ›unbeteiligten‹ oder ›verführten‹ Masse, mit der sich viele Deutsche in der Nachkriegszeit ein reines Gewissen zu erkaufen versuchten, hält einer Überprüfung anhand der Akte nicht stand. Trotz der zeitspezifischen justiziellen und polizeilichen Bedingungen, die der Ermittlung vorgegeben waren, ist es nicht eine aufgezwungene Volksgemeinschaftsideologie oder Weltanschauung, die am meisten ins Auge fällt. Vielmehr sind es die mannigfaltigen Einlassungen von Personen aus allen Bereichen der Gesellschaft mit dem NS-Regime. Kaum eine davon beruhte nicht auf persönlicher Freiwilligkeit. Gerade diese zeitgenössische Alltagsdimension, die sich aus der Akte Reinsch rekonstruieren lässt, macht den vorliegenden Fall zu weit mehr als einem Stück mikrohistorischer Kriminalgeschichte. Die ›gewöhnlichen Deutschen‹ erscheinen darin in den Verstrickungen ihrer Zeit.

Aktenauszüge

Der folgende Auszug aus der Akte versammelt neben wichtigen Schlüsseldokumenten vor allem unterschiedliche Textsorten: vom Polizeivermerk über Verhörprotokolle und medizinische Gutachten bis hin zu persönlichen Briefen des Angeklagten und seiner Frau. Diese Zusammenstellung kann nur einen kleinen Teil des gesamten Textkorpus sichtbar machen, mag aber dazu dienen, einen ersten Überblick über die Vielfalt des Materials zu vermitteln.

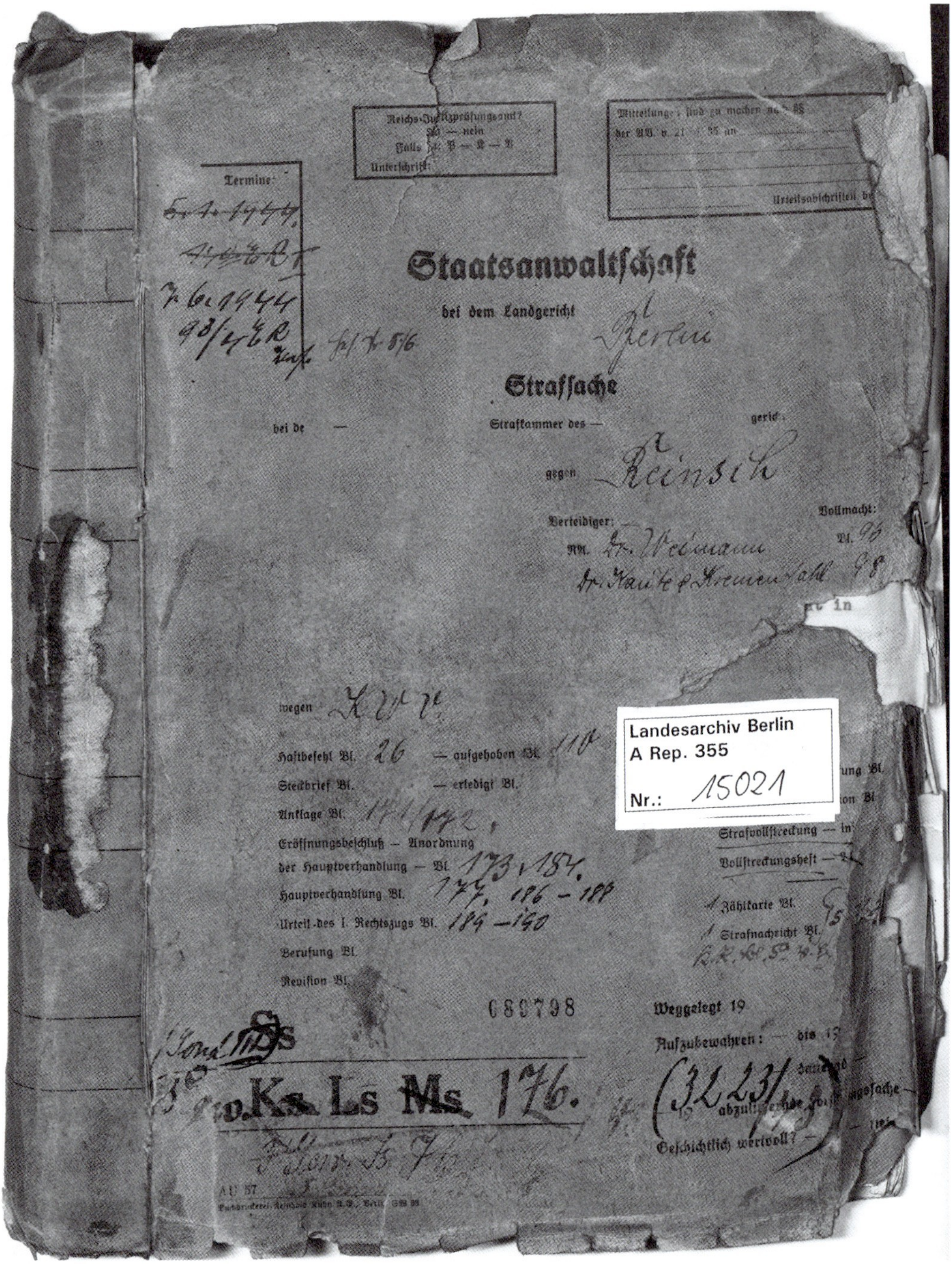

Aktendeckel

1

K.J.B.II.SK. Berlin, den 23. September 1941.

Verwahrstücke
Blatt 87

Verwahrstücke
Blatt 73

Bericht

Wie aus einer dem Gewerbeaussendienst zugegangenen vertraulichen Mitteilung hervorgeht, betreibt der Bäckergehilfe Hans R e i ns c h, wohnhaft Berlin-Charlottenburg, Maikowskistrasse Nr. 84, seit längerer Zeit gewerbsmässig den Schleichhandel mit Kaffee, Lebensmitteln und Textilien.

Etwa alle 14 Tage fährt R. angeblich nach Köln, um dort Ware einzukaufen. Dort wohnt auch sein Bruder, der ihm anscheinend bei der Beschaffung der Artikel behilflich und am Erlöse beteiligt ist.

R. soll folgende Sachen zum Kauf angeboten haben:
Anzugstoff für 120 RM
Damenstoffe zum Preise von 35 RM
Bohnenkaffee je 1/2 Kilogramm für 26 RM, doch soll R. behauptet haben, dass ihm schon 60 RM hierfür geboten wurde. Jn letzter Zeit soll er Kaffee für 36 RM je 1/2 Kilogramm angeboten haben.

Aus Gesprächen soll sich ergeben haben, dass die Ware nach dem Kurfürstendamm geliefert wurde.

Eine unbekannte Dame soll für 3/2 Kilogramm Bohnenkaffee 115 RM bezahlt haben, dieser Vorgang soll sich im Mai d.Js. abgespielt haben.

Wünsche
Kriminal-Kommissar.

Bl. 1, Bericht Wünsche, 23.9.1941

2

Fingerabdruck genommen*)
Fingerabdrucknahme nicht erforderlich*)
Person ist — nicht — festgestellt*)

Datum: ....

Name: ....

Amtsbezeichnung: ....

Dienststelle: ....

S. Gewerbeaußendienst
Gad. 4b
(Dienststelle des vernehmenden Beamten)

Berlin C 2, am 17. Sept. 1941

~~Auf Vorladung~~ — Vorgeführt *) — erscheint

der Nachbenannte

und erklärt, zur Wahrheit ermahnt:

I. Zur Person:

1. a) Familienname, auch Beinamen (bei Frauen auch Geburtsname, ggf. Name des früheren Ehemannes) b) Vornamen (Rufname ist zu unterstreichen)	a) R e i n s c h b) Hans
2. a) Beruf Über das Berufsverhältnis ist anzugeben, — ob Inhaber, Handwerksmeister, Geschäftsleiter oder Gehilfe, Geselle, Lehrling, Fabrikarbeiter, Handlungsgehilfe, Verkäuferin usw. — bei Ehefrauen Beruf des Ehemannes — — bei Minderjährigen ohne Beruf der der Eltern — — bei Beamten und staatl. Angestellten die genaueste Anschrift der Dienststelle — — bei Studierenden die Anschrift der Hochschule und das belegte Lehrfach — — bei Trägern akademischer Würden (Dipl.-Ing., Dr., D.pp.), wann und bei welcher Hochschule der Titel erworben wurde — b) Einkommensverhältnisse c) Erwerbslos?	a) ~~[illegible]~~ Geschäftsführer in [illegible] (früher) - jetzt Bäckergehilfe- jetzt Angestellter (Bl. 167) 300.- RM netto b) ~~RM 250,-- netto pro Monat~~ c) Ja, seit ./. nein
3. Geboren	am 26.1.1911 in Köln / Rh. Verwaltungsbezirk Köln Landgerichtsbezirk Köln Land D.R.
4. Wohnung oder letzter Aufenthalt	in Bln.-Charlottenburg, Verwaltungsbezirk Charlottenburg Land D.R. Maikowski Straße ~~Platz~~ Nr. 84 Fernruf 30 3873

Din A 3
×420 mm
Vordruck
Pol. Nr. 15

*) Nichtzutreffendes durchstreichen.

Bl. 2 bis 4, Personalbogen und Aussage Hans Reinsch, 17.9.1941

5. Staatsangehörigkeit Reichsbürger?	D.R. ja
6. a) Religion (auch frühere) 1) Angehöriger einer Religionsgemeinschaft oder einer Weltanschauungsgemeinschaft, 2) Gottgläubiger, 3) Glaubensloser	a) kath. 1) ja — welche? nein 2) ja — nein 3) ja — nein
b) sind 1. Eltern / 2. Großeltern } deutschblütig?	b) 1. ja 2. ja
7. a) Familienstand (ledig — verheiratet — verwitwet — geschieden — lebt getrennt)	a) verheiratet
b) Vor- und Familienname des Ehegatten (bei Frauen auch Geburtsname)	b) Lieselotte geb. Lerbs
c) Wohnung des Ehegatten (bei verschiedener Wohnung)	c) w.u.
d) Sind oder waren die Eltern — Großeltern — des Ehegatten deutschblütig?	d) ja
8. Kinder	eheliche: a) Anzahl: 1 b) Alter: 2 Jahre uneheliche: a) Anzahl: 0 b) Alter: - Jahre
9. a) des Vaters Vor- und Zunamen Beruf, Wohnung	a) Jakob Reinsch, Malermstr. unbekannt (Köln)
b) der Mutter Vor- und Geburtsnamen Beruf, Wohnung (auch wenn Eltern bereits verstorben)	b) Maria geb. Mauermann, Köln, Brühler [illegible] 11..9
10. Des Vormundes oder Pflegers Vor- und Zunamen Beruf, Wohnung	
11. a) Reisepaß ist ausgestellt	a) von ./. am Nr.
b) Erlaubnis zum Führen eines Kraftfahrzeuges — Kraftfahrrades — ist erteilt	b) von ./. am Nr.
c) Wandergewerbeschein ist ausgestellt	c) von ./. am Nr.
d) Legitimationskarte gemäß § 44a Gewerbeordnung ist ausgestellt	d) von ./. am Nr.
e) Jagdschein ist ausgestellt	e) von ./. am Nr.
f) Schiffer- oder Lotsenpatent ist ausgestellt	f) von ./. am Nr.

3

g) Versorgungsschein (Zivildienstversorgungsschein) ist ausgestellt	g) von ./. am
	Nr.
Rentenbescheid?	
Versorgungsbehörde?	
h) Sonstige Ausweise?	h) ./.
12. a) Als Schöffe oder Geschworener für die laufende oder die nächste Wahlperiode gewählt oder ausgelost? Durch welchen Ausschuß (§ 40 GVG.)?	a) ./.
b) Handels-, Arbeitsrichter, Beisitzer eines sozialen Ehrengerichts?	b) ./.
c) Werden Vormundschaften oder Pflegschaften geführt?	c) ./.
Über wen?	
Bei welchem Vormundschaftsgericht?	
13. Zugehörigkeit zu einer zur Reichskulturkammer gehörigen Kammer (genaue Bezeichnung)	./.
14. Mitgliedschaft	
a) bei der NSDAP.	a) seit ./.
	letzte Ortsgruppe DAF, NSV
b) bei welchen Gliederungen?	b) seit ./.
	letzte Formation
	oder ähnl.
15. Reichsarbeitsdienst	
Wann und wo gemustert?	./.
Entscheid	
Dem Arbeitsdienst angehört	von bis
	Abteilung Ort
16. Wehrdienstverhältnis	
a) Für welchen Truppenteil gemustert oder als Freiwilliger angenommen?	a) als Flieger gemustert
b) Als wehrunwürdig ausgeschlossen?	b) nein
Wann und weshalb?	
c) Gedient:	c) von 10.8.1941 bis 23.8.1941
Truppenteil	Fliegerausb. Rgt. Nr.11
Standort	Berlin-Schönwalde
entlassen als	Flieger [illegible]

[illegible]

17. Orden und Ehrenzeichen? (einzeln aufführen)	nein
18. Vorbestraft? (Kurze Angabe des — der — Beschuldigten. Diese Angaben sind, soweit möglich, auf Grund der amtlichen Unterlagen zu ergänzen)	nein auf Vorhalt ja am 9.10.33 wegen Diebstahls 3 Wochen Gefängnis, evtl. 75,-- RM Geldstrafe.

II. Zur Sache:

Jch habe Damen= und Herrenfriseur gelernt. Vom Nov.1936 bis Anfang Mai 1939 war ich in der Gaststätte "Alt-Bayern", Berlin, Friedrichstr.94, als Geschäftsführer Nr.3 tätig. Vom 15.9.1939 bis Anfang Juli 1940 war ich bei der Firma Hentschel, Flugzeugwerke, Bln.-Johannisthal, dienstverpflichtet. Meine Entlassung von dieser Firma geschah wegen Krankheit. Dann fand ich bei dem Bäckermeister Fritz Besser, Bln.-Niederschönhausen, Körnerstr.8, als Aushilfe Beschäftigung. Am 12.8.1941 wurde ich zu den Fliegern nach Schönwalde b/Berlin eingezogen und am 23.8.1941 wegen Krankheit wieder entlassen. Anschließend war ich wieder bei dem Bäckermeister Besser tätig. Etwa seit Sept.1940 betreibe ich Handel mit Kaffee.

Jch gebe zu, von dieser Zeit ab bis heute etwa 6 1/2 Zentner Rohkaffee von Heeresangehörigen an der deutsch-belgischen Grenze zwischen Herbesthal und Mouschau aufgekauft und in Berlin weiterverkauft zu haben. Jch bin 4 x von Berlin nach Aachen gefahren und habe jedesmal 50 kg Rohkaffee aufgekauft. Jn der Zeit vom 10. bis 16.9.1941 war ich nochmals (zum 5. x) in Aachen, um Kaffee aufzukaufen. Jch habe lediglich 1/2 kg Rohkaffee aufkaufen können, und zwar in einer Kölner Gastwirtschaft. Der Verkäufer war ebenfalls ein Soldat. Jch hatte RM 10,-- zu zahlen. Außerdem verkaufte mir der Wehrmachtsangehörige 1 kg Rauchfleisch = RM 6,--, 1/2 kg Holländer Käse = RM 2,50 und eine Büchse (1 kg) Leberwurst = RM 6,--. Die aufgeführten Waren hat die Polizei in meiner Wohnung vorläufig sichergestellt. Anfang August 1941 hat mir mein Bruder, Will Reinsch, Jnhaber eines Textilwarengeschäftes, Köln, Breitestr.58-60 wohnh., 2 Kisten enthaltend 130 Pfund Rohkaffee per Nachnahme übersandt. Die Höhe der Nachnahme betrug RM 1.000,--. Die Sendung sollte aus 150 Pfund Kaffee bestehen. Es stellte sich heraus, daß sich zwischen dem Kaffee 20 Pfund Sand befand. Die beiden Kisten wurden durch Wehrmachtsangehörige, die auch die Lieferanten sind, zur Bahn gebracht. Jm Juli 1941 hat mich mein Bruder Will in Berlin aufgesucht. Er überbrachte mir auch 100 Pfund Rohkaffee.

Jch hatte zu zahlen: Bei der ersten Abnahme (Sept.1940) RM 5,--, bei der zweiten Abnahme (Dez.1940) RM 7,50, bei der dritten Abnahme (April 1941) ebenfalls RM 7,50 und bei der vorletzten Abnahme (Sept. 1941) RM 10,-- je 1/2 kg. Für den per Bahn erhaltenen Kaffee hatte ich etwa 7,50 RM, für durch meinen Bruder überbrachten RM 10,-- je 1/2 kg zu zahlen.

Jch muß ferner zugeben, im September 1940 2 Coupons Herrenstoffe von einem Wehrmachtsangehörigen, gelegentlich des Kaufs von Kaffee an der deutsch-belgischen Grenze für je 100,-- RM gekauft zu haben.

Beide Stoffe habe ich im Dezember 1940 an den Briefmarkenhändler Georg P o s t , Berlin, Friedrichstr.181, zum Preise von je 110 RM

4

ohne Abschnitte der Reichskleiderkarte abgefordert zu haben , weiterverkauft.

Andere Textilwaren, insbesondere Damenstoffe habe ich nicht aufgekauft.

Soweit mir erinnerlich ist, habe ich an folgende Personen Kaffee abgegeben. Der geforderte Preis lag zwischen RM 12-und RM 15,-.

1.) Filmschauspieler Jens H a g e n -Ruf 71 85 05-
etwa 15 kg xxxxx

2.) Baumstr. Hämmerling, - Ruf 34 37 79-
etwa 5 kg

3.) Generalkonsul Vollrath, Bln.-Charlottenbg., Kaiserdamm 5,
etwa 30 kg

4.) Gräfin Helldorff, sen., Bln.-Wilmerdorf, Düsseldorfer Str. 10,
30 kg (etwa)

5.) Lilo Ellisot, Berlin-Ruf 24 32 53- Putzmacherin
25 kg (etwa)

6.) Charlotte Serda, Filmschauspielerin, Berlin, Friedericiastr. 2,
etwa 20 kg

7.) Schneidermstr. Pflug, Berlin,- Ruf 24v67 85-
etwa 10 kg

8.) Direktor Lehnen, Berlin, -Ruf 35 09 83- [illegible]
etwa 10 kg

9.) Modesalon Würzburg, Berlin, -Ruf 91 68 55-
etwa 10 kg

10.) Teppichhändler Steinhaussen, Berlin, -Ruf 92 29 02-
etwa 10 kg

11.) Ballhaus Femina , Berlin, -24 01 86-
etwa 30 kg

12.) Milo Eddinger, Tenor, Berlin, -Ruf 87 75 48-
etwa 30 kg

13.) ? Marcell, Musiker, Berlin, -Ruf 24 69 03-
etwa 5 kg

14.) ? Kodell, Berlin, -Ruf 34 39 59-
etwa 15 kg

Weitere Kunden kann ich zunächst nicht nennen.

Die Anschriften der Abnehmer weiss ich in den meisten Fällen nicht, da die Kunden fast ausschliesslich den Kaffee in meiner Wohnung in Empfang genommen haben.

v. g. u.
Hans Reinsch

geschlossen

Meister d. Sch.

39

K.J.B.II.-S.K.- Berlin, den 27. 9. 1941.

V e r h a n d e l t :

Bestellt erscheint die Ehefrau

Lieselott R e i n s c h

Personalien Blatt 27 und erklärt, im Anschluss an ihre frühere Vernehmung:

Wie ich gelegentlich der gestrigen mündlichen Besprechung der Sache zum Ausdruck brachte, dürfte sich nach meiner Erinnerung die Anlieferung von Kaffee zu folgenden Zeiten ereignet haben.

1. Am 15.7.1940 bezogen wir die Wohnung Maikowskistr.84 Erdgeschoss. Kurz darauf kam meine Schwägerin, Therese R e i n s c h, aus Köln für etwa 10 Tage zu uns zu Besuch. Etwa 1 Woche darauf, also in der 1.Augusthälfte fuhr mein Mann zu Besuch nach Köln. Von dieser Reise brachte er die 1.Kaffeesendung mit. Dies dürfte dem - entsprechend in der 2.Augusthälfte gewesen sein.

2. Jm Laufe des Monats Dezember 1940 fuhr mein Ehemann nach Köln und kam nach wenigen Tagen mit der 2.Kaffeesendung zurück.

3. Kurz vor Ostern 1941 fuhr mein Ehemann mit mir und meinem Jungen nach Köln, um uns mit seinen Verwandten bekanntzumachen. Wir blieben dort etwa 14 Tage. Auf der Rückreise nahm mein Mann wiederum ein Quantum Kaffee mit. Über die Beschaffung des Kaffees weiß ich nichts. Jch sah nur, dass mein Ehemann auf der Rückfahrt mehrere Koffer als Passagiergut aufgab.

4. Nach einer Zeitspanne von 3-4 Wochen nach unserer Rückkehr, also schätzungsweise am 15.-20.5., dürfte mein Ehemann wiederum nach Köln gefahren sein und von dort Kaffee mitgebracht haben.

5. Etwa 3-4 Wochen später, also schätzungsweise Mitte Juni, dürfte sich das gleiche ereignet haben.

6. Etwa Ende Juni oder Anfang Juli dürfte es gewesen sein, dass mein ~~Schwager Josef R e i n s c h~~ Ehemann nochmals nach Köln fuhr unf von dort Kaffee mitbrachte.

Bl. Nr. 39-40, Aussage Lieselotte Reinsch, 27.9.1941

7. Kurze Zeit vorher oder auch kurz danach kam an einem Sonnabend Abend mein Schwager Josef R e i n s c h mit einer Sendung Kaffee von Köln hierher, und fuhr bereits am andern Morgen nach Köln zurück.

Hierbei möchte ich gleich erwähnen, dass Josef Reinsch kurze Zeit darauf, es muß am Sonnabend, dem 2.8.gewesen sein, mit seiner Ehefrau nach Berlin kam, um uns bekannt zu machen. Bei dieser Reise hat er wahrscheinlich keine Ware nach Berlin mitgebracht, weil seine Ehefrau m.E. von den Kaffeegeschäften nichts weiß. Die Eheleute fuhren am Sonntag, dem 3.8., bereits wieder zurück./
8. Am darauffolgenden Sonnabend, es müßte also der 9.8.1941 gewesen sein, kam Josef R e i n s c h wiederum mit einer Sendung Kaffee zu uns und fuhr am darauffolgenden Tage zurück.

Nach dieser Sendung hat mein Mann m.W. keine Kaffee -
9. sendung mehr erhalten. Dazwischen lag allerdings eine Expressgutsendung etwa im Juni oder Juli, die Will R e i n s c h an meinen Ehemann abgesandt hatte. Weitere Sendungen sind bestimmt nicht gekommen.

Der Vollständigkeit halber will ich erwähnen, dass mein Ehemann vom 10. bis 16.9. 1941 nochmals in Köln war, aber keinen Kaffee bekam. Er brachte von dieser Reise lediglich die kleinen , bald darauf beschlagnahmten Mengen von Lebensmitteln und 1 Pfund Kaffee mit, von dem wir selbst etwas verbrauchten.

Über den Transport der Koffer mit Kaffee in unsere Wohnung will ich auf Befragen erklären, dass ich im Auftrage meines Mannes zweimal meinen Onkel,Richard H ä m m e r l i n g , anrief, um ihn zu veranlassen, die am Bahnhof lagernden Koffer mit dem von ihm geführten Goliath-Lieferwagen in unsere Wohnung zu schaffen.

40

Dies hat mein Onkel in den angegebenen 2 Fällen auch ausgeführt. Die Zeiten vermag ich nicht mehr anzugeben. Dass mein Onkel den Kaffee in weiteren Fällen zu uns gebracht hätte, wüßte ich nicht. Ob er den Jnhalt der Koffer kannte, weiß ich nicht. Jch habe mit ihm darüber nicht gesprochen.

Wenn ich befragt werde, wie hoch ich das Quantum an Kaffee schätze, das mein Ehemann bezogen und weiter veräussert hat, so kann ich nur sagen, ich schätze, dass mein Ehemann bzw.Josef und Will R. durchschnittlich 1 bis 1 1/2 Ztr. Kaffee gebracht bzw. übersandt haben. Wenn man nach der obigen Aufstellung auf 8 Sendungen schließt, so würden 9-10 Ztr. Kaffee zu errechnen sein, von denen aber Fehlmengen durch Diebstahl auf dem Transport und Beimengen von Sand abzurechnen wären. Die Fehlmenge beträgt nach xxx meiner Schätzung mindestens 50 Pfund.

Wenn mir vorgehalten wird, dass mein Mann in meiner Vernehmung angab, die vom Verkäufer angegebenen Gewichte hätten auch nicht gestimmt, so muß ich dazu sagen, dass er mir dies auch wiederholt erklärt hat. Auch hierdurch müßten dann Fehlmengen gerechnet werden, die ich jedoch nicht abschätzen kann.

Wenn ich gefragt werde, ob und welche Grossabnehmer, z.B. Lokale oder dergl, mein Ehemann gehabt hat, so muß ich sagen, dass ich von solchen Grossabnehmern nichts weiß. Meines Wissens hat mein Ehemann nur xxx an Selbstverbraucher verkauft.

Wenn ich nach den Verkaufspreisen befragt werde, so muss ich dazu sagen, dass ich mich anfangs um die Kaffee-Angelegenheit gar nicht gekümmert habe, und daher die damaligen Verkaufspreise nicht weiß. Jm Sommer d.Js. hat mir mein Ehemann die Verkaufspreise für Rohkaffee mit 30 RM und gebrannten Kaffee mit 35 RM bezeichnet. Dementsprechend habe ich auch gelegentlich an Jnteressenten Kaffee herausgegeben und auch den Preis vereinnahmt. Von den beiden letzten Sendungen habe ich nichts verkauft, glaube mich aber zu erinnern, dass der Kaffee pro Pfund sowohl gebrannt, wie ungebrannt, um 2.00 RM teurer geworden war, also 32 bzw.37 RM.

Wenn mir vorgehalten wird, dass ich im Juli d.Js. an das Blumenmädchen der F e m i n a 10 Pfd. Kaffee für 360 RM abgegeben habe, so muß es sich hierbei um einen Preis zwischen den oben angegebenen handeln. Jch selbst habe Aufgelder nie genommen. Da ich von meinem Stiefvater den für meinen Ehemann vorgesehenen Wochenlohn regelmässig bekam, war ich auch darauf nicht angewiesen, mirxGeld zu verschaffen.

Bei der Beurteilung meiner Handlungsweise bitte ich zu berücksichtigen, dass mein Ehemann sich durch mich in keiner Weise beeinflussen ließ, und dass ich ihm bei seinen Kaffeegeschäften nur deshalb gelegentlich behilflich war, weil ich meine Ehe erhalten wollte.

Wenn mir vorgehalten wird, dass mein Onkel H ä m m e r l i n g in seiner Vernehmung angab, ich hätte von der erwähnten Fleischsendung 12 Pfd. zu seiner Ehefrau gebracht und den Betrag von 20 RM dafür entgegengenommen, so kann ich dazu nur sagen, dass ich zwar heute zugebe, 12 Pfd. von insgesamt 22 Pfd. an meine Tante abgegeben zu haben, dass aber meine Tante das Fleisch selbst von mir abgeholt und den Betrag an mich zahlte.

Laut diktiert: selbst gelesen: g. u.

Zugegen:

Geschlossen:

Kriminal-Sekretär.

Kriminal-Kommissar.

41

K.J.B.II.-SK- Berlin,den 27.September 1941.

Ermittelungsbericht!

Die Wohnung des Beschuldigten R e i n s c h wurde gestern nachm. einer nochmaligen Durchsicht unterzogen,um weitere Beweismittel sicher zustellen.

Gefunden wurden die im Belegheft befindlichen Papiere Blatt 29-32.

Hierbei wurden die Daten der Kaffeesendungen mit Frau R e i n s ch durchgesprochen. Sie machte dabei freimütig die in der heutigen Vernehmung genauen ausgeführten Angaben.Diese stimmen im wesentlichen mit Angaben aus anderen Quellen überein,sind also glaubhaft. Hierbei ergab sich,daß Josef R e i n s c h dreimal in Berlin war und mindestens zweimal Kaffee mitgebracht hat,ferner,daß Richard Hä m m e r l i n g, der Onkel der Frau R e i n s c h zweimal Kaffee vom Bahnhof in die Wohnung geschafft hat.

Eine Durchsuchung in der Wohnung des H ä m m e r l i n g verlief ohne Erfolg. H. wurde nicht angetroffen,aber durch seine Ehefrau für heute früh zur Vernehmung bestellt.

Eine Rücksprache mit dem Stiefvater der Frau R e i n s c h,dem Bäckermeister Fritz B e s s e r, 29.7.06 Neuhammer geboren,Berlin-Niederschönhausen,Körnerstrasse 8 wohnhaft ergab,das Hans R e i n s ch im Sommer 1940 zwei bis drei Wochen in dessen Betrieb körperlich gearbeitet hat,jedoch Herzanfälle erlitt,weshalb er nicht mehr weiter arbeiten konnte.

Im Jahre 1941 wurde Hans Reinsch vom 15.7.-2.8. und vom 9.8.-13.9 bei B e s s e r als Aushilfskraft geführt. Nach Angaben des Besser ist Reinsch jedoch nur an 2 Tage zur Arbeit dort erschienen. Der Wochenlohn von 75.-RM wurde aus Mitleid als Unterstützung gezahlt.Die ausdrückliche Frage,ob Reinsch im Betriebe des Besser Kaffee gebrannt oder an ihn Kaffee verkauft habe,verneinte B e s s e r.

Wünsche

Kriminal-Kommissar.

Bl. Nr. 41, Ermittlungsbericht Wünsche, 27.9.1941

Dr. Arno Weimann
Rechtsanwalt

Telefon 34 50 94
Sprechstunde: 4—7 Uhr
außer Sonnabends
Telefongespräche unverbindlich

Mitgl. d. NSRB

Charlottenburg, den 1. Oktober 1941
Berliner Straße 99
nahe Richard-Wagner-Platz

95

JUSTIZBEHÖRDEN
-2.10.41 -7-8
1.
BERLIN-MOABIT

1 Anl.

In der Strafsache
gegen
Hans Reinsch
-- 3 Gew. Js. 967/41 --
.-.-.-.-.-.-

zeige ich ergebenst an, dass ich
den Angeklagten Reinsch vertrete.
Vollmacht wird nachgereicht. Ich
bitte ergebenst,
mir Sprecherlaubnis zu erteilen.

Rechtsanwalt

V.
1.) K.A.
2.) zur Haft
b. 3/X.41

die
Staatsanwaltschaft
bei dem Landgericht
Berlin
.-.-.-

6/11.41

Bl. Nr. 95, Schreiben von Rechtsanwalt Weimann, 1.10.1941

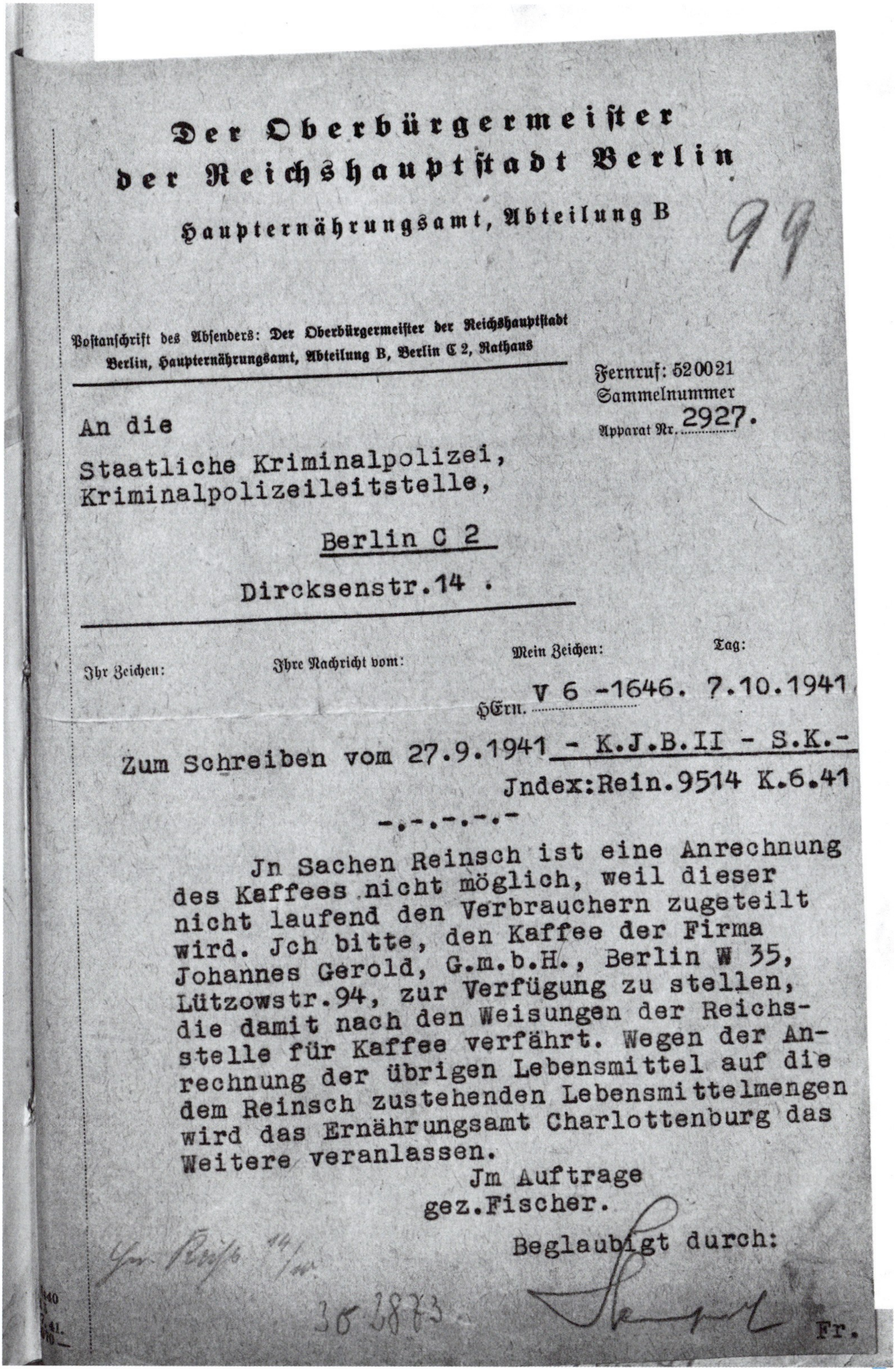

Der Oberbürgermeister
der Reichshauptstadt Berlin
Hauptsernährungsamt, Abteilung B

99

Postanschrift des Absenders: Der Oberbürgermeister der Reichshauptstadt Berlin, Hauptsernährungsamt, Abteilung B, Berlin C 2, Rathaus

Fernruf: 520021
Sammelnummer
Apparat Nr. 2927.

An die

Staatliche Kriminalpolizei,
Kriminalpolizeileitstelle,

Berlin C 2

Dircksenstr. 14 .

Ihr Zeichen:	Ihre Nachricht vom:	Mein Zeichen:	Tag:
		HErn. V 6 -1646.	7.10.1941

Zum Schreiben vom 27.9.1941 - K.J.B.II - S.K.-
Jndex:Rein.9514 K.6.41

-.-.-.-.-

Jn Sachen Reinsch ist eine Anrechnung des Kaffees nicht möglich, weil dieser nicht laufend den Verbrauchern zugeteilt wird. Jch bitte, den Kaffee der Firma Johannes Gerold, G.m.b.H., Berlin W 35, Lützowstr.94, zur Verfügung zu stellen, die damit nach den Weisungen der Reichsstelle für Kaffee verfährt. Wegen der Anrechnung der übrigen Lebensmittel auf die dem Reinsch zustehenden Lebensmittelmengen wird das Ernährungsamt Charlottenburg das Weitere veranlassen.

Jm Auftrage
gez.Fischer.

Beglaubigt durch:

Fr.

Bl. Nr. 99, Schreiben vom Hauptsernährungsamt an Kriminalpolizei, 7.10.1941

101

Staatliche Kriminalpolizei z.Zt. Köln, den 3. Oktober 1941.
Kriminalpolizeileitstelle Berlin
K J.B II - SK.-
Zu Index: Rein. 9727 K. 6/41.

An

die Staatliche Kriminalpolizei
Kriminalpolizeileitstelle

in K ö l n .

Kriminalpolizeileitstelle Köln
7 - OKT. 1941
Tgb.-Nr. 64711
8 K

In der beim Generalstaatsanwalt beim Landgericht B e r l i n unter 3 Gew. Js. 967/41 anhängigen Ermittlungssache gegen Hans R e i n s c h u.A. wegen Kriegswirtschaftsverbrechens hat der in Köln - Rodenkirchen, Grüngürtelstrasse wohnhafte Mitbeschuldigte W i l h e l m Reinsch behauptet, von drei ihm unbekannten Personen, einem Feldwebel, einem Pionier und einem Zivilisten, die e r in seiner Vernehmung ausführlich beschreibt, jedoch dem Namen nach nicht kennt, nacheinander mehrere Sendungen rohen und gebrannten Kaffee käuflich erworben zu hab-en. R. hat sich bereit erklärt, alles zu tun um die Verkäufer ermitteln zu helfen. Er glaubt, den oben bezeichneten Zivilisten im Lokal L a s t h a u s , Köln, Gürzenichstrasse, gelegentlich wieder zu treffen und will dann den Kriminalsekretär K l u c k e von der Kriminalpolizeileitstelle Köln, 8. K. benachrichtigen, um die Feststellung des unbekannten Lieferanten zu ermöglichen.

K.S. K l u c k e hat durch seine Mitarbeit bei dem derzeitigen Ermittlungen in Köln Kenntnis von allen wesentlichen Punkten des Verfahrens. Ich bitte, ihn mit d en weiteren Massnahmen zu betrauen.

Durchschläge der hier gefertigten Vernehmungen füge ich bei.

Im Auftrage:

Wünsche

Bl. Nr. 101, Brief Wünsche an Kriminalpolizei Köln, 3.10.1941

Absender:
(Name und Gefangenenbuch-Nr.)

Hans Reinsch
3. Gew 967.41 I s. (1265)

Aktenzeichen:

Berlin-Plötzensee, den 4. Dez. 1941
Strafgefängnis III. Abt. VI. Zelle 260

9. Dez. 1941

108

An

Herrn Staatsanw. Assessor Dr. Schmidt

in Berlin-Moabit

Sehr geehrter Herr Staatsanwalt
Assessor Dr Schmidt

In meiner Herzensnot möchte ich mich an Sie wenden. Die Tat als solche dürfte wohl aus den Akten, Ihnen bekannt sein. Ich möchte nur noch einiges dazu bemerken. Ich kenne seit meinen 20. Lebensjahr nichts anders wie Unglück. Ich habe den Kaffee nicht verkauft um Reichtümer zu häufen, denn Geldgierig bin ich nicht, ich habe es lediglich aus Not getan, für meine Familie denn ich liebe meine Frau und meinen Jungen abgöttich. Es machte mich mutlos das ich überall entlassen würde wegen meiner Herzleidens, faul zu arbeiten, bin ich nicht. Hier im Gefängnis hat man mich meiner guten Führung wegen, zum Hausfriseur ernannt, obwohl der Herr Medizinalrat es erst verboten hatte, wegen meiner Krankheit, auf mein bitten hin, dann doch genehmigte. Es wäre wohl alles noch gut geworden, wenn man mich wenigstens bei Militär hätte gebrauchen können, aber auch dort würde ich entlassen wegen Krankheit. (Flieger Hans Reinsch Berlin Schönwalde Regiment 11 Kompanie 5) Ich war trotz der wenigen

Bl. Nr. 108, handschriftlicher Brief Hans Reinsch an den Staatsanwalt, 4.12.1941

Tage die ich bei Militär, dort schon sehr beliebt
Sehr geehrter Herr Staatsanwalt ich bin wirklich
nicht schlecht, und war es auch nie. Ich habe geholfen
wo ich konnte, obwohl ich kaum selbst etwas
hatte. Ich habe mich als noch (~~nicht~~) nicht 18
jähriger in Lebensgefähr gegeben, und ohne
mich zu besinnen, im Rhein 2 Menschen vorm
Tode des Ertrinkens bewahrt. Meine Schwieger-
eltern wollen mir jetzt helfen ich soll im Betrieb
einen ganz leichten Posten ausfüllen, nie wieder
werde ich mit dem Gesetz in Konflickt komen
das dürfen Sie mir wahrhaftig glauben. Ich
leide fürchbar unter der Haft an Leib und Seele
und denke dauernd an meine Familie. Bitte
bitte helfen Sie mir doch. Ich habe so geschrieben
wie es mir ums Herz ist.

Hans Reinsch

M. H. vorlegen

L. 6/XII 41

1) Vorführungsauftrag
2) [illegible]

L. 9/XII 41

m 1 gef. u. ab

Dz. 12. Dez. 1941

CLEMENTZ

Rechtsanwalt

Telefon: 22 31 57 und 22 31 58
Postscheckkonto: Köln 352 50

Mitgl. des NSRB.

-/S

KÖLN, den 9. April 1942.
Auf dem Berlich 35I

147

JUSTIZBEHÖRDEN 13.4.42 -7--8 2. BERLIN-MOABIT

An die

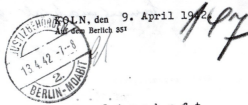

Staatsanwaltschaft

Berlin

3 Gew. Js. 967/41

Jn der Strafsache gegen

Hans Reinsch

wegen Kriegswirtschaftsvergehens

bitte ich ergebenst um Mitteilung, wie weit das Verfahren gediehen ist.
Gegen die beiden Brüder Wilhelm und Josef Reinsch schwebt bei dem Amtsgericht Köln wegen des gleichen Tatbestandes ein Parallelverfahren, das einstweilen bis zur Entscheidung über die Berliner Sache ausgesetzt werden soll, da der Verlauf des Berliner Prozesses für die Beurteilung der hier anhängigen Sache von wesentlicher Bedeutung ist.
Jch bitte daher um die erbetene Auskunft.

Der Verteidiger :

Clementz

Rechtsanwalt.

1) Antworten: [illegible]

Hans Reinsch [illegible]

2) Anfrage bei [illegible] Köln, KJ.B.II - SK - 562/42, ob [illegible]

[illegible]

Bl. Nr. 147, Schreiben von Rechtsanwalt Clementz, 9.4.1942

149

Der Polizeipräsident in Berlin

-Preisüberwachungsstelle-

C 2,
Berlin ~~NW 7~~, Magazinstraße 3/5

Eingangs- und Bearbeitungsvermerk

JUSTIZBEHÖRDEN 29.4.42 -9-11 2. BERLIN-MOABIT

An den Herrn
Generalstaatsanwalt beim Landgericht Berlin

Berlin NW 40,
Turmstrasse 91

Geschäftszeichen und Tag Ihres Schreibens

Geschäftszeichen und Tag meines Schreibens
IV 46.49/14/42. 23.April 1942.

Betrifft: Reinsch u.a., Aktenzeichen I Gew.Js.967/41.

Am 3.11.1941 habe ich gegen Reinsch u.a. wegen Preisüberschreitung Antrag auf Strafverfolgung gestellt und Sie gebeten, mir die Akten nach Abschluß des dortigen Verfahrens wieder zuzuleiten, damit ich gegen die Abnehmer des Reinsch Ordnungsstrafverfahren durchführen kann.

Ich bitte nochmals um Übersendung der Akten, bezw. um Angabe der Hinderungsgründe.

Im Auftrage:
gez. Langner.

Polizeipräsident in Berlin Abteilung IV

Beglaubigt
Matthias
Kanzleiangestellte.

Wa.-

Anlagen

Fernruf:
Berlin
Amt E 1 Berolina 0023

Postscheckkonto
Berlin 49825
Bez.-Hauptkasse

Bl. Nr. 149, Schreiben Preisüberwachungsstelle an Generalstaatsanwalt, 23.4.1942

L. G. Sond. G.
an
4. JAN. 1944
ab

Berlin, den 3.1.44.

175

An den Herrn Oberstaatsanwalt Dr. Burchardt.

Ich, Frau Lieselott Reinsch, bitte hiermit um Vertagung der Verhandlung.
Mein Mann befindet sich augenblicklich nicht in Berlin. Bei einem Besuch seiner im Schwarzwald lebenden Schwester erlitt er einen Schlaganfall, von dessen Folgen er sich noch nicht erholt hat. Eine leichte rechtsseitige Lähmung hindert ihn nach Berlin zu fahren. Da es nicht der erste Schlaganfall ist, kenne ich den Verlauf der Krankheit ungefähr. Ich bitte Sie darum die Verhandlung nicht vor sechs Wochen stattfinden zu lassen, da vorher jede Aufregung leicht einen schlimmeren Anfall hervorrufen könnte.
Ich bitte Sie, Herr Oberstaatsanwalt, die Tat meines Mannes gnädig zu beurteilen. Er hat nicht böswillig gehandelt. Er hat alles nur getan damit mir nicht die nötige Pflege fehlte.
Ich leide an einer Lungen Tbc. Auch unser Kind hat ein Lungenleiden. Für die Wahrheit

Die Ehefrau will morgen [illegible] [illegible]. 4. Jan. 1944 [illegible]

Bl. Nr. 175, handschriftlicher Brief Lieselotte Reinsch an Oberstaatsanwalt, 3.1.1944 dieser Angabe bürgt beiliegender Befund.

Mit deutschem Gruß!

Frau Lieselott Reinsch.

Institut für gerichtliche
Medizin und Kriminalistik
beim Hauptgesundheitsamt
der Reichshauptstadt Berlin

GA XI 1 / 52 / 44 /K.

Bln. - Pankow, den 3. Mai 1944.
Grunowstr. 8-11.
Fernr.: 48 3636.

184

JUSTIZBEHÖRDEN -8.5.44-8-24 1. BERLIN-MOABIT

In der Strafsache gegen Reinsch

wegen KWV

(Sond III) 3 Gew.K Ls.176 / 43 (3222/43)

1. 7. Juni 1944, 9 3/4
2.
3.
4.

9. V. 44.

äußere ich mich auf Ersuchen des Sondergerichts über die Verhandlungsfähigkeit des Angeklagten,

Hans R e i n s c h, geb. 26.1.11 in Köln, wohnhaft: Bln.-Charlottenburg, Maikowski-str.84.

Die Untersuchung des Angeklagten an hiesiger Stelle hat folgendes ergeben:

9. Mai 1944

R. befindet sich in gutem Kräfte- und Ernährungszustand. Die Herztöne sind rein, die Herzdämpfung ist nicht verbreitert. Der Puls ist etwas beschleunigt (90 Schläge in der Minute). Nach 10 Kniebeugen keine wesentliche Vermehrung der Herztätigkeit, auch keine merkliche Atemnot. Während der Kniebeugen kann er sich mit dem Gutachter unterhalten, ohne kurzatmig zu werden. Keine Anzeichen einer Kreislaufschwäche. Am Zentralnervensystem keine

Regel-

Bl. Nr. 184, Gutachten Gerichtsarzt Kothe, 3.5.1944

Regelwidrigkeiten mit Ausnahme einer Herabsetzung der Schmerzempfindung an den rechtsseitigen Extremitäten.

Der Untersuchte klagt über Anfälle von Kopfschmerzen mit Sensibilitätsstörungen der rechten Körperseite. Außerdem will er öfters Ohnmachtsanfälle haben.

Es handelt sich bei dem Angeklagten vorwiegend um nervöse Ausfallserscheinungen und grobe Störungen im Funktionsbereich des autonomen Nervensystems.

Da weder eine bedrohliche Herzschwäche vorliegt, noch irgend eine andere Krankheit, die zu lebensbedrohlichen Zuständen führen könnte, halte ich den Angeklagten für verhandlungsfähig.

Mit der vorgeschriebenen Schlußversicherung.

(Dr. K o t h e),
Oberarzt, Gerichtsarzt.

Li.

An
das Landgericht, Sondergericht III,

B e r l i n

Rechtskräftig
[signature]
Justizinspektor
12. Juni 1944

L. G. Sond. G.
an –8. JUNI 1944
ab 1 Bd.H.A. 2 Bd.B.A.

189

Geschäftsnummer: (Sond. III) 3. Sond. K.Ls. 176/43 (3283/43)

Im Namen des Deutschen Volkes!

Strafsache gegen den Geschäftsführer Hans [illegible] aus Berlin-Charlottenburg, [illegible]straße 84, geboren am 26. Januar 1911, deutscher Reichsangehöriger, katholisch, verheiratet, einmal wegen Diebstahls bestraft, in dieser Sache vom 17. September bis 22. Dezember 1941 in
~~wegen~~ Haft gewesen,
wegen Kriegswirtschaftsverbrechens und Preisvergehens.

Das ~~Schwurgericht in~~ Sondergericht III bei dem Landgericht Berlin

hat in der Sitzung vom 7. Juni 1944, an der teilgenommen haben:

Landgerichtsdirektor [illegible]
als ~~Vorsitzender~~, Einzelrichter,

Staatsanwalt [illegible]
als Beamter der Staatsanwaltschaft,

~~als beisitzende Richter,~~

Justizsekretär [illegible]
als Urkundsbeamter der Geschäftsstelle,

für Recht erkannt:

Der Angeklagte hat etwa neun Zentner bezugsbeschränkte Spinnstoffwaren, Schweinefleisch und Butter im Schleichhandel erworben und mit Ausnahme der Butter auf demselben Wege zu Überpreisen abgesetzt.

Er wird deshalb wegen Kriegswirtschaftsverbrechens und zugleich wegen Vergehens gegen die Preisstrafrechtsverordnung zu einer Zuchthausstrafe von zwei Jahren ~~als Geschworene,~~ neun Monaten und zu einer Geldstrafe von neunhundert Reichsmark, ersatzweise zu weiteren neunzig Tagen Zuchthaus, verurteilt.

~~als Beamter der Staatsanwaltschaft,~~

Die Geldstrafe gilt durch die Untersuchungshaft als verbüßt.

Die beschlagnahmten fünf [illegible] sowie das [illegible] mit 47 Reichsmark [illegible] ~~als Urkundsbeamter der Geschäftsstelle,~~ werden eingezogen.

Ein Mehrerlös von dreitausend Reichsmark ist an das Reich ab-
~~für Recht erkannt:~~ zuführen.

Die Ehrenrechte eines Deutschen werden dem Angeklagten auf die Dauer von drei Jahren aberkannt.

Er hat die Kosten des Verfahrens zu tragen.

Gründe.

St. P.
Nr. 110. Urteilsurschrift erster Instanz (§ 275 StPO.).
— Schwurgericht.

Bl. Nr. 189-190, handschriftliches Urteil, 7.6.1944

Gründe.

Der 33 Jahre alte, einmal wegen Diebstahls geringfügig vorbestrafte Angeklagte hat die Volksschule besucht, das Kürschnerhandwerk erlernt und auch einige Jahre in diesem Beruf gearbeitet, bis er ihn 1933 wegen einer durch sein Herzleiden bedingten übergroßen Nervosität aufgeben mußte. Er war dann bis Ende 1935 als Vertreter und später bis zum Beginn des jetzigen Krieges als dritter Geschäftsführer in der Gaststätte „Alt Bayern" in Berlin tätig. Darauf wurde er zu den Henschel-Flugzeugwerken in Berlin-Schönefeld dienstverpflichtet, dort aber Ende Juli 1940 wegen Krankheit entlassen. Seitdem arbeitete er mit durch seine Krankheit bedingten wiederholten Unterbrechungen als Geschäftsführer in der Groß-Brotbäckerei von Fritz Dilser zu Berlin-Kirchhofshausen. Er ist seit dem 6.7.1940 verheiratet. Seine Frau, die Lebensmittelkontoristin ist, ist die Stieftochter seines Arbeitgebers. Aus der Ehe ist ein Kind von 4 Jahren hervorgegangen. Das Einkommen des Angeklagten beläuft sich zur Zeit auf rund 300.- RM netto monatlich.

Infolge der auf seinem Herzleiden beruhenden wiederholten Unterbrechungen seines Arbeitsverhältnisses waren die wirtschaftlichen Verhältnisse des Angeklagten zeitweise ungünstig. Ein Besuch bei seinen in Köln lebenden Brüdern brachte ihn auf den Gedanken, seine Einnahmen dadurch zu verbessern, daß er im Schleichhandel fortlaufend Lebensmittel und vor allem Kaffee sowie Spinnstoffwaren bezog und dieselben zu Überpreisen absetzte. Eine Handelserlaubnis besaß er nicht, und er war sich bewußt, daß er durch das von ihm beabsichtigte Vorgehen gegen die Vorschriften der Kriegswirtschaftsverordnung und der Preisstrafrechts-Verordnung verstieß. Er ließ sich dadurch aber von seinem Vorhaben nicht abbringen.

Zunächst kaufte er in fortlaufender Verwirklichung seines vorerwähnten Gesamtplans von seinen Brüdern Wilhelm und Josef Liebscher Köln a. Rh. in der Zeit vom September 1940 bis zum September 1941 nach und nach acht Säcke Kaffee im Gesamtgewicht von etwa neun Zentnern zu Preisen von 12.- bis 24.- Reichsmark je Pfund. Er schaffte den Kaffee in großen Koffern teils selbst nach Berlin, teils wurde er ihm von seinen Brüdern nach Berlin gebracht oder gesandt. Hier veräußerte er den Kaffee mit einem Aufschlag von jeweils 6.- Reichsmark pro Pfund an Geschäftsleute, Käufer und Gewerbetreibende, sodaß er also Preise von 18.- bis 30.- RM je Pfund erzielte. Seine Brüder, die den Kaffee angeblich von aus Frankreich kommenden Soldaten erworben und bei den Geschäften keinen Verdienst erzielt hatten, sind vom Amtsgericht Köln – 9.Ds. 40/42 – nur wegen Preistreiberei zu Geldstrafen verurteilt worden. Bei der hier in Betracht kommenden Menge unterlag auch der aus Frankreich eingeführte Kaffee der Zwangsbewirtschaftung.

In weiterer fortlaufender Verwirklichung seines Gesamtplans erwarb der Angeklagte ferner im September 1940, angeblich von unbekannten Soldaten, zwei Anzugs-Herrenstoffe zum Preise von je 100.- RM und verkaufte sie im Schleichhandel ohne Punkte mit einem Aufschlag von je

164

10,- RM, sodaß er hieran also 20,- RM verdiente. Aus dem Geschäft seiner Großmutter entwendete er außerdem im Dezember 1940 vier bis fünf Damenstoffe, teils Seide, teils Wolle, für etwa 120–130,- RM, die er mit einem Aufschlag von 40 bis 50,- RM verkaufte, und zu Ostern 1941 ein Dutzend Untergarnituren für Damen und Herren zum Preise von je 3,- RM, die er mit einem Übergewinn von 1,50 bis 2,- RM veräußerte, sowie ein Dutzend Damenstrümpfe zum Preise von je 3,50 RM, bei deren Verkauf er einen Übergewinn von 2,- RM je Paar erzielte.

Gleichfalls in stückweiser Verwirklichung seines Gesamtplanes kaufte er schließlich im Mai und Juni 1941 von einem Fleischergesellen Frank 22 Pfund Schweinefleisch für 40,- RM und 4 Pfund Butter für 20,- RM. Während er die Butter für sich behielt, überließ er die Hälfte des Schweinefleisches im Wege des Schleichhandels zu dem von ihm selbst bezahlten Überpreis einem Onkel seiner Braut.

Der Angeklagte, der diesen Sachverhalt zugibt, hat hiernach, fortgesetzt handelnd, Erzeugnisse, die zum lebenswichtigen Bedarf der Bevölkerung gehören, im Schleichhandel zu Überpreisen aufgekauft und größtenteils auch weiterverkauft und sie damit beiseite geschafft. Hierdurch hat er, wie bei der erheblichen Menge der von ihm beiseite geschafften Waren, namentlich des Kaffees und der Strumpfwaren, keinem Zweifel unterliegen kann, die Deckung des lebenswichtigen Bedarfs der Bevölkerung an solchen verknappten Waren gefährdet. Er war sich dabei bewußt, daß er gegen die im Interesse der gleichmäßigen Versorgung der Bevölkerung erlassenen Bewirtschaftungsvorschriften verstieß, ließ sich dadurch aber von seinem Vorhaben nicht abhalten, um auf bequeme Weise Gewinne zu erzielen. Er hat daher böswillig gehandelt und sich demnach eines Verbrechens gegen § 1 Abs. 1 der KWVO schuldig gemacht. In Tateinheit hiermit (§ 73 RStGB) hat er ein fortgesetztes Vergehen gegen § 1 der Preisstrafrechts-VO verübt, da er die bestehenden Höchstpreise erheblich überschritten hat. Er war daher wegen fortgesetzten Verbrechens gegen § 1 Abs. 1 der KWVO in Tateinheit mit fortgesetztem Vergehen gegen § 1 der Preisstrafrechts-VO zu bestrafen, wobei die Strafe gemäß § 73 RStGB aus § 1 KWVO zu entnehmen war.

Bei der Strafbemessung ist folgendes erwogen: Der Angeklagte ist erst geringfügig und nicht erheblich vorbestraft. Er hat aus einer gewissen wirtschaftlichen Bedrängnis heraus gehandelt, ferner hat er von Anfang an offen eingestanden und eine recht aufrichtige Reue gezeigt. Trotz des Umfangs der von ihm beiseitegeschafften Waren ist er auch nicht als Großschieber anzusehen, sondern ist, wie namentlich die von ihm erzielten Verkaufspreise erkennen lassen, mehr ein Mitläufer gewesen. Auch liegen die von ihm begangenen Taten, die in den Jahren 1940 und 1941 verübt sind, eine ganze Weile zurück. Andererseits hat der Angeklagte durch seine damaligen Schleichhandels-

ge-

Geschäfte nicht unerheblich zu der starken Warenknappheit beigetragen, unter der das deutsche Volk jetzt zu leiden hat. Auch hat er [redacted] ein Jahr lang seinen Lebensunterhalt in der Hauptsache durch den Gewinn aus seinen Schleichhandelsgeschäften bestritten und sich bedeutende [illegible] beiseitegeschafft. Deshalb kam als Sühne seiner Tat nur eine Zuchthausstrafe in Betracht, die aber im Hinblick auf die erörterten Milderungsgründe in Übereinstimmung mit dem Antrage der Staatsanwaltschaft verhältnismäßig niedrig auf zwei Jahre und 9 Monate Zuchthaus bemessen werden konnte.

Daneben war, da der Angeklagte in Bereicherungsabsicht gehandelt hat, nach § 1 Abs. 3 KWiVO auch eine Geldstrafe zu erkennen, welche unter Berücksichtigung des § 27 c Abs. 1 StGB. auf 900.– RM [redacted] bemessen worden ist. Die Festsetzung der Ersatzfreiheitsstrafe beruht auf § 29 StGB. Da der Angeklagte geständig gewesen ist, ist die Geldstrafe gemäß § 60 StGB. für durch die erlittene Untersuchungshaft verbüßt erklärt worden.

Der dem Angeklagten erzielte Mehrerlös von rund 3000.– RM ist gemäß § 3 Abs. 6 der Preisstrafrechts-VO an das Reich abzuführen, da der Angeklagte Überpreise genommen hat.

Gemäß § 40 StGB. in Verb. mit § 1 c KWiVO und § 3 Abs. 1 Preisstrafrechts-VO. waren die zum Transport der Schleichhandelsware benutzten 6 Koffer sowie die in dem einen von ihnen befindlichen 47 Paar Strümpfe, die der Angeklagte zugestandenermaßen ebenfalls im Schleichhandel erworben hat und mit Überpreisen absetzen wollte, einzuziehen.

Im Hinblick auf die von dem Angeklagten bewiesene üble Gesinnung sind ihm auch ohne einen dahingehenden Antrag der Staatsanwaltschaft die Ehrenrechte eines Deutschen auf die Dauer von drei Jahren aberkannt worden.

Die Kostenentscheidung beruht auf § 465 StPO.

Wrabel 7/6 44

Malte Zierenberg

Probleme und Chancen eines Quellen- und Forschungsprojekts – ein Rückblick

Große Vorbilder zeigen immer wieder, dass Polizei- und Gerichtsakten für die geschichtswissenschaftliche Forschung hervorragende Quellen sind, mit deren Hilfe nicht nur bemerkenswerte historische Einzelfälle untersucht, sondern auch die Bruchlinien und Konfliktfelder einer Gesellschaft in den Blick genommen werden können. Eine Arbeit wie die des Historikers Helmut W. Smith über den »Ritualmord« in einer westpreußischen Kleinstadt etwa erzählt nicht nur eine spannende (Kriminal-) Geschichte. Sie verwebt die Rekonstruktion des historischen Mordfalls mit einer Lesart des Antisemitismus um 1900 und verbindet so erzählerische Raffinesse mit einer wichtigen historischen Deutung.[258] Zuletzt hat Michael Hagner mit seinem Buch über einen Fall von Sadismus am Beginn des 20. Jahrhunderts vorgemacht, wie man als Historiker eine Fallgeschichte zugleich als eine Analyse von über den Einzelfall hinaus weisenden Diskursen und Wissensordnungen einer Epoche schreiben kann – in Hagners Fall mit Blick auf die Themen Erziehung und Gewalt, Sexualität und mediale Logiken.[259]

Das sind, wie gesagt, große Vorbilder. Und es wäre eine Überforderung der hier versammelten, aus einer zweisemestrigen Übung am

Institut für Geschichtswissenschaften der Humboldt-Universität hervorgegangenen Texte junger Historikerinnen und Historiker, wollte man sie mit ihnen vergleichen. Gleichwohl – als Vorbilder können Smith, Hagner und andere insofern gelten, als auch unsere Arbeit, unsere Spurensuche im Fall Reinsch zweierlei versucht hat: einerseits die (teilweise) Rekonstruktion dieses in mehrerlei Hinsicht bemerkenswerten Schieber-Falls; andererseits aber auch Kontextualisierungsleistungen, die den Fall in größere Zusammenhänge einordnen.

Die Ergebnisse dieser Arbeit liegen hier vor. Konzentriert sich ein Teil der Aufsätze auf Fragen nach den Akteuren, ihren Handlungen, den Räumen, in denen sie agierten oder auch den Verordnungen, auf deren Grundlage unser Protagonist Hans Reinsch schließlich verurteilt wurde, richtet der andere Teil sein Augenmerk auf Aspekte des Falles, die durchaus anschlussfähig für laufende Forschungsdiskussionen sind. Hier geht es zum Beispiel um die Rolle der Polizei oder des Berliner Sondergerichts – und damit auch um Fragen nach dem Justiz- und Herrschaftssystem des nationalsozialistischen Deutschland, um Fragen nach Täterschaft und ihren institutionellen Rahmen. Ein anderer Aufsatz geht der Frage nach, wie sich der Krieg als erfahrbare Realität und als Wahrnehmungsmatrix mit einer eigenen, von der Friedenszeit unterschiedenen Ordnung in die Akte eingeschrieben hat. Die zunächst graumäusig-bieder anmutende Verwaltungssprache der Polizei und das etwas umständliche Prozedere der unterschiedlichen mit dem Fall befassten Behörden können schließlich nur unzureichend verdecken, dass wir in der Akte am Beispiel eines »Kriegswirtschaftsverbrechens« vielfältige Formen von Partizipation und Ausschluss, Formen der jeden Tag aufs Neue ›hergestellten‹ so genannten »Volksgemeinschaft« studieren können – das Thema eines weiteren Textes in diesem Band.

Einige der im Titel angedeuteten »Probleme« unseres Experimentes liegen gewissermaßen auf der Hand: Man hat nie genug Zeit – schließlich haben alle Beteiligten auch noch anderes zu tun (Scheine erwerben, Seminare besuchen ...); man verschwendet immer zu viel Energie auf Abstimmungsfragen (muss man wirklich alle Anführungszeichen mit allen absprechen?); vieles kann nicht bis zum Letzten erörtert werden (Aktenkunde im umfassenden Sinn haben wir zum Beispiel nicht betrieben) usw. usf. Doch das sind beinahe Selbstverständlichkeiten. Daneben ergaben sich jedoch auch Schwierigkeiten, die etwas mit der spezifischen Herangehensweise zu tun haben – wenn nicht jeder Quellenübung, die sich intensiv nur mit einer Akte und einem Fall befasst, dann auf jeden Fall mit unserer. Dazu gehört vor allem – je länger und intensiver man sich auf den Fall einlässt, umso mehr – die nicht leicht zu bewältigende Aufgabe, zwischendurch den Kopf zu heben, von den manchmal wichtigen, manchmal bloß spannenden Details abzulassen, einen Schritt zurückzutreten, das Wesentliche vom bloß Interessanten zu scheiden. In welcher Straße wohnte die Person XY noch mal? Lässt sich daran etwas über ihre Lebensumstände ablesen? Welchen Dienstgrad hatte Kommissar Wünsche genau? Wer war jene Schauspielerin, die da als Kundin in der Akte genannte wird? Und ist dieser Aloys Hitler mit jenem anderen Hitler verwandt? Das Wichtige vom Unwichtigen zu unterscheiden, war nicht immer leicht. Andererseits: Gehört das nicht dazu? Hadern nicht die ›Großen‹ unserer Zunft vielleicht auch mit solchen Problemen?

Nicht zu unterschätzen ist daneben der Umstand, dass selbständiges wissenschaftliches Arbeiten zwar ohnehin zum Studium dazugehört, eine Übung wie diese aber noch einmal ein anderes Maß an Selbstorganisation und Selbstmotivation erfordert. Frustrationen, nicht erfüllte Erwartungen an den Seminarleiter, er möge dies oder das übernehmen, anleiten, vorstrukturieren – das alles blieb nicht aus. Andererseits erklärt die damit zugleich beschriebene Freiheit, jenseits vom üblichen Referat-Hausarbeits-Schema eigenständig zu forschen, vielleicht auch, warum unsere ›Spurensuche‹ so viel Vergnügen bereitet und – diesen Band nehme ich als Indiz dafür – so viel Befriedigung verschafft hat.

Womit wir bei den Chancen und den in meinen Augen gelungenen Aspekten des Experiments wären. Dazu zählt neben der Erfahrung, weitgehend eigenständig – allein oder in Gruppen – historisch zu arbeiten, wohl vor allem die Bandbreite an Arbeitsfeldern, mit denen wir es zu tun hatten: der Kontakt mit dem Archiv (dem Landesarchiv Berlin), in dem ›unsere‹ Akte lag, die Einsicht in das Originaldokument, das Kennenlernen der Überlieferungsbildung sowie der Organisationsprinzipien und der Arbeitsweise von Archiven; dann das Aktenstudium selbst, der Überblick über den Aufbau eines historischen Dokuments, seine Logik – und das heißt auch: seine Tücken; schließlich die Arbeit mit den in der Akte enthaltenen Textsorten, ihre Auswertung, Bewertung und Kontextualisierung. Immer im Hintergrund stand dabei eine große Frage, die den Kern der wissenschaftlichen Selbstverortung des Fachs Geschichte betrifft: Wie bewertet man in den Texten enthaltene Tatsachenbehauptungen und Fakten? Lediglich als einen Text, der uns nichts Gesichertes über eine historische Realität verraten kann – oder aber durchaus als eine Referenzgröße für eine Rekonstruktion der Vergangenheit. ›Glaubt‹ man dem Text? Kann man ihn überhaupt als Dokument einer historischen Wirklichkeit lesen? Es war dabei nicht immer leicht, zwischen der Rekonstruktion von unterschiedlichen wahrscheinlichen Geschehnissen und der epistemologischen Frage nach dem Status von Quellen als Wirklichkeit verbürgenden Entitäten zu unterscheiden. Bei der Arbeit mit dem Material rückte dieser Fragehorizont in größere Ferne – ohne allerdings ganz zu verschwinden.

Der zweite Teil unserer Arbeit stand ganz im Zeichen der Textredaktion. Ein Redaktionsteam sichtete die geschriebenen Entwürfe, nahm Änderungen vor, diskutierte die Reihenfolge, in der die Beiträge erscheinen könnten, ergänzte Belege und kämpfte mit der Technik. Aus meiner Sicht eine der wichtigsten Lernchancen zeigte sich hier, nachdem sie bereits im ersten Semester eine prominente Rolle gespielt hatte, mit großer Deutlichkeit: die schwierige Aufgabe, sich mit jeweils anderen Deutungen bzw. Auffassungen auseinanderzusetzen. Wie sagt man einem Kommilitonen, dass man dies oder das für nicht richtig oder gut hält? Und: Wie macht man seinen Standpunkt, sein Argument stichhaltig und verständlich? En passant, sozusagen neben dem Umstand, dass wir in diesem Jahr auch etwas über die deutsche Gesellschaft im Krieg lernen konnten, haben wir zudem geübt, was zu den wichtigsten Praktiken in unserem Gewerbe gehört: das Erörtern von Argumenten, das Ertragen anderer Meinungen – und die Suche nach einer tragfähigen, den Methoden der Geschichtswissenschaft verpflichteten Deutung, die andere überzeugen können sollte.

Ich möchte mich an dieser Stelle bei allen Autorinnen und Autoren, insbesondere aber beim Redaktionsteam, bei Sandra Grether, Marie-Christine Schlotter, Bernd Kessinger, Peter Krumeich und Clemens Villinger herzlich für die professionelle Zusammenarbeit bedanken. Michael Wildt hat sich spontan bereit erklärt, das Vorwort zu verfassen. Ein herzlicher Dank dafür. Ein großer Dank geht schließlich auch an Anne Rothschenk vom Landesarchiv Berlin, die uns nicht nur kompetent in das Archiv einführte, sondern auch die Akte für uns alle zugänglich gemacht hat.

Probleme und Chancen eines Quellen- und Forschungsprojekts – ein Rückblick

Anhang

Anmerkungen

1 Sofern nicht anders angegeben, stammen alle Zitate und Abbildungen in diesem Band aus: LA Berlin A Rep. 355 (Staatsanwaltschaft bei dem Landgericht) 15021. (Mittlerweile: BLHA, Rep. 12c Staatsanwalt beim Sondergericht Berlin II Nr. 15021)

2 Alle Personennamen werden entsprechend ihrer Schreibweise in der Anklageschrift bzw. im Urteil verwendet. Bei abweichenden Schreibweisen innerhalb der Akte wurde die häufiger auftretende Schreibweise übernommen.

3 Vgl. Bl. Nr.22 (Vorläufige Festnahme Hans Reinsch, 26.9.1941).

4 Vgl. in diesem Sinne etwa Henrichsmeyer, Wilhelm u.a., Einführung in die Volkswirtschaftslehre, 10. Aufl., Stuttgart 1993, S. 202f.

5 Vgl. zum Ersten Weltkrieg: Davis, Belinda, Home Fires Burning. Food, Politics, and Everyday Life in World War I Berlin, Chapel Hill 2000; Roehrkohl, Anne, Hungerblockade und Heimatfront. Die kommunale Lebensmittelversorgung in Westfalen während des Ersten Weltkriegs, Stuttgart 1991; vergleichend und die Defizite der Kriegswirtschaft im Bereich der Lebensmittelorganisation im Kaiserreich herausarbeitend Ullmann, Hans-Peter, Kriegswirtschaft, in: Hirschfeld, Gerhard / Krumeich, Gerd / Renz, Irina (Hg.), Enzyklopädie Erster Weltkrieg, Paderborn 2009, S. 220-232.

6 Vgl. Corni, Gustavo / Gies, Horst, Brot, Butter, Kanonen. Die Ernährungswirtschaft in Deutschland unter der Diktatur Hitlers, Berlin 1997; Tooze, Adam, Ökonomie der Zerstörung. Die Geschichte der Wirtschaft im Nationalsozialismus, Bonn 2007, S. 497, weist ebenfalls auf den Nahrungsmittelsektor als prioritär für die NS-Planungen in Bezug auf die »Heimatfront« hin.

7 Vgl. Schmitz, Hubert, Die Bewirtschaftung der Nahrungsmittel und Verbrauchsgüter 1939–1950. Dargestellt am Beispiel der Stadt Essen, Essen 1956.

8 Vgl. Corni / Gies, Brot; daneben jüngst: Buchheim, Christoph, Der Mythos vom »Wohlleben«. Der Lebensstandard der deutschen Zivilbevölkerung im Zweiten Weltkrieg, in: VfZ 3/2010, S. 299-328, der intensiv auf die landwirtschaftliche Produktion eingeht.

9 Vgl. den Text »Ein notwendiger Luxus« in diesem Band.

10 Vgl. Gries, Rainer, Die Rationen-Gesellschaft. Versorgungskampf und Vergleichsmentalität: Leipzig, München und Köln nach dem Kriege, Münster 1991.

11 Vgl. den Text »Allgegenwärtig. Den Krieg in der Akte finden« in diesem Band.

12 Vgl. zu unterschiedlichen Händlertypen und Motiven: Zierenberg, Malte, Stadt der Schieber. Der Berliner Schwarzmarkt 1939-1950, Göttingen 2008, S. 85-107.

13 Vgl. den Text »Die Kriegswirtschaftsverordnung« in diesem Band.

14 Bajohr, Frank, Parvenüs und Profiteure. Korruption in der NS-Zeit, Frankfurt am Main 2001.

15 Vgl. Zierenberg, Stadt, S. 177-199.

16 Ebd., S. 31 f.

17 Kriegswirtschaftsverordnung in: Reichsgesetzblatt (RGBl.) I 1939, S. 1609f.

18 Müller, Ingo, Nationalsozialistische Sondergerichte. Ihre Stellung im System des deutschen Straf-

verfahrens, in: Bennhold, Martin (Hg.), Spuren des Unrechts, Recht und Nationalsozialismus - Beiträge zur historischen Kontinuität, Köln 1989, S. 17-34, S. 19.

19 Werle, Gerhard, Justiz-Strafrecht und polizeiliche Verbrechensbekämpfung im Dritten Reich, Berlin 1989, S. 221f.

20 Anderegg, Ilse, Verbrauchsregelungs-Strafverordnung. Unter Mitberücksichtigung der neuen Strafbestimmungen der Kriegswirtschaftsverordnung gegen d. Tausch- u. Schleichhandel, Berlin 1942, S. 182.

21 Ebd., S. 167f.

22 Ebd., Inhaltsverzeichnis.

23 Ebd., S. 155.

24 Werle, Justiz-Strafrecht, S. 220.

25 Anderegg (1943), S. 156.

26 Anderegg (1943), S. 161.

27 Ebd., S. 245f.

28 DJ, Berlin1940, S. 1170f.

29 Anderegg (1943), S. 160.

30 Anderegg (1943), S. 157.

31 Werle (1989), S. 224.

32 Ebd., S. 574.

33 Anderegg (1943), S. 163.

34 Werle (1989), S. 227.

35 Ebd., S. 1232.

36 Werle (1989), S. 229f.

37 Anderegg (1943), S. 163.

38 Vgl. Bl. 1 (Bericht Kriminal-Kommissar Wünsche, 23.9.1941).

39 Zur Durchsuchung vgl. Bl. 6 (Durchsuchungsprotokoll, 18.9.1941); zur Festnahme vgl. Bl. 29 (Haftvermerk, 26.9.1941).

40 Vgl. Bl. 2-4 (Vernehmung von Hans Reinsch, 24.9.1941).

41 Vgl. Bl. 25 (Vernehmung von Hans Reinsch, 25.9.1941).

42 Zu den Namensnennungen: Bl. 4; Zur Gräfin von Helldorf: Bl. 139. Sie gibt an, die Witwe von Ferdinand von Helldorf zu sein. Dieser ist der Vater von Wolf-Heinrich von Helldorf, u.a. Polizeipräsident von Berlin 1935-1944.

43 Vgl. Bl. 5 (Vermerk des GAD Charlottenburg, 18.9.1941).

44 Vgl. ebd., Rückseite.

45 Vgl. Bl. 24 (Vernehmung von Hans Reinsch, 25.9.1941).

46 Vgl. Bl. 1 (Bericht Kriminal-Kommissar Wünsche, 23.9.1941).

47 Vgl. Bl. 7 (Vermerk der Preisüberwachungsstelle Abt. IV, 23.9.1941).

48 Himmler, Heinrich, Aufgaben und Aufbau der Polizei des Dritten Reiches, in: Pfundtner, Hans (Hg.), Dr. Wilhelm Frick und sein Ministerium, München 1937, S. 125-135.

49 Vgl. Wagner, Patrick, Hitlers Kriminalisten. Die deutsche Kriminalpolizei und der Nationalsozialismus, München 2002, S. 76 f.

50 Vgl. Wagner, Patrick, Volksgemeinschaft ohne Verbrecher. Konzeptionen und Praxis der Kriminalpolizei in der Zeit der Weimarer Republik und des Nationalsozialismus, Hamburg 1996, S. 246.

51 Der Reichskriminaldirektor Arthur Nebe berief sich z. B. explizit auf diese Formulierung: Rathert, Ronald, Verbrechen und Verschwörung: Arthur Nebe. Der Kripochef des Dritten Reiches, Münster 2001, S. 64; Zur »vorbeugenden Verbrechensbekämpfung« vgl. die entsprechenden Kapitel bei Wagner, Volksgemeinschaft.

52 Wagner, Volksgemeinschaft, S. 343; Allein 1940 waren es 13.000: Terhorst, Karl-Leo, Polizeiliche planmäßige Überwachung und polizeiliche Vorbeugehaft im Dritten Reich, Heidelberg 1985, S. 153.

53 Vgl. hierzu v.a. Kapitel IV bei Wagner, Volksgemeinschaft, insbesondere S. 254-299.

54 Vgl. Wagner, Volksgemeinschaft, S. 279-292.

55 Vgl. dazu: Jellonnek, Burkhard, Homosexuelle unter dem Hakenkreuz, Paderborn 1990, S. 119-139. Bis 1939 war die Zugehörigkeit der Reichzentrale zum RKPA eher formaler Natur, da sie faktisch dem Leiter des entsprechenden Dezernats beim Geheimen Staatspolizeiamt unterstand. Spätestens ab 1940 war die Homosexuellenverfolgung im Aufgabenbereich der Kripo.

56 Wagner, Volksgemeinschaft, S. 309.

57 Vgl. ebd., S. 305-316.

58 Friedländer, Saul, Das Dritte Reich und die Juden. Verfolgung und Vernichtung 1933-1945, Bd. 2, Die Jahre der Vernichtung, S. 262 f.

59 Vgl. das Kapitel zu den kriegswirtschaftlichen »Rahmenbedingungen« in diesem Band.

60 Das Folgende bezieht sich im Wesentlichen auf die Arbeit von Patrick Wagner: Wagner, Volksgemeinschaft, S. 305-322.

61 Vgl. dazu auch: Roth, Thomas, Die Kölner Kriminalpolizei. Organisation, Personal und »Verbrechensbekämpfung« eines lokalen Kripo-Apparats 1933-1945, in: Buhlan, Harald/Jung, Werner (Hg.), Wessen Freund und wessen Helfer? – Die Kölner Polizei im Nationalsozialismus, Köln 2000, S. 299-369, hier: S. 310.

62 Alle Zahlen aus Wagner, Volksgemeinschaft, S. 312.

63 Ebd., S. 313 f.

64 Roth, Kölner Kriminalpolizei, S. 322 f.

65 Ebd., S. 320 f.

66 Vgl. Bl. 90 (Schlußbericht Kriminal-Kommissar Wünsche, 16.10.1941).

67 Vgl. Bl. 146 (Vernehmung von Hans Reinsch, 25.3.1942).

68 Vgl. Bl. 24 (Vernehmung von Hans Reinsch, 25.9.1941).

69 Vgl. Bl. 100 (Ersuchen des Gerichtsassessor, 9.9.1941).

70 Vgl. Bl. 14 (Vernehmung von Hans Reinsch, 24.9.1941).

71 Die gesamte Vernehmung erstreckt sich über Bl. 7-22.

72 Die Berliner Adressverzeichnisse sind zu finden unter: http://adressbuch.zlb.de/ (Stand: 24.07.2010)

73 Die Berliner Kripo war bereits seit den 1920er Jahren hochgradig spezialisiert, es ist also wahrscheinlich, dass besonders Reiß bereits jahrelange Erfahrung mit Betrugs- und Wirtschaftsdelikten besaß. Vgl. Wagner, Volksgemeinschaft, S. 84.

74 Bl. 1 (Bericht Kriminal-Kommissar Wünsche, 23.9.1941).

75 Zur Bedeutung von Denunziation vgl. Diewald-Kerkmann, Gisela, Politische Denunziation im NS-Regime oder die kleine Macht der Volksgenossen, 2. Auflage, Bonn 1995.

76 Siehe z. B. den Stempel auf Bl. 26, rechts unten. Vgl. Dettmer, Klaus, Entwicklung und Aufbau der Kriminalpolizei in Berlin, in: Polizeihistorische Sammlung Berlin e.V. (Hg.), Berliner Kriminalpolizei. Von 1945 bis zur Gegenwart, Berlin 2005, S. 24-38, hier: S. 31-33; Wagner, Volksgemeinschaft, S. 196; Dobler, Jens/Reinke, Herbert, Sichere Reichshauptstadt? Kripo und Verbrechensbekämpfung 1933-1945 – Ein Werkstattbericht, in: Schulte, Wolfgang (Hg.), Die Polizei im NS-Staat. Beiträge eines internationalen Symposiums an der Deutschen Hochschule der Polizei in Münster, Frankfurt am Main 2009, S. 655-685, hier: S. 662-666.

77 Bl. 139. Dass diese eine Vernehmung nicht von Reiß durchgeführt wurde, könnte damit zusammenhängen, dass es sich bei der Vernommenen um die Mutter des damaligen Berliner Polizeipräsidenten, Wolf-Heinrich von Helldorf, handelte und Reiß eben ›nur‹ Kriminalsekretär war.

78 Bl. 25, rechts. Damit ist nicht gesagt, dass Wünsche tatsächlich das Sonderkommissariat leitete. An anderer Stelle (z. B. Bl. 22) unterschreibt ein Kriminalrat Henni(n)g, der eher als Dienststellenleiter in Frage kommt.

79 Wagner, Volksgemeinschaft, S. 312.

80 Vgl. Bl. 6 (Vernehmung von Hans Reinsch, 24.9.1941) und Bl. 56 (Vernehmung von Josef Reinsch, 2.10.1941).

81 Vgl. Bl. 72 (Erklärung von Wilhem Reinsch, 4.10.1941).

82 Vgl. Online-Recherche in den Berliner Adressbüchern 1941, einziger Eintrag eines Kriminalkommissars mit dem Namen Wünsche: Hans, SO 36 Bouchéstraße 37. http://adressbuch.zlb.de/viewAdressbuch.php?CatalogName=adre2007&ImgId=366603&intImgCount=-1&CatalogCategory=adress&Counter=&CatalogLayer=5, [letzter Zugriff am 9.12.2010].

83 Vgl. Bl. Nr. 75, 80-82 (Protokoll einer Vernehmung von Hans Reinsch, 7.10.1941 sowie Protokoll einer Vernehmung von Lieselotte Reinsch, 9.10.1941).

84 Vgl. Bl. Nr. 1 (Bericht Kriminal-Kommissar Wünsche, 23.9.1941).

85 Vgl. das Kapitel »Im Koffer nach Berlin« in diesem Band.

86 Es ist doch bemerkenswert, dass Maria Reinsch und Wills Ehefrau Katharina nicht zum Verhör geladen werden, da alle anderen, namentlich erwähnten Personen zumindest überprüft und befragt werden.

87 Vgl. Bl. Nr. 40 (Protokoll einer Vernehmung von Lieselotte Reinsch, 27.9.1941).

88 Vgl. U. a. Bl. Nr. 42 (Protokoll einer Vernehmung von Hans Reinsch, 29.9.1941); Haftvermerk vom 26.9.1941, o. Paginierung.

89 Vgl. Bl. Nr. 27-31, 74 (Protokoll einer Vernehmung von Lieselotte Reinsch, 25.9.1941 sowie 7.10.1941).

90 Die stärkere Einbeziehung der Ehepartnerin war schon allein den räumlichen Gegebenheiten geschuldet. Will dagegen konnte den Schwarzhandel ausschließlich über seine Geschäftsräume abwickeln und so eine Einbeziehung seiner Ehefrau vermeiden.

91 Vgl. Bl. Nr. 40 (Protokoll einer Vernehmung von Lieselotte Reinsch, 27.9.1941).

92 Vgl. Bl. Nr. 170 (Aktenvermerke zur Strafverfolgung, 20.12.1943).

93 Vgl. Bl. Nr. 40F (Protokoll einer Vernehmung von Lieselotte Reinsch, 27.9.1941).

94 Vgl. Bl. Nr. 81 (Protokoll einer Vernehmung von Lieselotte Reinsch, 9.10.1941).

95 Vgl. ebd.

96 Vgl. ebd.

97 Vgl. Bl. Nr. 175 (Brief an den Oberstaatsanwalt von Lieselotte Reinsch, 3.1.1944).

98 Vgl. Bl. Nr. 179 (Personenanfrage Sondergericht III am Landgericht Berlin an die Polizeibehörde Ottenhöfen bei Baden-Ost (Schwarzwald), 21.1.1944).

99 Vgl. Bl. Nr. 183 (Aktenvermerk zum Aufenthaltsort von Hans Reinsch, 28.3.1944)

100 Vgl. ebd.

101 Vgl. Bl. Nr. 184 (Medizinisches Gutachten des Gerichtsarztes über den gesundheitlichen Zustand von Hans Reinsch, 3.5.1944).

102 Vgl. Bl. Nr. 175 (Brief an den Oberstaatsanwalt von Lieselotte Reinsch, 3.1.1944).

103 Dieses Beispiel macht die Bedeutung familieninternen Wissens bei den Verteidigungsstrategien der Angeklagten deutlich. Besonders bei Will kam dies zum Tragen. Durch Lieselottes langjährige Erfahrung mit der Krankheit ihres Mannes bekam ihr Anliegen gegenüber den Ermittlungsbehörden eine glaubwürdigere Qualität, während sie gleichzeitig weitere intime Informationen in das Verfahren einbrachte.

104 Vgl. Bl. Nr. 27. Dies sei das einzige, was sie überhaupt zu irgendwelchen Quellen wisse.

105 Vgl. Bl. Nr. 81 (Protokoll einer Vernehmung von Lieselotte Reinsch, 9.10.1941).

106 Vgl. Bl. Nr. 75.

107 Vgl. Bl. Nr. 81 (Protokoll einer Vernehmung von Lieselotte Reinsch, 9.10.1941).

108 Vgl. ebd.

109 Vgl. Bl. Nr. 47 (Protokoll einer Vernehmung von Wilhelm Reinsch, 1.10.1941).

110 Vgl. ebd f.

111 Vgl. Bl. Nr. 49 (Protokoll einer Vernehmung von Wilhelm Reinsch, 1.10.1941).

112 Vgl. Bl. Nr. 50 (Protokoll einer Vernehmung von Wilhelm Reinsch, 1.10.1941).

113 Vgl. Bl. Nr. 48 (Protokoll einer Vernehmung von Wilhelm Reinsch, 1.10.1941).

114 Vgl. ebd.

115 Vgl. Bl. Nr. 10 (Protokoll einer Vernehmung von Hans Reinsch, 24.9.1941).

116 Vgl. Bl. Nr. 102 (Bericht eines Kölner Kriminalsekretärs über die Kooperation von Wilhelm Reinsch, 5.11.1941).

117 Vgl. Zierenberg, Malte, Stadt der Schieber. Der Berliner Schwarzmarkt 1939-1950, Göttingen

2008, S. 119.

118 Vgl. Zierenberg, Schieber, S. 120f.

119 Vgl. Bl. Nr. 25-26 (Protokoll einer Aussage von Hans Reinsch, 27.9.1941), 39-40 (Protokoll einer Vernehmung von Lieselotte Reinsch, 27.9.1941), 53-56 (Protokoll einer Vernehmung von Josef Reinsch, 2.10.1941).

120 Vgl. Bl. Nr. 54 (Protokoll einer Vernehmung von Josef Reinsch, 2.10.1941).

121 Vgl. Zierenberg, Schieber, S. 119ff.

122 Vgl. Bl. Nr. 104 (Protokoll einer Vernehmung von Hans Reinsch, 17.12.1941).

123 Vgl. Bl. Nr. 67-68 (Protokoll einer Vernehmung von Therese Mauermann, 3.10.1941).

124 Bl. Nr.102 (Bericht von Kommissar Wünsche, 3.10.1941).

125 Genauere Angaben zum Zeitpunkt des Warenankaufs gehen aus den Angaben von Wilhelm Reinsch nicht hervor. Zur Forschungslage vgl. Zierenberg, Malte, Stadt der Schieber. Der Berliner Schwarzmarkt 1939-1950, Göttingen 2008, S. 133 ff.

126 Engel, Helmut/Jersch-Wenzel, Stefi/Treue, Wilhelm (Hg.), Charlottenburg, Teil 2. Der Neue Westen (Geschichtslandschaft Berlin. Orte und Ereignisse, Bd.1), mit Beiträgen von Andreas Hoffmann u.a., Berlin 1985, S.184ff.

127 Grésillon, Boris, Kulturmetropole Berlin, Berlin 2002, S.76.

128 Ebenda, S.78f. Ende der 1920er Jahre leben 40% der Schriftsteller und 28% der Musiker aus ganz Deutschland in Berlin.

129 Zitiert nach: Engel, Charlottenburg, S.186.

130 Blatt Nr.128 (Aussage von Jens von Hagen, 25.2.1942).

131 Blatt Nr. 135 und 136 (Aussage von Charlotte Junkermann, 26.2.1942) und Blatt Nr. 139 (Aussage von Eva Riedel, 27.2.1942).

132 Vgl.: »Berliner Tageblatt«, Nr. 268, Jahrgang 1931, veröffentlicht in: Ufermann, Paul, Kaffee und Kaffeesurrogate in der deutschen Wirtschaft. Darstellungen und Untersuchungen einzelner Zweige der Nahrungsmittel- und Getränkeindustrie, Berlin 1933.

133 Vgl. ebd., S. 77.

134 Ebd., S. 78.

135 Heise, Ulla, Kaffee und Kaffeehaus. Die Geschichte des Kaffees, Leipzig 1996, S. 95.

136 Ebd., S. 127.

137 Becker, Ursula, Kaffee-Konzentration. Zur Entwicklung und Organisation des hanseatischen Kaffeehandels, Stuttgart 2002, S.350.

138 Vgl. ebd., S.303.

139 Vgl. ebd., S. 290.

140 Schmitz, Hubert, Die Bewirtschaftung der Nahrungsmittel und Verbrauchsgüter 1939-1950. Dargestellt am Beispiel der Stadt Essen, Essen 1956, S. 390.

141 Becker, Kaffee-Konzentration, S. 289.

142 Vgl. ebd.

143 Ebd., S. 292.

144 Bl. 9 (Vernehmung Hans Reinsch, 24.9.1941).

145 Bl. 34 (Vernehmung Lydia Hess, 25.9.1941).

146 Bl. 88 (Beleg über Ankauf des Kaffees, 11.10.1941).

147 Bl. 120 (Erklärung Max Steinhausen, 24.2.1942).

148 Bl. 127 (Vernehmung Jens von Hagen, 25.2.1942).

149 Bl. 136 (Vernehmung Charlotte Serda-Junkermann, 26.2.1942).

150 Ufermann, Kaffee, S. 5.

151 Ebd., S. 6.

152 Bl. 123 (Telefonische Aussage Friedrich Vollrath, 24.2.1942).

153 Bl. 136 (Vernehmung Julia Junkermann, 26.2.1942, Hervorhebung mit Unterstreichung und Ausrufezeichen im Original).

154 Ufermann, Kaffee, S. 6.

155 Bl. 117 (Vernehmung Max Pflug, 24.2.1942).

156 Freyenried, Bruno, Der deutsche Kaffeeschmuggel (Inaugural-Dissertation zur Erlangung der Doktorwürde), Recklinghausen 1936, S. 8.

157 Vgl. Bl. Nr. 7 (Vernehmung von Hans Reinsch, 24.9.1941).

158 Vgl. ebd.

159 Vgl. Tooze, Adam, Ökonomie der Zerstörung, Die Geschichte der Wirtschaft im Nationalsozialismus, München 2007, S. 591.

160 Vgl. Bl. Nr. 123 (Personalbogen von Valentin Marzell; Vermerk; 24.2.1942).

161 Vgl. ebd.

162 Vgl. Bl. Nr. 43 (Vernehmung von Hans Reisch, 29.9.1941).

163 Vgl. Bl. Nr. 108 (Hans Reinsch, handschriftlicher Brief an den Staatsanwalts Assessor Schmidt vom 4.12.1941).

164 Ergebnis telefonischer und schriftlicher Recherchen bei der Deutschen Dienststelle (WASt) und dem Militärarchiv in Freiburg.

165 Von 1938 bis 1940 waren etwa 1,75 Millionen Menschen im Deutschen Reich dienstverpflichtet, wobei der Großteil dieser Arbeitsverhältnisse befristet blieb.

166 Die Dienstverpflichtung, wie sie uns in den Zitaten der Akte begegnet, wurde durch Verordnung vom 22.6.1938 für »besonders bedeutsame Aufgaben, deren Durchführung aus staatspolitischen Gründen keinen Aufschub duldet« eingeführt. Diese Regelung bedeutete, dass auch gegen ihren Willen »Arbeiter und Angestellte auf Anweisung staatlicher Behörden aus bestehenden Arbeitsverhältnissen gelöst und zu bestimmten, ihnen zugewiesenen Arbeiten herangezogen werden konnten«. Vgl. Artikel »Dienstverpflichtung« in: Bartsch, Elisabeth/ Kammer, Hilde (Hg.), Nationalsozialismus. Begriffe aus der Zeit der Gewaltherrschaft 1933-1945, Hamburg 1992, S. 49-50.

167 Vgl. Bl. Nr. 78 (Vernehmung von Herbert Barkowski, 9.10.1941).

168 Vgl. ebd.

169 Vgl. Bl. Nr. 3 (Vernehmung von Hans Reinsch, 17.9.1941).

170 Vgl. Bl. Nr. 7 (Vernehmung von Hans Reinsch, 24.9.1941).

171 Vgl. Bl. Nr. 8 (Vernehmung von Hans Reinsch, 24.9.1941).

172 Vgl. ebd.

173 Vgl. Bajohr, Frank, Dynamik und Disparität. Die nationalsozialistische Rüstungsmobilisierung und die ›Volksgemeinschaft‹, in: Ders./Wildt, Michael (Hg.), Volksgemeinschaft. Neue Forschungen zur Gesellschaft des Nationalsozialismus, Frankfurt am Main 2009, S. 78-93, hier S. 85.

174 Vgl. ebd.

175 Vgl. Bl. Nr. 54 (Vernehmung von Josef Reinsch, 2.10.1941).

176 Vgl. ebd.

177 Das »Unternehmen Barbarossa«, der Angriff auf die Sowjetunion ohne Kriegserklärung begann am 22.6.1941.

178 Vgl. Bl. Nr. 67 (Vernehmung von Therese Maurmann, 3.10.1941).

179 Vgl. Bl. Nr. 48 (Vernehmung von Wilhelm Reinsch, 1.10.1941).

180 Vgl. Bl. Nr. 55 (Vernehmung von Josef Reinsch, 2.10.1941).

181 Vgl. Aly, Götz, Hitlers Volksstaat. Raub, Rassenkrieg und nationaler Sozialismus, Bonn 2005, S. 125.

182 Vgl. Aly, Volksstaat, S. 119.

183 Vgl. Aly, Volksstaat, S. 121.

184 Vgl. Aly, Volksstaat, S. 126: Den Ausspruch Hitlers verwandelte der Oberkommandant der Wehrmacht, Wilhelm Keitel, umgehend in einen Führerbefehl.

185 Vgl. Aly, Volksstaat, S. 127.

186 Insgesamt handelt es sich um 18 diesbezügliche Aussagen.

187 Vgl. Bl. Nr. 55 (Vernehmung von Josef Reinsch, 2.10.1941).

188 Vgl. Bl. Nr. 8 (Vernehmung von Hans Reinsch, 24.9.1941).

189 Vgl. Bl. Nr. 48 (Vernehmung von Wilhelm Reinsch, 1.10.1941).

190 Vgl. Bl. Nr. 59 (Vernehmung von Jakob Breitbach, 2.10.1941).

191 Vgl. Bl. Nr. 141 (Vernehmung von Dorothea Gräfin v. Helldorf, 11.3.1942).

192 Vgl. Bl. Nr. 127 (Vernehmung Jens von Hagen, 25.2.1942).

193 Vgl. Bl. Nr. 135 (Vernehmung von Charlotte Junkermann, 26.2.1942).

194 Vgl. Bl. Nr. 143 (Vernehmung von Hermann Lehnen, 19.3.1942).

195 Vgl. Aly, Volksstaat, S. 127.

196 Vgl. Przyrembel, Alexandra, ›Rassenschande‹. Reinheitsmythos und Vernichtungslegitimation im Nationalsozialismus, Göttingen 2003, S. 237, Anm. 28; sowie http://www.ns-spurensuche.de/index.php?id=4&topic=11&key=3 [letzter Zugriff am 18.11.2010].

197 Vgl. grundlegend Gruchmann, Lothar, Justiz im Dritten Reich 1933-1940. Anpassung und Unterwerfung in der Ära Gürtner, 3. verb. Aufl., München 2001. Für das Berliner Sondergericht: Schwarz, Alfons, Rechtsprechung durch Sondergerichte, Zur Theorie und Praxis im Nationalsozialismus am Beispiel des Sondergerichts Berlin, Berlin 1992; Schimmler, Bernd, Recht ohne Ge-

rechtigkeit, Zur Tätigkeit der Berliner Sondergerichte im Nationalsozialismus, Berlin 1984.

198 Ebd., S.13f.

199 Zitate nach: Weckbecker, Gerd, Zwischen Freispruch und Todesstrafe. Die Rechtsprechung der nationalsozialistischen Sondergerichte Frankfurt/Main und Bromberg, Baden-Baden 1998, S. 48.

200 Broszat, Martin, Zur Perversion der Strafjustiz im Dritten Reich, in: Vierteljahreshefte für Zeitgeschichte 4 (1958), S. 390-442, hier: S. 392ff.

201 Godau-Schüttke, Klaus-Detlev, Justizalltag im »Dritten Reich«. Zwei Urteile des Sondergerichts Kiel aus den Jahren 1943 und 1944, in: Informationen zur Schleswig-Holsteinischen Zeitgeschichte 35 (1999), S. 43.

202 Buschmann, Arno, Nationalsozialistische Weltanschauung und Gesetzgebung 1933-1945, Band II, Dokumentation einer Entwicklung, Wien 2000, S. 204ff.

203 Broszat, Perversion, S. 397f.

204 Müller, Ingo, Nationalsozialistische Sondergerichte. Ihre Stellung im System des deutschen Strafverfahrens, in: Bennhold, Martin (Hg.), Spuren des Unrechts. Recht und Nationalsozialismus - Beiträge zur historischen Kontinuität, Köln, 1989, S. 17-34, hier: S. 22.f.

205 Ebd., S. 23.

206 Schwarz, Rechtsprechung, S. 18.

207 Ebd., S. 13ff.

208 Ebd. S. 20.

209 Werle, Gerhard, Justiz-Strafrecht und polizeiliche Verbrechensbekämpfung im Dritten Reich, Berlin/New York 1989, S. 256f.

210 Godau-Schüttke, Klaus-Detlev, Justizalltag im »Dritten Reich«, Zwei Urteile des Sondergerichts Kiel aus den Jahren 1943 und 1944, in: Informationen zur Schleswig-Holsteinischen Zeitgeschichte 35 (1999), S. 41-63, hier: S. 43.

211 Schwarz, Rechtsprechung, S. 15f.

212 Broszat, Perversion, S. 402.

213 Ebd., S. 394ff.

214 Akte Bl. 22ff. Dieses regelgetreue Vorgehen war auch in allen Fällen vor den Berliner Sondergerichten üblich, die Schimmler und Schwarz untersuchten. Vgl. etwa Schimmler, Recht, S. 15 u. 25 f.

215 Bl. 45 u. 56.

216 Bl. 95.

217 Schwarz, Rechtsprechung, S. 84f.

218 Bl. 93 u. 171.

219 Schwarz, Rechtsprechung, S. 67.

220 Bl. 174 u. 177.

221 Bl. 174.

222 Bl. 171.

223 Bl. 189ff.

224 Bl. 187.

225 Schwarz, Rechtsprechung, S. 68.

226 Bl. 166 u. 169.

227 Bl. 164.

228 Bl. 156 u. 158.

229 Schwarz, Rechtsprechung, S.28f.

230 Weckbecker, Freispruch, sowie Oehler, Christina, Die Rechtsprechung des Sondergerichts Mannheim 1933-1945, Berlin 1997.

231 Ebd. S. 242ff.

232 Weckbecker, Freispruch, S. 71.

233 Ebd. S. 222f.

234 Ebd., S. 227.

235 Ebd., S. 86f.

236 Ebd., S. 87f.

237 Ebd., S. 90.

238 Oehler, Rechtsprechung, S. 203.

239 Ebd., S. 205.

240 Ebd., S. 133ff.

241 Weckbecker, Freispruch, S. 65.

242 Zur Entstehung neuer politischer Ordnungsideen in der Zeit von 1914 bis 1918 siehe Bruendel, Steffen, Volksgemeinschaft oder Volksstaat. Die »Ideen von 1914« und die Neuordnung Deutschlands im Ersten Weltkrieg. Berlin 2003; zur Erschaffung und Propagierung eines »Mythos von 1914« und dessen Nachleben in der politischen Kultur vgl. Verhey, Jeffrey, Der »Geist von 1914« und die Erfindung der Volksgemeinschaft. Hamburg 2000; die politische Instrumentalisierung der Formel von der »Volksgemeinschaft« und ihre Besetzung als exkludierendes Integrationsinstrument durch die völkische Rechte in der Weimarer Republik bei Wildt, Michael, Die Ungleichheit des Volkes. »Volksgemeinschaft« in der politischen Kommunikation der Weimarer Republik, in: Ders./Bajohr, Frank (Hg), Volksgemeinschaft. Neue Forschungen zur Gesellschaft des Nationalsozialismus, Frankfurt am Main 2009; zum Eugenikdiskurs vgl. Kühl, Stefan, Die Internationale der Rassisten. Aufstieg und Niedergang der internationalen Bewegung für Eugenik und Rassenhygiene im 20. Jahrhundert, Frankfurt am Main/New York 1997.

243 Umfangreich dargestellt von Friedländer, Saul, Das Dritte Reich und die Juden. Verfolgung und Vernichtung 1933-1945, Bonn 2007, vor allem in den Kapiteln »Das neue Ghetto« und »Der Geist der Gesetze«.

244 Die Kategorie »Gottgläubig« entstand auf Betreiben Heinrich Himmlers für aus der Kirche ausgetretene Personen, die dennoch christlichen Glaubens blieben. Weltanschauungsgemeinschaften waren gemäß der Weimarer Verfassung »Vereinigungen zur gemeinschaftlichen Pflege einer Weltanschauung«. Sie definierten sich entgegen den Religionsgemeinschaften als

richtreligiöse Zusammenschlüsse, beispielsweise humanistische oder freidenkerische Organisationen.

245 Immer noch grundlegend Broszat, Martin, Der Staat Hitlers. Grundlegung und Entwicklung seiner inneren Verfassung (dtv-Weltgeschichte des 20. Jahrhunderts, Bd. 9), München 1969; zur umfassenden Durchdringung der Gesellschaft durch die NSDAP, ihrer Gliederung und Verbände in systemtheoretischer Perspektive Nolzen, Armin, Inklusion und Exklusion im »Dritten Reich«. Das Beispiel der NSDAP, in: Wildt/Bajohr, Volksgemeinschaft, S. 60-77.

246 Umfassend zur inneren Organisation der DAF Frese, Matthias, Betriebspolitik im »Dritten Reich«. Deutsche Arbeitsfront, Unternehmen und Staatsbürokratie in der westdeutschen Großindustrie1933-1939 (Forschungen zur Regionalgeschichte, Bd. 2), Paderborn 1991.

247 Vgl. Sachße, Christian/Tennstedt, Florian, Der Wohlfahrtsstaat im Nationalsozialismus (Geschichte der Armenfürsorge in Deutschland, Bd. 3), Stuttgart/Berlin/Köln 1992; außerdem mit umfangreichem Quellenmaterial Vorländer, Herwart, Die NSV. Darstellung und Dokumentation einer nationalsozialistischen Organisation (Schriftenreihe des Bundesarchivs, Bd. 35), Boppard am Rhein 1988.

248 Vgl. Lemke, Bernd, Luftschutz in Großbritannien und Deutschland 1923 bis 1939. Zivile Kriegsvorbereitungen als Ausdruck der staats- und gesellschaftspolitischen Grundlagen von Demokratie und Diktatur (Militärgeschichtliche Studien, Bd. 39), München 2005.

249 Ausführlich hierzu Hochstetter, Dorothee, Motorisierung und »Volksgemeinschaft«. Das Nationalsozialistische Kraftfahrerkorps (NSKK) 1931-1945 (Studien zur Zeitgeschichte, Bd. 68), München 2005, zugl. Diss. Berlin 2003.

250 Zu Vertreibung und Exodus jüdischer Künstler und Intellektueller und der Formierung der Reichskulturkammer unter Goebbels siehe Kapitel »Der Weg ins Dritte Reich« bei Friedländer, Das Dritte Reich und die Juden.

251 Zum RAD die vergleichende Studie von Patel, Kiran Klaus, »Soldaten der Arbeit«. Arbeitsdienste in Deutschland und den USA 1933 – 1945, Göttingen 2003, zugl. Diss. Berlin 2000-2001.

252 Zu den Kontinuitäten des deutschen Militarismus siehe Wette, Wolfram, Militarismus in Deutschland. Geschichte einer kriegerischen Kultur, Darmstadt 2008. Vgl. auchKühne, Thomas, Kameradschaft. Die Soldaten des nationalsozialistischen Krieges und das 20. Jahrhundert, Göttingen 2006.

253 Alle Angaben über den Werdegang von Wilhelm Reinsch und zusätzliche Informationen über ihn wurden dem polizeilichen Fragebogen zur Person und dem anschließenden polizeilichen Verhör entnommen, Bl. Nr. 46-51(Vernehmung von Wilhelm Reinsch, 1.10.1941).

254 Für einen umfassenden Überblick zum Thema »Arisierung« siehe Genschel, Helmut, Die Verdrängung der Juden aus der aus der Wirtschaft im Dritten Reich, Göttingen 1966; Barkai, Avraham, Vom Boykott zur »Entjudung«. Der wirtschaftliche Existenzkampf der Juden im Dritten Reich 1933-1943, Frankfurt am Main 1987. Besonders hervorzuheben sind auch die Arbeiten von Bajohr, Frank, »Arisierung« und Restitution. Eine Einschätzung, in: Goschler, Constantin/Lillteicher, Jürgen (Hg.), »Arisierung« und Restitution. Die Rückerstattung jüdischen Eigentums

in Deutschland und Österreich nach 1945 und 1989, Göttingen 2002, S. 39-60 und Ders., Interessenkartell, personale Netzwerke und Kompetenzausweitung: Die Beteiligten bei der »Arisierung« und Konfiszierung jüdischen Vermögens, in: Hirschfeld, Gerhard/Jersak, Tobias (Hg.), Karrieren im Nationalsozialismus. Funktionseliten zwischen Mitwirkung und Distanz, Frankfurt am Main u.a. 2004, S. 45-55.

255 Zum Recht im Nationalsozialismus siehe Rüthers, Bernd, Entartetes Recht. Rechtslehren und Kronjuristen im Dritten Reich, München 1994, besonders S. 18-30 und S. 181-192. Ebenfalls dazu Schröder, Rainer, Der zivilrechtliche Alltag des Volksgenossen. Beispiele aus der Praxis des Oberlandesgerichts Celle im Dritten Reich, in: Diestelkamp, Bernhard (Hg.), Justizalltag im Dritten Reich, Frankfurt am Main 1988, S. 39-62.

256 Vgl. dazu Pollak, Michael, Rassenwahn und Wissenschaft. Anthropologie, Biologie, Justiz und die nationalsozialistische Bevölkerungspolitik, Frankfurt am Main 1990.

257 Für einen Überblick bezüglich der Entwicklung von Strafmaßnahmen bei Kriegswirtschafts- und Wuchergesetzen siehe Werner, Stefan, Wirtschaftsordnung und Wirtschaftsstrafrecht im Nationalsozialismus (Frankfurter kriminalwissenschaftliche Studien, Bd. 30). Frankfurt am Main u.a. 1991.

258 Smith, Helmut W., Die Geschichte des Schlachters. Mord und Antisemitismus in einer deutschen Kleinstadt, Frankfurt am Main 2002.

259 Hagner, Michael, Der Hauslehrer. Die Geschichte eines Kriminalfalls – Erziehung, Sexualität und Medien um 1900, Frankfurt am Main 2010.

Literatur- und Quellenverzeichnis

- Akte, Die: Staatsanwaltschaft bei dem Landgericht Berlin; Strafsache gegen Reinsch. LA Berlin A Rep. 355 15021.
- Aly, Götz, Hitlers Volksstaat. Raub, Rassenkrieg und nationaler Sozialismus, Bonn 2005.
- Anderegg, Ilse, Verbrauchsregelungs-Strafverordnung. Unter Mitberücksichtigung der neuen Strafbestimmungen der Kriegswirtschaftsverordnung gegen d. Tausch u. Schleichhandel, Berlin 1942.
- Bajohr, Frank, »Arisierung« und Restitution. Eine Einschätzung, in: Goschler, Constantin/Lillteicher, Jürgen (Hg.), »Arisierung« und Restitution. Die Rückerstattung jüdischen Eigentums in Deutschland und Österreich nach 1945 und 1989, Göttingen 2002, S. 39-60.
- Bajohr, Frank, Dynamik und Disparität. Die nationalsozialistische Rüstungsmobilisierung und die›Volksgemeinschaft‹, in: Ders./Wildt, Michael (Hg.), Volksgemeinschaft. Neue Forschungen zur Gesellschaft des Nationalsozialismus, Frankfurt am Main 2009, S. 78-93.
- Bajohr, Frank , Interessenkartell, personale Netzwerke und Kompetenzausweitung: Die Beteiligten bei der »Arisierung« und Konfiszierung jüdischen Vermögens, in: Hirschfeld, Gerhard/Jersak, Tobias (Hg.), Karrieren im Nationalsozialismus. Funktionseliten zwischen Mitwirkung und Distanz, Frankfurt am Main u.a. 2004, S. 45-55.
- Bajohr, Frank, Parvenüs und Profiteure. Korruption in der NS-Zeit, Frankfurt am Main 2001.
- Barkai, Avraham, Vom Boykott zur »Entjudung«. Der wirtschaftliche Existenzkampf der Juden im Dritten Reich 1933-1943, Frankfurt am Main 1987.
- Bartsch, Elisabeth/ Kammer, Hilde (Hg.), Nationalsozialismus. Begriffe aus der Zeit der Gewaltherrschaft 1933-1945, Hamburg 1992, Artikel »Dienstverpflichtung«, S. 49-50.
- Becker, Ursula, Kaffee-Konzentration. Zur Entwicklung und Organisation des hanseatischen Kaffeehandels, Stuttgart 2002.
- Borchert, Otto A., Kennst du Charlottenburg? Was Straßennamen erzählen, Berlin Charlottenburg 1930.
- Broszat, Martin, Der Staat Hitlers. Grundlegung und Entwicklung seiner inneren Verfassung (dtv-Weltgeschichte des 20. Jahrhunderts, Bd. 9), München 1969.
- Broszat, Martin, Zur Perversion der Strafjustiz im Dritten Reich, in: Vierteljahreshefte für Zeitgeschichte 4 (1958), S. 390-442.
- Bruendel, Steffen, Volksgemeinschaft oder Volksstaat. Die »Ideen von 1914« und die Neuordnung Deutschlands im Ersten Weltkrieg, Berlin 2003.
- Buchheim, Christoph, Der Mythos vom »Wohlleben«. Der Lebensstandard der deutschen Zivilbevölkerung im Zweiten Weltkrieg, in: VfZ 3/2010, S. 299-328.
- Buschmann, Arno, Nationalsozialistische Weltanschauung und Gesetzgebung 1933-1945, Band II, Dokumentation einer Entwicklung, Wien 2000.
- Corni, Gustavo / Gies, Horst, Brot, Butter, Kanonen. Die Ernährungswirtschaft in Deutschland unter der Diktatur Hitlers, Berlin 1997.

- Davis, Belinda, Home Fires Burning. Food, Politics, and Everyday Life in World War I Berlin, Chapel Hill 2000.
- Dettmer, Klaus, Entwicklung und Aufbau der Kriminalpolizei in Berlin, in: Polizeihistorische Sammlung Berlin e.V. (Hg.), Berliner Kriminalpolizei. Von 1945 bis zur Gegenwart, Berlin 2005, S. 24-38.
- Deutsch Justiz (DJ), Berlin 1940.
- Diewald-Kerkmann, Gisela, Politische Denunziation im NS-Regime oder die kleine Macht der Volksgenossen, 2. Auflage, Bonn 1995.
- Dobler, Jens/Reinke, Herbert, Sichere Reichshauptstadt? Kripo und Verbrechensbekämpfung 1933-1945 – Ein Werkstattbericht, in: Schulte, Wolfgang (Hg.), Die Polizei im NS-Staat. Beiträge eines internationalen Symposiums an der Deutschen Hochschule der Polizei in Münster, Frankfurt am Main 2009, S. 655-685.
- Engel, Helmut/Jersch-Wenzel, Stefi/Treue, Wilhelm (Hg.), Charlottenburg, Teil 2. Der Neue Westen (Geschichtslandschaft Berlin. Orte und Ereignisse, Bd.1), mit Beiträgen von Andreas Hoffmann u.a., Berlin 1985.
- Frese, Matthias, Betriebspolitik im »Dritten Reich«. Deutsche Arbeitsfront, Unternehmen und Staatsbürokratie in der westdeutschen Großindustrie 1933-1939 (Forschungen zur Regionalgeschichte, Bd. 2), Paderborn 1991.
- Freyenried, Bruno, Der deutsche Kaffeeschmuggel (Inaugural-Dissertation zur Erlangung der Doktorwürde), Recklinghausen 1936.
- Friedländer, Saul, Das Dritte Reich und die Juden. Verfolgung und Vernichtung 1933-1945, 2 Bd., Bonn 2007.
- Genschel, Helmut, Die Verdrängung der Juden aus der Wirtschaft im Dritten Reich, Göttingen 1966.
- Godau-Schüttke, Klaus-Detlev, Justizalltag im »Dritten Reich«. Zwei Urteile des Sondergerichts Kiel aus den Jahren 1943 und 1944, in: Informationen zur Schleswig-Holsteinischen Zeitgeschichte 35 (1999).
- Grésillon, Boris, Kulturmetropole Berlin, Berlin 2002.
- Gries, Rainer, Die Rationen-Gesellschaft. Versorgungskampf und Vergleichsmentalität: Leipzig, München und Köln nach dem Kriege, Münster 1991.
- Gruchmann, Lothar, Justiz im Dritten Reich 1933-1940. Anpassung und Unterwerfung in der Ära Gürtner, 3., verb. Aufl., München 2001.
- Hagner, Michael, Der Hauslehrer. Die Geschichte eines Kriminalfalls – Erziehung, Sexualität und Medien um 1900, Frankfurt am Main 2010.
- Heise, Ulla, Kaffee und Kaffeehaus. Die Geschichte des Kaffees, Leipzig 1996.
- Henrichsmeyer, Wilhelm u.a., Einführung in die Volkswirtschaftslehre, 10. Auf., Stuttgart 1993.
- Himmler, Heinrich, Aufgaben und Aufbau der Polizei des Dritten Reiches, in: Pfundtner, Hans (Hg.), Dr. Wilhelm Frick und sein Ministerium, München 1937, S. 125-135.

- Hochstetter, Dorothee, Motorisierung und »Volksgemeinschaft«. Das Nationalsozialistische Kraftfahrerkorps (NSKK) 1931-1945 (Studien zur Zeitgeschichte, Bd. 68), München 2005, zugl. Diss. Berlin 2003.
- Jellonnek, Burkhard, Homosexuelle unter dem Hakenkreuz, Paderborn 1990.
- Kühl, Stefan, Die Internationale der Rassisten. Aufstieg und Niedergang der internationalen Bewegung für Eugenik und Rassenhygiene im 20. Jahrhundert, Frankfurt am Main/New York 1997.
- Kühne, Thomas, Kameradschaft. Die Soldaten des nationalsozialistischen Krieges und das 20. Jahrhundert, Göttingen 2006.
- Lemke, Bernd, Luftschutz in Großbritannien und Deutschland 1923 bis 1939. Zivile Kriegsvorbereitungen als Ausdruck der staats und gesellschaftspolitischen Grundlagen von Demokratie und Diktatur (Militärgeschichtliche Studien, Bd. 39), München 2005.
- Müller, Ingo, Nationalsozialistische Sondergerichte. Ihre Stellung im System des deutschen Strafverfahrens, in: Bennhold, Martin (Hg.), Spuren des Unrechts. Recht und Nationalsozialismus Beiträge zur historischen Kontinuität, Köln 1989, S. 17-34.
- Nolzen, Armin, Inklusion und Exklusion im »Dritten Reich«. Das Beispiel der NSDAP, in: Wildt, Michael/Bajohr, Frank, Volksgemeinschaft, S. 60-77.
- Oehler, Christina, Die Rechtsprechung des Sondergerichts Mannheim 1933-1945, Berlin 1997.
- Patel, Kiran Klaus, »Soldaten der Arbeit«. Arbeitsdienste in Deutschland und den USA 1933 bis1945, Göttingen 2003, zugl. Diss. Berlin 2000-2001.
- Petersen, Wolfgang, Der Gewerbeaußendienst in Berlin, in: Förderkreis Polizeihistorische Sammlung Berlin e.V. (Hg.), Berliner Kriminalpolizei. Von 1945 bis zur Gegenwart, Berlin 2005.
- Pollak, Michael, Rassenwahn und Wissenschaft. Anthropologie, Biologie, Justiz und die nationalsozialistische Bevölkerungspolitik, Frankfurt am Main 1990.
- Przyrembel, Alexandra, ›Rassenschande‹. Reinheitsmythos und Vernichtungslegitimation im Nationalsozialismus, Göttingen 2003.
- Rathert, Ronald, Verbrechen und Verschwörung: Arthur Nebe. Der Kripochef des Dritten Reiches, Münster 2001.
- Reichsgesetzblatt (RGBl.) I 1939, Berlin.
- Roehrkohl, Anne, Hungerblockade und Heimatfront. Die kommunale Lebensmittelversorgung in Westfalen während des Ersten Weltkriegs, Stuttgart 1991.
- Roth, Thomas, Die Kölner Kriminalpolizei. Organisation, Personal und »Verbrechensbekämpfung« eines lokalen Kripo-Apparats 1933-1945, in: Buhlan, Harald/Jung, Werner (Hg.), Wessen Freund und wessen Helfer? – Die Kölner Polizei im Nationalsozialismus, Köln 2000, S. 299-369.
- Rüthers, Bernd, Entartetes Recht. Rechtslehren und Kronjuristen im Dritten Reich, München 1994.
- Sachße, Christian/Tennstedt, Florian, Der Wohlfahrtsstaat im Nationalsozialismus (Geschichte der Armenfürsorge in Deutschland, Bd. 3), Stuttgart/Berlin/Köln 1992
- Schimmler, Bernd, Recht ohne Gerechtigkeit. Zur Tätigkeit der Berliner Sondergerichte im Nationalsozialismus, Berlin 1984.

- Schmitz, Hubert, Die Bewirtschaftung der Nahrungsmittel und Verbrauchsgüter 1939–1950. Dargestellt am Beispiel der Stadt Essen, Essen 1956.
- Schröder, Rainer, Der zivilrechtliche Alltag des Volksgenossen. Beispiele aus der Praxis des Oberlandesgerichts Celle im Dritten Reich, in: Diestelkamp, Bernhard (Hg.), Justizalltag im Dritten Reich, Frankfurt am Main 1988, S. 39-62.
- Schütte, Dieter, Charlottenburg (Geschichte der Berliner Verwaltungsbezirke, Bd.1), Berlin 1988.
- Schwarz, Alfons, Rechtsprechung durch Sondergerichte. Zur Theorie und Praxis im Nationalsozialismus am Beispiel des Sondergerichts Berlin, Berlin 1992.
- Smith, Helmut W., Die Geschichte des Schlachters. Mord und Antisemitismus in einer deutschen Kleinstadt, Frankfurt am Main 2002.
- Terhorst, Karl-Leo, Polizeiliche planmäßige Überwachung und polizeiliche Vorbeugehaft im Dritten Reich, Heidelberg 1985.
- Tooze, Adam, Ökonomie der Zerstörung, Die Geschichte der Wirtschaft im Nationalsozialismus, München 2007.
- Ufermann, Paul, Kaffee und Kaffeesurrogate in der deutschen Wirtschaft. Darstellungen und Untersuchungen einzelner Zweige der Nahrungsmittel und Getränkeindustrie, Berlin 1933.
- Ullmann, Hans-Peter, Kriegswirtschaft, in: Hirschfeld, Gerhard / Krumeich, Gerd / Renz, Irina (Hg.), Enzyklopädie Erster Weltkrieg, Paderborn 2009.
- Verhey, Jeffrey, Der »Geist von 1914« und die Erfindung der Volksgemeinschaft. Hamburg 2000.
- Vorländer, Herwart, Die NSV. Darstellung und Dokumentation einer nationalsozialistischen Organisation (Schriftenreihe des Bundesarchivs, Bd. 35), Boppard am Rhein 1988.
- Wagner, Patrick, Hitlers Kriminalisten. Die deutsche Kriminalpolizei und der Nationalsozialismus, München 2002.
- Wagner, Patrick, Volksgemeinschaft ohne Verbrecher. Konzeptionen und Praxis der Kriminalpolizei in der Zeit der Weimarer Republik und des Nationalsozialismus, Hamburg 1996.
- Weckbecker, Gerd, Zwischen Freispruch und Todesstrafe. Die Rechtsprechung der nationalsozialistischen Sondergerichte Frankfurt/Main und Bromberg, Baden-Baden 1998.
- Werle, Gerhard, Justiz-Strafrecht und polizeiliche Verbrechensbekämpfung im Dritten Reich, Berlin 1989.
- Werner, Ernst Friedrich, Kennen Sie Berlin? The key to Berlin, Berlin 1931.
- Werner, Stefan, Wirtschaftsordnung und Wirtschaftsstrafrecht im Nationalsozialismus (Frankfurter kriminalwissenschaftliche Studien, Bd. 30), Frankfurt am Main 1991.
- Wette, Wolfram, Militarismus in Deutschland. Geschichte einer kriegerischen Kultur, Darmstadt 2008.
- Wildt, Michael, Die Ungleichheit des Volkes. »Volksgemeinschaft« in der politischen Kommunikation der Weimarer Republik, in: Ders./Bajohr, Frank (Hg), Volksgemeinschaft. Neue Forschungen zur Gesellschaft des Nationalsozialismus, Frankfurt am Main 2009.

- Wolffram, Knud, Tanzdielen und Vergnügungspaläste (Stätten der Geschichte Berlins, Bd.78), Berlin 1992.
- Zierenberg, Malte, Stadt der Schieber. Der Berliner Schwarzmarkt 1939-1950, Göttingen 2008.
- http://www.ns-spurensuche.de/index.php?id=4&topic=11&key=3 [letzter Zugriff am 18.11.2010]